JN082486

日本経済論 ［第2版］

宮川 努／細野 薫／細谷 圭／川上淳之［著］

ベーシック＋
Basic Plus

中央経済社

はじめに

　日本経済論を現代の経済学の体系の中で位置付けることは実は簡単ではありません。経済学の体系の例として，米国経済学会が公表している，経済学の分類表（Journal of Economic Literature Classification System）がありますが，この20項目にわたる大分類の中に日本経済論を位置付けることは困難です（この分類表の中には米国経済論もありません）。

　このため本書は，マクロ経済学，金融論，環境経済学，社会保障論，労働経済学を専門とする4人の経済学者の共著となっています。また第1章でも説明しているように，近年の日本経済はかつてよりも多くの問題を抱えていますが，それらの問題を詳しく説明していくと，各問題について1冊ずつの書物が必要になります。したがって，本書では以下のような方針で執筆するようにしました。

(1)現在の日本経済を理解する上で，最小限必要なトピックスはできるだけ含むようにしました。こうした方針から，本書では，所得格差，環境・エネルギー問題，金融問題，災害復興の状況，社会保障の問題，アベノミクスなど，将来を担う若い人が問題の所在を理解してもらいたいトピックスを取り上げました。

(2)ただ，日本経済の課題を理解する際に，単に主要事項だけを羅列するような説明は避けました。日本経済論も経済学の1つの科目である以上，経済学が積み重ねてきた分析道具を通じて各トピックスを理解する必要があります。このため各章ではできるだけ，そのトピックスを理解するために必要な基礎的な分析道具を入れ込むようにしました。現実の経済課題は，その時々の政治・経済情勢によって大きく変化していきます。しかし，この事実関係を後追いするだけでは，その変化が人々の経済生活にとって良い方向に向かっているのか，それとも間違った方向に向かっているのかを判断することができません。そのとき，基礎的な経済

理論は，現実の経済状況の望ましさを判断する1つの指標になります。

▶本書の構成

以上の2つの基本方針に基づき，本書は2部構成となっています。

第1部は，第1章から第7章までですが，第1章では日本経済を理解する上でのミクロ経済学およびマクロ経済学の基礎概念を説明しています。この章では，現代の日本経済が市場経済を基礎としていること，市場メカニズムとはどのようなものかを理解していただきたいと思います。第2章および第3章は，第2次世界大戦後，日本経済がたどってきた道筋を説明しています。第4章は，日本の労働市場の特徴を述べるとともに，所得格差の現状について説明します。第5章は企業活動の中で中小企業やベンチャー企業が果たす役割について論じています。第6章は，同種の財・サービスを提供する企業の集合体である「産業」に焦点を当て，日本の産業構造の変遷と新たな産業の勃興について説明します。第7章は，グローバルな問題である環境問題と，東日本大震災後，日本が直面しているエネルギー問題について述べています。

第2部は第8章から第14章までです。第8章，第9章では金融問題を扱っています。第8章では，日本の金融システムの特徴とその変遷について述べ，第9章では近年の金融政策の特徴を説明しています。財政政策は金融政策と並ぶ重要な経済政策ですが，日本では長年財政赤字が続き，国債残高がGDPの2倍以上に累積しています。そこで本書では第10章で財政の維持可能性について検討するとともに，財政支出が効果的に行われているかどうかを考えるために，第11章で地域経済の現状と社会資本の役割について説明しています。また現在財政支出で最も大きな割合を占めているのは社会保障関係支出ですが，この仕組みと将来の課題については第12章で説明しています。第12章までは基本的には国内経済の問題を取り上げていますが，第13章は，日本経済が抱える対外的な課題を議論しています。そして最後の第14章では，2012年12月に就任した安倍首相が掲げた経済政策である「アベノミクス」についてその経緯と成果を整理しています。

　本書は，最低限の経済学の基礎的な考え方をもとに，日本経済のさまざまな側面を議論していますので，大学1年生から使用することができます。特に高校時代に政治・経済を学んだ学生には共通部分が多いと感じるのではないでしょうか。高校の政治・経済の教科書が，経済学の原理的な部分とそれを応用する日本経済の出来事を明確に区別せず説明しているのに対し，本書では経済学の原理的な部分と日本経済に生じている経済的現象を区別し，その乖離がわかるように心がけました。

　ただし，一見経済学の考え方が当てはまらないようにみえたとしても，より進んだ経済学の議論を使えば説明できることもあります。残念ながら本書は，そこまで進化した経済学の議論を使って日本経済を解釈することはできません。言うなれば本書はホームドクターのようなものです。ホームドクター（かかりつけのお医者さん）は，最初にどのような病気にも対応しますが，より症状が重い場合や複雑な病気の場合には，より専門のお医者さんを紹介します。本書でも基礎的な経済学で説明しきれない日本経済の問題は，より専門的な書籍を読んで勉強することをお勧めしています。このため本書の各章では，「さらに学びたい人のために」というコーナーで，各章のトピックスをより専門的に理解するための参考書を紹介しています。

　もし日本経済論が1年間を通した講義科目であれば，14章ありますので，1章に2回の講義時間を取り，各学期の最後の1回を講義のまとめの時間とすればよいでしょう。半期の講義とすれば，第1部もしくは第2部だけを講義することも可能です。また少人数講義の場合は，WorkingやDiscussionをレポート作成や授業内での討論に利用することもできます。

▶本書の留意点

　初版の序文でも述べましたが，日本経済論では書かれていることと違った世界が現実に起きうることを，当時登場したトランプ米国大統領を例にして

警告していました。こうした大きな変動が続いていることは，2020年の大統領選挙でそのトランプ氏が退場を余儀なくされていることからも理解できるでしょう。

　最も大きな衝撃は，2019年末に発見された新型コロナウイルスが，2020年に入って世界中に感染拡大したことでしょう。2020年12月現在世界で160万人を超える死者を出したこの感染拡大は，われわれの生活様式を大きく変えつつあります。デジタル化とそれに伴う消費パターンや働き方の変化，海外との人的交流の激減などは，たとえ感染が終息したとしても，一定程度経済に不可逆的な影響を与えることは間違いありません。

　本書では，現在進行形としての新型コロナウイルスの感染拡大の影響をできる限り反映していますが，新型コロナウイルスと経済との関わりについてより詳しく知りたい方々は，本書の執筆者を含むプロジェクトメンバーでまとめた『コロナショックの経済学』（中央経済社，近刊）をお読みください。

　新型コロナウイルスの感染拡大に伴い，大学においても新たな教え方が始まっています。本書の著者たちも試行錯誤の講義を続ける中で，データの更新やそれに伴う日本経済の評価の見直しなどを進めて，本書の改訂に取り組んできました。著者の一人として，共著者である細野先生，細谷先生，川上先生の御尽力にあらためて感謝します。そして今回も制約の多い環境の中で編集作業を御担当いただいた中央経済社学術書編集部編集長の市田由紀子さんのサポートにも感謝いたします。

2020年12月

著者を代表して　宮川　努

第 I 部 日本経済を読み解く

第 1 章

日本経済論への招待

▶過去の日本経済論の特徴を通して，本書の特色を理解するとともに，何を学ぶかを明確にします。

▶本書を理解する上での，経済学上の基礎概念を理解します。

▶日本経済の理解が，経済学上の基礎概念の理解だけにとどまらず，それと整合的な経済データを使うことによって，より深まるということを学びます。

市場経済システム　需要と供給　国内総生産（GDP）　実体経済
金融経済　経済合理的な意思決定　経済政策　規制緩和　財政政策
金融政策　成長政策　証拠に基づく政策立案

1 / 日本経済にどのようにアプローチするか

1.1 テキストから読み解く日本経済論の特徴

　多くの大学生や社会人が，日本経済論を学ぶ動機にはどのようなものがあるでしょうか。予想される中で最も多い答えは，自分たちが生まれ住んでいる国の経済を詳しく知っておきたいということではないでしょうか。また大学で学ぶ経済学の科目は抽象的なので，身近なトピックを扱う科目であれば，実感に近い経済現象を詳しく知ることができるという意見もあるでしょう。あるいは，日本国外から来た人たちにとっては，欧米以外の国で，最も早く先進国の仲間入りをした国がどうして発展したのかを知りたいという動機をあげるかもしれません。

　実は，日本経済論は教える側にとっても難しい科目の1つです。経済学も他の学問と同様，研究分野が細分化され，各分野については日本の動向だけでなく世界の動向を理解する学者が大勢いるのですが，他分野における動向を自分の専門分野と同等に理解している学者は少なくなっています。このため，最近では網羅的な日本経済論は多くの経済学者が分担して執筆しています。

　古くから続いている日本経済論としては，金森久雄氏や香西泰氏らが編集した『日本経済読本』（東洋経済新報社）があげられます。これは**『経済財政白書』**（旧『経済白書』）を作成していた旧経済企画庁のエコノミストを中心に編集された日本経済論です。『日本経済読本』は，経済白書が扱うテーマをより長期的な視点から豊富な経済データを使って解説したものといえます。

　『日本経済読本』が，過去から現在に至る経済事象や経済制度を中心に書かれたものであるのに対し，香西泰・荻野由太郎『日本経済展望』（日本評論社）は，日本の高度成長や産業構造の変化に重点が置かれています。特に前半の日本の高度成長を説明した部分は，当時の経済成長理論の基本に基づいた見事な解説になっています。『日本経済展望』が出版されたのは，1980年でしたから，日本の経済成長の要因や，今後の成長のためにはどのような産業構造が望ましいかということが，日本経済論の主要テーマになったことは自然なことでした。ただその後さらに日本経済が拡大し，世界経済の中でも重要な位置を占めるに伴い，日本経済論が扱わなければならないトピックスも増えていきます。伊藤隆敏教授の *The Japanese Economy*（MIT Press）は，彼がハーバード大学で教えていた際の日本経済論のテキストですが，公刊時期が1992年ということもあり，通常の日本経済の流れに加えて，米国経済を脅かすまでに至った日本経済の構造的特徴（高貯蓄率，労働市場や流通市場の特徴など）が解説されています。先ほど，日本経済論は少数の著者ではカバーしきれないと書きましたが，伊藤教授のテキストは，単著としては例外的に多くのトピックをカバーしたテキストといえます。

　1990年代初頭にバブル経済が崩壊すると，日本経済にはさらに多くの課

題と向き合わなくてはならなくなりました。マクロ経済の面では，デフレと
それを克服するための金融政策，累積する財政赤字の問題，人口減少と高齢
化に伴う社会保障負担の問題，労働面では，非正規雇用の増加と所得格差の
問題，国際面では，TPP に象徴される新たな貿易の枠組みの問題，世界的
な課題としては環境問題などが，1990 年代以降新たな課題として登場しま
した。これらの課題を論じるためには，時期を限定して議論せざるを得ませ
ん。たとえば，吉川洋『転換期の日本経済』（岩波書店）や岩田規久男・宮
川努『失われた 10 年の真因は何か』（東洋経済新報社）では，バブル崩壊後
10 年に限って日本経済の問題を包括的に論じていますが，それでも国際経
済面での課題や環境問題など，よりグローバルな問題についてはカバーしき
れていません。

　日本経済論を教える難しさは，扱わなければならないトピックスが年々増
えてきているということだけではありません。日本経済に起きている事象を，
どの程度これまでの経済学の成果と関連付けて論じるかという問題がありま
す。たとえば，先にあげた『日本経済読本』は，できるだけ多くのトピック
スを取り上げようとしているため，各トピックスと経済学の概念との関係に
ついてはあまり多くを語っていません。一方，岩田規久男・宮川努『失われ
た 10 年の真因は何か』，小川一夫・得津一郎『日本経済：実証分析のすす
め』（有斐閣），脇田成『日本経済のパースペクティブ』（有斐閣）は，マク
ロ経済学や計量経済学に関する相当程度の知識を要求しています。この中間
に位置するのが，浅子和美・飯塚信夫・篠原総一編の『入門・日本経済』
（有斐閣）ですが，このテキストでは，できる限り現代日本経済に必要なト
ピックスを取り入れるため，多数の専門家が寄稿する形になり，各トピック
スによって，経済学との関連性に関する記述に濃淡がみられます。

1.2　経済学の概念と経済事象を結びつける

　こうしたなかで本書がとるアプローチは，できるだけ多くのトピックスを
取り入れながらも，どのトピックについても基礎的な経済学の概念との関

連性を意識するようにしたということです。冒頭で，経済学を学んでも経済学の概念と現実の経済事象がうまく結びつかないということが，日本経済を学ぶ1つの動機になっているということを紹介しました。私たちの目的も，日本経済論を学ぶことで，経済学の議論が，日本経済のあちこちに浸透しているということを知ってほしいということにあります。各章で論じるように日本経済は多くの課題を抱えていますが，その原因を，経済学が抽象的で現実の経済を改善するのに役立っていないことに求めるのは短絡的で，経済学が想定している制度的条件や人々の行動と，現実の経済的制度やそれに影響された人々の経済的活動の間に乖離があるからとも考えられます。日本経済が直面する課題を乗り越え，より良い経済社会へと進むためには，まずこの**理論と現実の乖離**とその要因を正しく認識しなくてはなりません。

　本書が，基本的な経済理論に基づきながら，日本経済の課題を解説する背景には，本書を，経済学を利用して日本経済の課題を解決する糸口に使ってもらえればという願いがあります。このため，**図表1－1**では，第2章以降の各章と多くの大学で開設されている経済学の各教科との関連性を示しています。本書を使って日本経済論を受講する際には，先に各教科の基礎を学んでおくか，または同時に受講することをお勧めします。現在日本で行われている経済論争は，こうした各経済科目の基礎概念と現実の日本経済に対する認識のキャッチボールのようなものだと考えられます。

　もちろん，現実の経済は特に複雑な様相を示すことがあり，基本的な経済概念や経済理論で論じることが難しい場合があります。そうした場合や特定のトピックスをより深く考えたい場合には，**図表1－1**で示した関連科目の中級・上級コースから新たな分析手段を探し出すようにしてください。ただ多くの日本経済の議論は，基礎的な考え方を使うことで十分説明でき，また経済学の多くの分野もそうした基礎的な考え方をもとに発展していますので，次節では日本経済を理解する上で必要な経済学の基礎概念を解説します。

図表 1 − 1 ▶▶▶本書の各章と経済学の講義科目との対照表

章	科目名
第 2 章	マクロ経済学，日本経済史，経済政策
第 3 章	マクロ経済学，経済政策，金融論，国際金融論
第 4 章	ミクロ経済学，労働経済学
第 5 章	産業組織論，中小企業論
第 6 章	マクロ経済学，産業構造論
第 7 章	ミクロ経済学，財政学（公共経済学），環境経済学
第 8 章	経済政策，金融論
第 9 章	マクロ経済学，経済政策，金融論
第10章	ミクロ経済学，財政学（公共経済学）
第11章	マクロ経済学，地域経済論
第12章	マクロ経済学，財政学（公共経済学），社会保障論
第13章	ミクロ経済学，国際貿易論，国際金融論

2 日本経済を学ぶにあたっての基礎概念

2.1 市場の役割

　日本経済を学ぶにあたって，日本経済は**「市場」経済システム**を基本としている，ということを出発点にしてください。「市場」経済システムという概念を短く説明することは難しいのですが，家計や企業などの各経済主体が，それぞれの責任において財やサービスの生産や消費を行っているシステムだということです。この経済システムでは，大抵の財やサービスは，私たちが直接企業に依頼しなくても，スーパーやコンビニエンスストアで買うことができます。よく考えてみると，これはかなり不思議なことで，企業側も誰に依頼されたわけでもなく，大量の財やサービスを生産し市場に提供しています（特定の消費者によって依頼された生産は受注生産と呼んでいます）。

　これに対して，「市場」の利用を極端に制限し，国家（政府）が財やサービスの生産量や価格を決定する経済を**社会主義経済**と呼んでいます。現在は朝鮮民主主義人民共和国がこの制度をとっていますが，かつては中国やソビエト連邦（現ロシア）もこの経済システムをとっていました。この制度は，国家があらゆる財やサービスの提供に対して決定権を持っているため，集権

的経済と呼ばれています。これに対する「市場」経済システムは，分権的経済とも呼ばれます。社会主義経済または集権的経済システムが機能しなくなった背景には，このシステムが人々の多様な欲求を満たすことができなかったことがあげられます。これらの社会主義経済は，多かれ少なかれ19世紀のドイツ出身の経済学者マルクスの思想に基づいたものでしたが，マルクス主義を弾圧したナチス（国家社会主義労働者党）が政権を掌握していた時代のドイツ経済もまた，**国家社会主義経済**と呼ばれています。1930年代以降，日本が戦時体制へと突き進んでいった際の経済体制も国家社会主義経済とみなすことができます。第2章では，そうした制度が高度経済成長時代に果たした役割についても触れています。

　それでは，「市場」はどのように人々の多様な欲求に応えているのでしょうか。市場の最大の機能は，価格によって**需要と供給**を調整するシステムです。ある財について，多くの人々がそれを所有したいと望めば，人々は高くてもその財を買おうとするでしょうし，企業も高い値段をその財につけるでしょう。逆に人気のない商品を大量に生産してしまった企業は，その商品の価格をできるだけ安く設定してその商品を売りさばこうとするでしょう。価格をつけているのは企業側なのですが，その価格は，消費者の好みの程度を意識して設定されているという意味で，需要と供給の調整メカニズムが働いているといえます。

　しかし，ある企業が特定の商品の生産・販売について独占的な地位を占めている場合，その企業は商品の供給を少なくすることで，価格を吊り上げることができます。社会主義経済では，国家または国営企業がこの独占的な役割を果たすことになります。したがって市場経済システムがうまく機能するためには，ある商品の生産に対して複数の企業が競争する環境が必要です。もし複数の企業が同じような商品を生産していれば，1つの企業が生産を絞って価格を上げようとしても，他の企業が生産を増やして安い価格で販売すれば，価格を上げようとした企業の試みは失敗に終わってしまいます。このように「市場」経済システムがうまく働くためには，「**競争**」環境が不可欠なのです。

　日本経済を理解する上で，重要な市場は**財・サービス市場**だけではありません。**労働市場**の考察も重要です。財・サービス市場では企業が財・サービスを供給し，家計が財・サービスを需要する役割を果たしますが，労働市場では，逆に家計が労働力を提供し，企業が労働力を需要する立場になります。そして財・サービス市場の価格に対応するものは，労働市場では賃金です。ただ，労働市場では財・サービス市場の価格のように，賃金だけが労働市場の需給を調整する役割を果たすわけではありません。労働供給が多くなりすぎてあまりに低い賃金がついてしまうと，労働者は生きていくことができないからです。そうした場合，最低賃金制度や失業保険制度など，労働者の生活を保障する制度が必要になります。

　財・サービス市場や労働市場を対象とする経済を**実体経済**と呼びます。**国内総生産（GDP）**は，ある一定期間内（たとえば1年間）に財・サービス市場で取引された財やサービスに伴う価値の増分を1国内（または1地域内）で集計したものです。実体経済というのは，こうしたGDPのほか，外国との財・サービスの取引である貿易量や労働市場で決まる雇用量や失業率，賃金の動きなどをすべて含んだ経済体系を指す言葉です。

　ただ，こうした財・サービスの取引や賃金の支払いなどには，必ず金銭的な取引が伴います。私たちが生活している経済では，魚を購入する対価として衣服で支払うというような取引（物々交換）をしていません。必ず貨幣というものを使用しています。つまり私たちの経済取引の裏側には，必ず貨幣というものが存在しているのです。

　そして貨幣は，財やサービスの取引だけに使われているだけではありません。貨幣同士，または貨幣と貨幣に準ずるような役割を担った金融資産との取引も存在します。たとえば，私たちが海外旅行をする際には銀行で，円を旅行先の通貨と交換します。これが貨幣同士の取引です。国際金融市場というのは，こうした異なる国の通貨および金融資産が取引される市場です。そして，この異なる国の通貨の交換比率を為替レートと呼びます。また私たちは手持ちの現金を，銀行に預けに行きます。これは貨幣という金融資産を銀行が発行する預金という金融資産と交換する取引なのです。異なる通貨との

交換，銀行との預金取引，株式の売買，これらはすべて金融取引と呼ばれ，こうした金融資産間の売買を扱う市場を**金融市場**と呼びます。そして，為替レート，預金利子率などはすべて金融市場でつく価格と考えることができます。こうした金融市場での取引から生じる経済を，実体経済に対して**金融経済**と呼びます。

　こうした市場システムが採用される背景には，家計や企業がそれぞれの基準に従って自由に財・サービスの消費や生産を決めることによって，人々の満足感が高まり，企業も労働者や資本の提供者に最大限の報酬を還元することができるという考え方があります。すなわち，個々の家計や企業の**経済合理的な意思決定**を尊重する「分権」制が，市場経済の基本です。

2.2　政府の役割と経済政策

　すでに，現在の日本経済は市場を中心とした経済システムで運営されていると説明しましたが，政府の経済的役割が全く必要ないわけではありません。たとえば労働市場でみたように，需要と供給の調整メカニズムに任せただけでは，労働者が得られる賃金が，生存を維持する水準を下回る可能性もあります。政府はそのようなことがないように，労働者に最低限の生活を保障する賃金を定めて企業がその水準以上の賃金を支払うように指導をします。また失業者に対しても失業手当などを支給して，失業者の生活を支えるようにしています。

　ただし，個別の市場への政府の介入は，常に正当化されるわけではありません。食品の安全基準や衛生基準のように，人々の生命や健康を守るための安全規制は必要ですが，市場の競争環境を制限して経済面の効率性を歪めるような規制は，なくしていく必要があります。たとえば，消費者は長らく電気の供給サービスを受ける場合，居住している地域の独占的な電力会社1社からの供給しか受けられませんでしたが，最近では複数の電力会社の中から電力供給してもらう会社を選べるようになりました。これは政府が認めていた地域独占による電力供給制度を緩和して，複数の会社が競争して電力供給

を行えるように規制を緩和したためです。また第13章でも詳しく説明するように，農業は高い関税や株式会社の参入規制などで守られていましたが，こうした規制も緩和される方向にあります。このように経済的な規制を緩めることで，消費者の選択の幅を広めたり，市場の競争条件を整備することは政府の重要な役割になっています。

　以上は，個別の財・サービス市場に対する政府の役割ですが，経済全体に影響を及ぼすマクロ的な政策の実施も政府の役割です。具体的には政府の財政支出を増やし，財・サービス市場を活性化させる財政政策や，所得税減税を行って消費者の所得を増加させる政策があります。また政府とは別組織ですが，中央銀行（日本では日本銀行）が，金融市場の利子率を低下させて，貨幣への需要を増加させ，その貨幣を使うことで，経済全体の財・サービスに対する需要を増加させる政策，いわゆる金融政策も，広い意味での政府部門のマクロ政策の1つです。こうした金融政策については第9章で詳しく説明されます。

2.3　短期と長期

　2.1項では，日本経済がミクロの市場の機能を生かした経済体制であることを説明しましたが，こうした各市場の成果である生産全体（GDP）の動きは，マクロ経済学で学習します。通常マクロ経済学では，このGDPの動きを捉える際の視野として，短期と長期という2つに分類します。

　図表1-2は，GDPの動きを示していますが，時間がたつにつれて波をうつように上昇しているのが，現実のGDPの動きです。これに対してその波をならしたような直線は，GDPの長期的な増加傾向を示しています。つまり，GDPはその長期的な傾向（トレンド）から一時的に乖離することはあっても，いずれはその長期的な傾向線に戻ってきます。マクロ経済学では，このGDPの長期的な傾向線を決める要因と長期的な傾向線から短期的に乖離するGDPの動きの原因とは区別して考えています。そして，長期的なGDPの動きを**経済成長**の問題として，長期的な動きから乖離する短期的な

図表1−2 ▶▶▶短期の景気循環と長期の経済成長

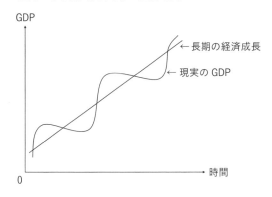

GDPの変動を**景気循環**の問題として捉えています。実際の時間で考えると長期というのは10年から100年単位で，短期というのは3年程度を想定しています。

　政府が実施する経済政策も**短期と長期**を使い分けなくてはなりません。短期の経済政策は，景気の変動をならす，すなわち経済が過熱したり大きく落ち込んだりして，長期の傾向線から大きく乖離することを防ぐために用いられます。先に紹介した財政政策や金融政策は，この短期の経済政策に分類されます。一方，長期の経済政策というのは，長期的なGDPの傾向線そのものを変える政策です。これは成長政策もしくは構造政策と呼ばれ，先に述べた**規制緩和**による競争環境の整備や第6章で詳しく述べる**生産性**の向上策が具体的な政策となります。一般向けの経済政策の解説では，短期の経済政策を使った景気刺激策を成長政策と混同したり，景気が上向いた状況を経済の長期的な成長率が上昇したかのような説明の仕方をしますが，これらを区別して理解するようにしなくてはなりません。日本経済をめぐって対立しているように見える議論も，実は対立しているそれぞれの視野の違いから生じていることもあるのです。

3 経済データの重要性

　日本経済論は，経済学のさまざまな分野の中でも最も身近な出来事を多く扱う分野です。そうした出来事に対して正確な判断を下すためには，すでに述べた経済学の基礎概念を間違いなく使うだけでは十分ではありません。自らの判断を，現実のデータで検証する必要があります。経済学が他の社会科学に比べて説得力のある議論を展開できる点の1つに，経済学の議論を現実のデータによって確かめることができるという点にあります。加えて日本の場合は，先進国の中でも比較的豊富な**経済統計**が存在します。この経済統計の利用は，近年統計を報告している組織のウェブサイトが充実してきたことにより，一層利用しやすくなりました。総務省と内閣府，日本銀行などは，それぞれ http://www.stat.go.jp/，http://www.esri.cao.go.jp/jp/sna/menu.html，http://www.boj.or.jp/statistics/index.htm/，で，主な政府統計，GDP統計，物価，金融関連統計を公表しています。政府の経済政策もこうした経済データに基づく判断で実施されるべきだという，いわゆる**evidence based policy making**（**証拠に基づく政策立案**）の考え方も浸透し始めています。

　経済データの利用は，私たちの経済を理解する上で大きな武器になりますが，注意しなくてはいけないこともあります。それは自分の判断に都合の良いデータを選んだり，公表されたデータを都合よく解釈することです。2016年5月の伊勢・志摩サミットで，日本政府が，その時点での世界経済情勢をリーマン・ショック前夜（世界金融危機前夜）と似ているとした際の経済データの利用例はその典型といえます。その時に強調されたのは，2016年時点での資源価格の変動が，リーマン・ショック前夜に似ているというものでしたが，2008年から09年に生じた資源価格の変動は，米国での金融市場危機により，多くの資金が資源市場へ逃避した際に生じたもので，必ずしも金融危機を予見させるような動きではありませんでした。この点は内外の多数の人に指摘されたため，日本政府はその解釈を修正せざるを得なくなりま

した。また自らが主張したい経済理論を正当化するために，都合の悪い経済データを無視するということもみられます。しかし，こうした場合は，「不都合な真実」を直視し，なぜ経済データが自分の議論をサポートしないのかを考え，自らの議論に無理はないか，修正すべき点はないかということを考えなくてはいけません。

データの重要性は，経済だけに限りません。現在（2020年12月），新型コロナウイルスが流行し，世界経済に大きな影響を与えています。このウイルスが，人々を不安にさせる最大の要因は，従来のインフルエンザウイルスと違って感染率や致死率が不確定で，治療方法が確立していないことです。こうした未知の病気に対応する場合でも，われわれは感染者や回復者のデータを地道に収集し，より精度の高い感染率や致死率を把握し，有効な治療方法を確立して安定的な経済社会を取り戻すことができるのです。残念ながら，日本ではこの新型コロナウイルスに感染しているかどうかを判定するPCR（ポリメラーゼ連鎖反応）検査数が，海外の検査数に比べ極端に少ない状況が続きました。2020年5月に医療の専門家が集まる専門家会議でもこの検査データの少なさに対して不満が表明されいくらかは改善されてきました。専門家会議の判断は，新型コロナウイルス対策に直結しており，そのことが経済活動に大きな影響を与えるわけですから，いかにきちんとしたデータを収集することが大事かがわかると思います。

経済データを読み解く作業は，面倒くさい作業かもしれませんし，現実の経済に関わっているといっても，直接自らの生活にすぐに影響を及ぼすわけではありません。しかしこのデータが，あなたが貸付を担当している企業のデータである場合を想像してみてください。企業は銀行から資金を引き出すために都合の良いデータだけを選んで担当者であるあなたに送ってくるかもしれません。しかし，もし歪んだデータをもとに融資判断をすれば，それは預金者が預けた資金を危険に晒したというだけでなく，自らの地位をも危うくする行為となります。その意味でもデータを正しく判断する能力を養うということは，あなたのキャリアに大きく関わってくるのです。

日本経済を材料に経済学の概念を駆使し，それを実際のデータで検証して

いく作業は，簡単ではありませんし，すぐに美しい結論が出るというものでもありません。しかし，こうした作業を積み重ねていかなくては不確実な未来に対処していくことができないということを私たちは多くの経験から学んできました。これからの章で学んでいく，日本経済の姿は，一見皆さんに多くの知識を要求するようにみえますが，経済学の概念と経済データを駆使することで，より整理して理解することが可能になり，明日の私たちの生活をより見通しやすくなるはずだと信じています。

Working 調べてみよう

1. 1960年代，70年代，80年代，90年代，2000年代の『経済財政白書』（または『経済財政白書』）をそれぞれ1冊ずつ取り上げ，当時の中心的な経済課題が，どのように変遷してきているかを調べてみましょう。

2. 図表1－2でみたように，GDPは短期的に長期的な傾向線から乖離します。傾向線を下回って推移する際には不況期で，それが反転する時点を「景気の谷」と呼んでいます。その「景気の谷」から長期的な傾向線を上回っていく時期が景気の回復期です。この景気の回復がピークに達した時点を「景気の山」と呼んでいます。日本では，1951年以来この景気の山と谷の時期をhttp://www.esri.cao.go.jp/jp/stat/di/150724hiduke.html で公表しています。そして景気の谷→山→谷を1つの景気循環と考えています。そこで，公表された景気循環の時期をみて，それぞれの景気循環期には，どのような経済的出来事があったかを調べてみましょう。

Discussion 議論しよう

1. 日本経済の動向を判断する上で，最も重要な経済指標は，何だと思いますか。経済指標を1つあげて，その理由を述べてみましょう。

2. 私たちの日常生活で，これは不便だと思うような財やサービスの提供をあげてみましょう（たとえば，街中でなかなかWi-Fiが利用できないとか，日本でUberが普及していないなど）。そしてそれはなぜ不便になっているのかを考えてみましょう。

▶▶▶さらに学びたい人のために ────────────

● 岩田規久男・宮川努編 ［2003］『失われた10年の真因は何か』東洋経済新報社。

● 吉川洋 ［1999］『転換期の日本経済』岩波書店。

● 脇田成 ［2008］『日本経済のパースペクティブ』有斐閣。

────────────────────────────────

参 考 文 献

● 浅子和美・飯塚信夫・篠原総一 ［2015］『入門・日本経済（第5版）』有斐閣。

● 金森久雄・大守隆編 ［2016］『日本経済読本（第20版）』東洋経済新報社。

● 香西泰・萩野由太郎 ［1980］『日本経済読本』日本評論社。

● 小川一夫・得津一郎 ［2002］『日本経済：実証分析のすすめ』有斐閣。

● Ito, Takatoshi ［1992］ *The Japanese Economy,* The MIT Press.

第 **2** 章

高度成長は
なぜ実現できたのか

1 高度成長の時代

　第2次世界大戦によって，日本の国土は廃墟と化しました。それから70
年の間で，日本経済は約40年あまり世界第2位の経済大国としての地位を
占めていました。2010年代に入って，経済規模で中国に抜かれ今後衰退す
る可能性はあるものの，現時点では世界第3位の経済大国です。

　この経済大国に日本を押し上げたのが「**高度成長**」です。日本の歴史を考
える場合，第2次世界大戦以前と以降が大きな分岐点になりますが，生活面
から考えると，高度成長期以前と高度成長期以降とでは大きな変化がみられ
ます。映画「バブルへGO！！」は，約30年前の日本経済の姿を描いていま
すが，携帯電話が使えないことや，現在ではすでに営業していないような金
融機関が登場することを除けば，それほど生活に違いは見られません。30

年前も今も男性は，スーツとワイシャツを着てネクタイをしながら仕事をしていますし，女性のファッションが大きく変化したようには見えません。1985年に男女雇用均等法が制定されたにもかかわらず，女性の社会進出をいまだ議論していることからもわかるように，この30年間の日本の経済社会の歩みは遅すぎるほどでした。

　これに比べて高度成長期の生活は，現在とは根本的に違っています。この時期の生活を表した映画と言えば「ALWAYS 三丁目の夕日」をはじめとする「三丁目の夕日」シリーズでしょう。確かにこの映画を見れば，今では，いや30年前でも当たり前だったカラーTV，自動洗濯機すらなかった時代であることがわかります。もちろん1964年までは東海道新幹線もありません。東京－大阪間は，在来線の「こだま」を使っても7時間30分かかっていました。新幹線「のぞみ」が誕生したのが，1992年ですが，その当時から現在（2020年まで），東京－大阪間の移動時間はほとんど短縮されていません。私たちは10年前の生活に戻ってもそれほど違和感はないと思いますが，高度成長期以前の生活になじめるかと問われれば抵抗があるのではないでしょうか。その意味で高度成長期は，日本の経済社会を不可逆的に変えた時期と言えるのです。

　それでは，高度成長期というのは一体いつからいつまでを指すのでしょう。これにはいろいろな説がありますが，ここでは1955年から1970年までの15年間を「高度成長期」と考えます。1955年を高度成長期の始まりとする理由は，「昭和31年度経済白書」が，1955年の日本経済の状況を「**もはや戦後ではない**」という有名な言葉で表現したからです。高度成長期の日本経済を詳しく解説した武田［2008］や吉川［2012］も1955年を高度成長期の出発点としています。この言葉が生まれた背景には，1955年の生産水準が，第2次世界大戦前の生産水準を超えたというデータの裏付けがあったからです。つまり，第2次世界大戦が終わって10年間は，戦前の生産水準に追いつくまでの復興期であったことを意味します。そして1955年から戦前を超える新たな日本経済の成長が始まったと考えられるのです。

　図表2－1は，この1955年を始点とするその後の日本経済の成長率の推

図表 2 － 1 ▶▶▶ 日本の経済成長率の推移（1956 年—2019 年）

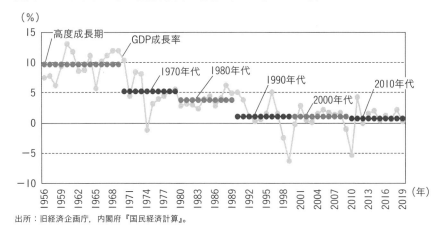

出所：旧経済企画庁，内閣府『国民経済計算』。

移が描かれています。日本経済は 1959 年から 10％前後の経済成長率を約 10 年間続けました。このため，1956 年から 1969 年までの平均成長率は 9.7％ にもなっています。

　10％もの高い成長率が続くということは何を意味しているのでしょうか。実は経済成長論には，**Rule of 70** という，経済成長によってどれくらい経済が大きくなるかをわかりやすく考えることのできる法則があります。

　経済成長が始まる前の国民所得を Y_0 とします。経済が毎期 g％で成長すると，翌年の国民所得 Y_1 は，$(1+g/100)Y_0$ と表すことが出来ます。さらに次の年の国民所得 Y_2 は，$(1+g/100)Y_1=(1+g/100)^2Y_0$ になります。このように計算していくと t 年後の国民所得 Y_t は，$(1+g/100)^tY_0$ になります。もしこの t 年後の所得 Y_t が，当初の所得 Y_0 の 2 倍，すなわち $2Y_0$ だったとしましょう。そうすると，

$$Y_t=(1+g/100)^tY_0=2Y_0 \tag{1}$$

になります。（1）式の 2 番目と 3 番目の Y_0 を消してしまうと，

$$(1+g/100)^t=2 \tag{2}$$

になります。（2）式の両辺の自然対数をとると，

$$t\ln(1+g/100)=\ln2 \tag{3}$$

（3）式は近似的に，

$$tg/100=0.7 \quad \text{または} \quad tg=70 \tag{4}$$

と表すことができます（$\ln(1+\frac{g}{100})\cong g/100$，$\ln2\cong0.7$ とすると（3）式から（4）式が導出できます）。（4）式の意味するところは，経済成長率 g と国民所得が2倍になった年数 t の積は70になるということです。したがって，日本の高度成長期のように毎年10%（すなわち $g=10$）で成長する経済は，7年（$t=7$）で経済規模が倍になるのです。

1960年に発足した池田勇人内閣は，10年間で国民所得を2倍にするいわゆる「**所得倍増論**」を掲げましたが，実はこの議論は，年率7%（$g=7$）の経済成長率が10年間（$t=10$）続けば，経済規模が2倍になるという Rule of 70 に基づいているのです。実際の日本経済は，年率10%で成長しましたから，国民所得を倍増させる目標は，当初の予想よりも早く達成されたことになります。

2 高度成長の明と暗

高度成長が私たちにもたらしたものは，何だったのでしょうか。高度成長による最大の恩恵は，生活の質の向上でしょう。すでにみた新幹線や高速道路網の整備は，高度成長時代に始まりました。私たちの身の回りの品物も大きく変わりました。**図表2−2**は，主な電気製品や自動車などの耐久消費財の普及率の推移を示しています。これを見ると，高度成長が始まった1950年代後半には，エアコンディショナーも自動車もほとんど普及していませんでした。一方，「**三種の神器**」といわれた白黒 TV，電気洗濯機，電気冷蔵庫は，高度成長期に急速に普及し，それぞれ1970年には100%近い

図表 2 − 2 ▶▶▶主要耐久消費財の普及率

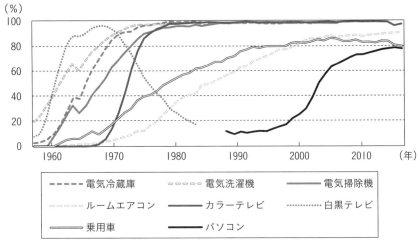

出所：内閣府『消費動向調査』。

普及率となっています。カラーテレビ（color TV），エアコンディショナー（cooler），自動車（car）といった 3C の普及が進むのは，もう少し先になります。

　こうした旺盛な消費の背景には，高度成長に伴う賃金の上昇があります。標準的な労働者（常用労働者）の賃金は，1955 年の 1 万 8,343 円から 1970 年の 7 万 5,670 円まで約 4.1 倍に増加しました。所得の上昇が，旺盛な消費を生み出し，それが耐久消費財の生産増につながって，さらなる所得の上昇につながるという好循環が生まれたのです。実際に電気冷蔵庫の生産は高度成長期に 84.8 倍になり，自動車生産も 76.7 倍になりました。

　人々の住まいも大きく変わりました。高度成長期前までの日本は，農家世帯が大部分を占め，そこでは 3 世代にまたがる大家族による居住形態が一般的でした。しかし，高度成長に伴い，製造業の生産が急増するにつれ，都市部での労働需要が急増し，農村地域から多くの労働者が集団就職によって都市部に移動することになりました。こうした人たちは，結婚後も都市部で住居を構えることになり，夫婦を核とした家族（核家族）を営むことになります。こうした家族の住居のために提供されたのが，日本住宅公団によって供

給された「団地」でした。こうした「狭いながらも楽しい我が家」が，日本全国に広がっていきました。もっとも，先進諸国と比較した場合，日本の住居の狭さは高度成長後も続き，1980年代に入っても「ウサギ小屋」と呼ばれていました。

　高度成長に人々の所得や企業の収益が増加するにつれ，その所得や収益に課される税収も増加し，政府の政策の幅は広がりました。特に日本は戦後，戦争の放棄を謳った新しい憲法の下，米国の軍事力に依存しながら軽武装政策をとったため，防衛費以外の支出に多くを割くことができました。第12章で詳しく述べる社会保障制度の基礎も，高度成長期の時期に形作られました。国民皆保険制度は，1958年の国民健康保険法によって確立し，現在の年金制度も高度成長期直後の1973年に形成された制度が続いているのです。こうした社会保障制度は，国民および医療関係者が，自らの仕事以外の面に煩わされることなく，日々の職務に集中し生活を楽しむことを可能にしました。高度成長期における生活の質の向上やその生活を支える社会保障制度の確立が，人々に「安心」な生活を保障したことは，日本の平均寿命の向上に現れています（**図表2-3**）。

図表2-3 ▶▶▶平均寿命の推移（1947年-2018年）

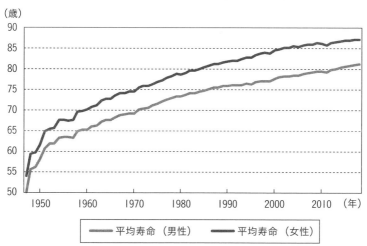

出所：厚生労働省「平成30年簡易生命表の概況」。

　しかし高度成長期は，必ずしも明るい側面ばかりではありません。「三丁目の夕日」シリーズなどを見ると貧しい中にも明るい希望があったかのように描かれていますが，当時を実際経験した人からすると，必ずしも希望に満ちあふれていたわけではないようです。週休2日制もなく，普通の労働者は長時間労働が当たり前でした。政治家の汚職の金額も21世紀とは1桁違っていました。

　こうした点以上に悲惨だったのは，急速な経済成長の犠牲になった数多くの人々がいたことです。特に高度成長期における公害の問題は深刻でした。熊本県水俣市で起きた水俣病は，その症状が最初に確認されたのが，まさに高度成長期が始まった1956年です。しかしこの症状は，当初チッソ水俣工場から排水された有機水銀が原因であるとは認められませんでした。有機水銀が水俣病の原因であると正式に認められたのは，なんと高度成長期も終わりに近づいた1968年だったのです。1960年代も半ばを過ぎると，深刻な産業公害がさらに明らかになってきました。新潟県の阿賀野川流域で生じた水俣病と同様の病気（新潟水俣病），四日市コンビナートから排出された亜硫酸ガスによるぜんそく症状（四日市ぜんそく），岐阜県神岡町の鉱山からの排水の中に含まれていた金属カドミウムによる汚染で生じたカドミウム中毒症状（イタイイタイ病）は，先の水俣病と合わせて**4大公害病**と呼ばれています。このほかにも大気汚染は全国的な広がりを見せ，全国に深刻な被害が及んだことから，政府は1971年に環境庁（2001年から環境省）を設置しました。よく第2次世界大戦の犠牲者の上に戦後の繁栄があるといわれますが，まさにその繁栄の時期に，繁栄の恩恵を受けられなかった多くの人々がいることも明記されるべきでしょう。公害を中心とする日本の環境問題については，本書の第7章で詳しく解説されます。

3 高度成長の要因

　なぜ10％にも及ぶ高い成長率が15年にわたって続いたのでしょうか。私

たちは，隣国の中国や韓国が同様に高い成長率を長期間続けているので，経済が発展する過程では高度成長が当たり前のように考えられるかもしれませんが，決してそうではありません。世界では貧困から脱した国がたくさんありますが，高い成長率を長期間続け，先進国入りできる国はわずかだといえるでしょう。

　経済学では，経済成長は経済全体の付加価値（GDP）の増加として表すことができます。GDPは，経済全体の生産に相当しますから，この生産（Y）は，資本（K）と労働（L）という生産要素と技術進歩（A）によって実現することになります。これを生産関数という形で表すと，

$$Y = AF(K, L) \tag{5}$$

と書けます。このとき生産量の変化 ΔY は，

$$\Delta Y = \Delta A F(K, L) + \frac{\Delta K A \Delta F}{\Delta K} + \frac{\Delta L A \Delta F}{\Delta L} \tag{6}$$

となります。すなわち，技術進歩の変化（ΔAF と資本の変化（ΔK）と労働力の変化（ΔL）にある係数をかけた値に分解することができます。さらに（6）式の両辺を Y で割ると，

$$\frac{\Delta Y}{Y} = \frac{\Delta A}{A} + \alpha \frac{\Delta K}{K} + \beta \frac{\Delta L}{L} \tag{7}$$

$$\alpha = \frac{A \Delta F K}{\Delta K Y} \text{（競争経済の下では資本分配率になります），}$$

$$\beta = \frac{A \Delta F L}{\Delta L Y} \text{（競争経済の下では労働分配率になります），}$$

となります。（7）式は，経済成長率（$\Delta Y/Y$）が，技術の進歩率（これを**全要素生産性**の進歩率と呼びます）（$\Delta A/A$），資本の寄与度（$\alpha \times \Delta K/K =$ 資本分配率×資本成長率），労働力の寄与度（$\beta \times \Delta L/L =$ 労働分配率×労働力の伸び率）に分解できることを示しています。

　この**成長会計**と呼ばれる手法で，高度成長期の日本経済の経済成長率を分

解すると，最も大きいのが，資本の伸び，そして技術革新，最後に労働力の伸びと続きます（**図表2−4**）。戦後のベビーブームにより，日本の人口は確かに増加しましたが，それでも1955年から70年の間は，年率1％程度だったのです。ただ，人口構成からすると若年人口が多く，高齢者が少なかったことは確かです。したがって，日本の高度成長の要因は，資本の蓄積と技術進歩でその8割が説明できます。

　中でも経済成長の要因の半分を占める資本の蓄積は，旺盛な設備投資によって実現されました。第2次世界大戦によって日本の生産設備は壊滅的状況でした。戦後，日本はすべての財・サービスを供給する基礎となる産業である，鉄鋼，電力，石炭，海運の設備を増強することに資源を集中しました。これが**傾斜生産方式**です。この目的がほぼ達成された1955年以降，これらの基礎産業から供給される鉄鋼，エネルギー，海外資源をもとに，各産業が競って設備の拡張を行ったのです。先ほども述べたように，戦後はほとんど設備がない状態から出発していますから，資本の限界生産力，資本の収益性は非常に高かったのです。1949年に決められた1ドル＝360円という為替レートが，ブレトン・ウッズ体制の下で維持されたことも，輸出面では有利に働きました。これに，先ほど述べた旺盛な消費意欲による内需の増加が加

図表2−4 ▶▶▶高度成長期の成長会計（1955-70年）

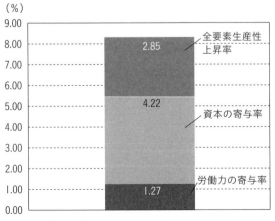

出所：一橋大学経済研究所牧野研究員の推計にもとづき筆者作成。

わり，「投資が投資を呼ぶ」とまで言われた投資競争が起きました。**図表 2－5** にあるように，1955 年から設備投資 /GDP 比率は，10％を超え，1970 年には 20％を超える水準にまで達しました。設備投資は，資本蓄積を通じて供給力を増加させますが，同時に企業が機械などの設備を購入することでもありますから，需要面の増加ももたらします。これが「**設備投資の 2 面性**」です。高度成長期は，この「設備投資の 2 面性」が高い水準で発揮されたのです。

日本の高度成長期の特徴は，こうした旺盛な設備投資の資金を自国で賄ったことです。当時日本は厳重な為替管理を行っていましたから，多くの開発途上国のように，海外からの資金で設備を拡張することはできませんでした。したがって自国の高い貯蓄率が日本の設備投資を支える役割を果たしたのです。**消費のライフサイクル仮説**によれば，若い世代は，将来のために貯蓄をし，高齢者世代は過去の貯蓄を取り崩して消費をします。すでに述べたように，高度成長期は，若い勤労者世代が多く，高齢者は少なかったため，日本の貯蓄率は高水準で推移しました。日本の家計の多くは，自らの貯蓄を銀行に預けていました。当時の日本の金融界は「**護送船団方式**」と呼ばれ，預金

図表 2－5 ▶▶▶民間設備投資 /GDP 比率の推移

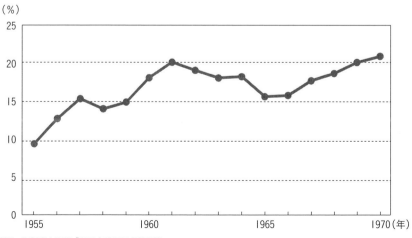

出所：旧経済企画庁『1998 年度国民経済計算』。

金利，貸出金利なども規制されていました。銀行はこの規制金利の下で，低金利で企業の設備投資需要に応えたのです。このため資金市場では実質的には貸出資金の割り当てが行われていました。設備投資資金を供給するためには，長期間の貸し付けが必要ですが，長期信用銀行法によって長期の資金調達が可能であった，日本興業銀行や日本長期信用銀行などの長期金融専門銀行や，日本開発銀行などの政府系金融機関が，こうした設備投資の需要に応えていました。もし，自由な資本市場であれば，家計は低い金利しか提供しない日本の金融機関ではなく，海外で資金を運用し，日本の金融機関も低金利で設備投資資金を提供できなかったでしょうが，内外の資金移動を規制し，国内の金融機関の行動を「護送船団方式」によって管理することにより，国内の高い貯蓄率を，旺盛な設備投資に振り向けることができたといえます。

　技術の導入に関しては，通常は高い技術を有している外国資本を導入して，新鋭設備と新技術をまとめて国内に移転する方法をとります。多くの発展途上国がこの方法をとって経済発展につなげましたが，日本は，1964年に**IMFの8条国**になるまで資本の移動規制をとっていたので，技術の多くは特許のライセンス契約の形で導入しました。化学繊維におけるナイロンや鉄鋼のLD転炉技術などはこうした形で日本に導入されました。またこの過程でソニーやホンダなど，新しい技術を新製品として市場に提供する新興企業も現れました。このように海外の資本や企業に頼らず，海外から導入した技術を自国で消化し，製品化できた背景には，日本の労働力の質の高さがあげられます。一国の経済を発展させるためには，識字率や教育水準の程度が制約になることがありますが，幸い日本ではそうした点は問題になりませんでした。こうした優秀な**人的資本**を抱えていた点と，旺盛な投資競争により最新鋭の技術が体化された設備が増加したことから，高い技術進歩率を達成することができたのです。

　高度成長の主因となった設備投資や技術革新は，民間企業主導によるものでした。こうした民間企業が設備投資や技術革新を競う土台は，戦後の経済改革にあるといえます。戦後GHQ（連合国軍最高司令官総司令部）は，戦前の経済に大きな影響力を持っていた財閥を解体しました（**財閥解体**）。同

時に 1947 年に**独占禁止法**を制定し，公正で自由な競争が行われる環境が整備されました。一方で，野口［2008］のように，第 2 次世界大戦時に整備されたさまざまな制度や官僚体制が，有効に働いたという見方もあります。確かに，政府主導の傾斜生産方式や為替レート水準の決定，護送船団方式による資金供給制度，「機械工業振興臨時措置法」による数々の部品産業の育成などは，戦前の国家主導の経済振興体制が継承された経済政策ともいえます。しかし，石炭産業など衰退産業への補助や国民車構想の失敗など，政府の政策の中には高度成長に寄与したと評価できないものもあり，民間と政府のどちらが高度成長に寄与したかを決めることは困難です。多くの経済発展の過程では，純粋な市場経済だけでなく，政府の大幅な介入がみられるからです。高度成長は，戦後の自由競争によって解放された民間の活力と，戦前から温存された官僚体制による経済政策が，適切に融合した結果であるといえるでしょう。

4 高度成長期を過ぎて
石油ショックと 1980 年代

1970 年代に入ると，高度成長期を支えてきた制度的基盤が段階的に崩れ始めました。最初は，**ブレトン・ウッズ体制**の崩壊から始まりました。1944 年から続いたブレトン・ウッズ体制は，米ドルと金の交換比率を決め，各国の通貨が，その米ドルと固定的な交換比率で為替レートを設定するという，いわば米ドル本位の通貨体制でした。この体制は，米国経済が世界経済の中で圧倒的な位置を占めている間は安定的でした。しかしこの**固定相場制度**は，各国が金融政策を為替レート水準の維持に使わなくてはならないという制約があります。しかしながら，1960 年代に入って日本や西ドイツが経済的に復活し，米国の世界経済に占める地位が縮小したことや，米国自身が拡張的な金融政策をとり続けたことにより，米ドルの信認が低下し，各国は米ドルと金の交換を要求するようになりました。こうした事態に対し，米国は 1971 年 8 月についに米ドルと金の交換を停止する宣言を出しました。これ

図表２−６ ▶ ▶ ▶ 円／米ドルレートの推移

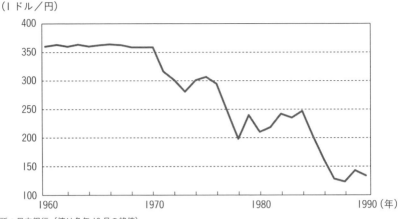

（１ドル／円）

出所：日本銀行（値は各年12月の終値）。

がいわゆるニクソン・ショックです（**図表２−６**）。

　日本は，１ドル＝360円レートを維持するために，円売りドル買いの市場介入を大量に行いました。しかし固定相場制への復帰の努力も空しく，1973年からは**変動相場制**へと移行することになり，以降円はドルに対して切り上がっていきます。この円高によって，日本企業の国際競争力は低下を余儀なくされます。日本は円高に伴う景気後退を避けるべく，財政・金融両面で景気拡張策を実施します。ちょうどその時期に，第４次中東戦争を契機に，原油価格が４倍にも跳ね上がるという第１次**石油危機**が起きます（**図表２−７**）。

　日本は1960年代から５％前後のインフレが続いていましたが，為替レート維持政策や景気拡大政策によって貨幣供給量がさらに増加していたところへ，石油危機が起き，物価は一気に急騰しました。1974年の物価上昇率は，何と23％にも及びました（**図表２−８**）。このため，実質経済成長率は戦後初めてマイナスを記録し，ここに高度成長期は完全に終焉しました。

　石油危機後1980年までの日本経済は，安定成長軌道への調整期でした。失業率は高度成長期の１％台から２％へと上昇します。これまで安価な石油価格に依拠していた日本の企業は軒並み収益を落とします。政府は，財政の拡大によって景気の落ち込みを防ごうとしますが，家計や企業の所得が伸び

図表2−7 ▶▶▶原油価格の推移

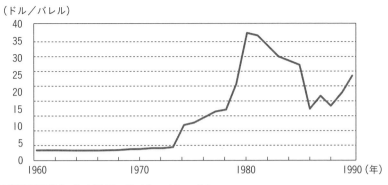

注：WTI 直物価格は，Spot Oil Price: West Texas Intermediate。
出所：FRED（Federal Reserve Bank of St. Louis の database）。原資料は Wall Street Journal 調査資料。

図表2−8 ▶▶▶貨幣供給量の変化率とインフレ率

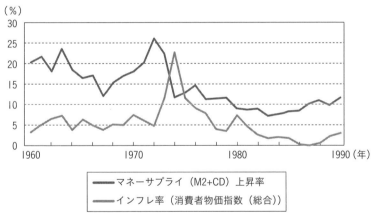

出所：総務省，日本銀行。

ないことから税収は増えず，**赤字国債**を発行して資金調達を行います。

　この間企業は，生産設備の拡張を手控え，合理化・省エネルギー化のための投資に注力します。また自動車産業も公害問題とエネルギー価格の上昇に対応するために燃費の良い乗用車の開発を積極的に行います。こうして日本は，徐々にエネルギー多消費型の「重厚長大」産業（鉄鋼・化学工業などを指します）から「軽薄短小」型の産業（自動車・電機などの機械工業）へと産業構造の転換を進めていきます。1978 年のイラン革命を機に，再度エネ

ルギー価格の高騰が生じました（第2次石油危機）が，このときは，前回の危機時の反省から貨幣供給量の増加を抑制し，かつ省エネルギー体制への転換がある程度進んでいたことから，急激な経済成長の落ち込みや物価上昇もなく，比較的経済への影響は軽微ですみました。

第2次石油危機は，むしろ米国経済に大きな影響を与えました。米国はインフレを抑制するため，金利を大幅に引き上げ米ドルが上昇した結果，深刻な不況に陥りました。加えて米国はベトナム戦争終了後，技術面でも停滞し生産性上昇率も低迷していました。こうしたことから，第1次石油危機を契機に，省エネルギー型の生産プロセスや製品を開発してきた日本企業が競争面で優位に立ち，ドル高もあって，米国への輸出が急増しました。

1980年代に入って，日本経済は年率4％への安定経済成長軌道への移行を達成しましたが，今度は米国との貿易摩擦が深刻化するようになりました。日米の貿易不均衡の1つは円の米ドルに対する過小評価にあると考えられたため，1985年9月のプラザ会議において米国はそれまでのドル高を堅持する政策を放棄します。これによって，急激な円高が生じ，日本経済は一時的に円高不況に陥ります。しかしこのときも日本は内需拡大のもと，拡張的な財政・金融政策を実施します。特に，金融政策については，当時としては戦後最低の2％に公定歩合の水準を据え置きます。これによって再び貨幣供給は増加します。今回は，一般物価水準よりも，土地や株価というストック価格が高騰するバブルが生じました。このため，円高が生じた1980年代後半以降の日本経済は，バブル経済と位置付けられます。

Working

1. アジアの国々で，日本と同じような高度成長を経験した国があるか調べてみましょう。

2. 内閣府が発行している『国民経済計算』では1人当たりの国民所得の国際比較を行っています。これがどのような変遷をたどってきたかを調べてみましょう。

3. 豊かさの指標として，1人当たりGDP以外の指標があるかどうかを調べてみましょう。

4. 自分の身の周りのもので，高度成長期以来ずっと同じように使っているものを探してみましょう。また高度成長期にはあったものの，現在ではほとんど使っていないものも探してみましょう。

Discussion

日本の高度成長期の要因として，第2次世界大戦後の改革が高度成長につながったという説と，第2次世界大戦中に整備された制度が，戦後有効に活用されたという2つの説があります。どちらの影響が大きかったか議論してみましょう。

▶▶▶さらに学びたい人のために

● C. ジョーンズ［2011］『マクロ経済学I　長期成長編』（東洋経済新報社）は，経済成長論を駆使して，経済成長の仕組みをより詳しくかつ平易に解説しています。日本の高度成長期について，経済学的なより詳しい理論的な裏付けを知りたい人には有用です。

参考文献

● 武田晴人［2008］『高度成長』岩波書店。

● 野口悠紀雄［2008］『戦後日本経済史』新潮社。

● 吉川洋［2012］『高度成長』中央公論新社。

第 **3** 章 │ バブルと
その後の長期停滞

Learning Points

▶ 1980 年代後半に好景気を謳歌した日本経済は，1990 年代初頭の資産価格
の下落（「バブルの崩壊」）を契機に，その後長期にわたり，停滞しました。

▶ この時期の日本経済には，GDP 成長率の鈍化，失業率の上昇，物価の継続
的な下落（デフレ）などの特徴がみられました。また，1997 年から 1998
年にかけて大手銀行が破たんする銀行危機が生じ，2008 年から 2009 年に
かけては世界的な金融危機の影響を受けました。

▶ 本章では，日本経済の長期停滞の実態を明らかにし，その要因を探ります。

Key Words

バブルの崩壊　長期停滞　金融危機　デフレ

1 成長率の鈍化とその要因

日本の**実質 GDP 成長率**は，1980 年代（1981-1989 年）の平均 4.5% から，
1990 年代（1990-1999 年）には平均 1.5% に，さらに 2000 年代（2000-2009
年）には平均 0.5% に低下しました（図表 3 − 1）。

その後，2010 年代（2010-2019 年）には平均 1.3% と少し回復しましたが，
1990 年代から 2010 年代までの平均実質 GDP 成長率は 1.1% であり，これは，
同期間の OECD（経済協力開発機構）諸国合計の 2.2% と比べても，明らか
に低い値です。

なぜ日本経済はこのように長期にわたり低迷したのでしょうか。ここでは，
供給側の要因と需要側の要因に分けて分析します。まず，供給側の要因を分
析するために，第 2 章で紹介した**成長会計**の手法を用いてみましょう。図表

図表 3 － 1 ▶▶▶ 日本の実質 GDP 成長率（1981-2019 年）

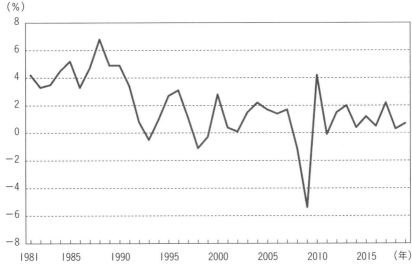

出所：内閣府経済社会総合研究所「国民経済計算統計」。

図表 3 － 2 ▶▶▶ 成長会計

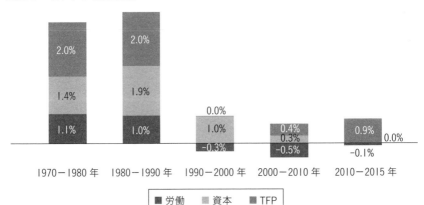

注：市場経済部門。
出所：経済産業研究所 JIP データベース 2015 および 2018。

3－2は，70 年代以降の各年代の年率実質 GDP 成長率を，資本，労働および **TFP（全要素生産性）** の各要素の寄与度に分解したものです。

これによると，まず労働の寄与度が 80 年代の 1 ％ から，90 年代以降，マ

イナスに転じています。これは，休日の増加，平均労働時間の減少，および少子高齢化に伴う労働供給の伸び率の鈍化・減少によるものです。日本の**労働力人口**（就業者と完全失業者の合計）は1998年の6,793万人をピークに，2012年には6,565万人にまで減少しました。その後は，女性の労働参加率の上昇等により2019年には6,886万人に回復しています（**図表3−3**）。

　資本の寄与度は，1990年代，2000年代もプラスを維持しましたが，徐々に鈍化し，2010年代にはゼロになりました。これは，設備投資の伸び率が鈍化したことによります。

　最後に，経済全体の効率性を示すTFP（全要素生産性）は，1970年代，80年代と年率2％で上昇していましたが，1990年代にはゼロになりました。その後，2010年代は年率0.9％と少し回復しましたが，依然低い伸び率です。TFP伸び率の変化は，労働や資本と比べて，GDP成長率への影響が大きかったことがわかります。TFP低迷の要因としては，コンピュータやインターネットなどの**情報技術（IT）**を十分に活用するための労働者の訓練や

図表3−3 ▶▶▶労働力人口の推移

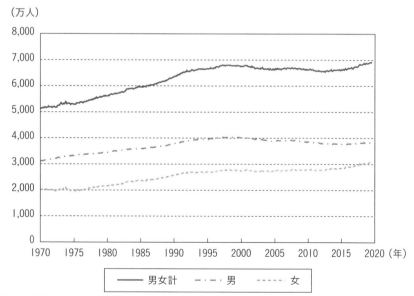

（万人）

出所：総務省統計局「労働力統計」。

企業組織の改編がアメリカなどに比べて遅れたこと，バブル崩壊によって**不良債権**（延滞・破たんなど，約定どおり返済されない貸出）を抱えた銀行が，いい技術やアイディアを持つ有望な企業や起業家に資金を十分に貸さなかったことなどがあります。

次に，需要面の分析をするために，GDP の各支出項目の伸び率を年代別に平均した**図表3－4**をみてみましょう。

これをみると，1990 年代に入って顕著に下落しているのは，総固定資本形成（民間と政府の投資の合計）と輸出であることがわかります。民間投資が減少した背景には，TFP の低下や総需要の低迷により資本収益率が低下したこと，担保となる土地の価格が下落（**バブルの崩壊**）したため，投資のための借入が困難になったこと，企業自身も借入と資産規模の縮小を志向したことなどに加え，デフレ下で**実質金利**（名目金利－期待物価上昇率）が高止まりしたことなどがあります。また，1990 年代は為替レートが円高傾向

図表3－4 ▶▶▶ **GDP 支出項目の年代別平均伸び率**

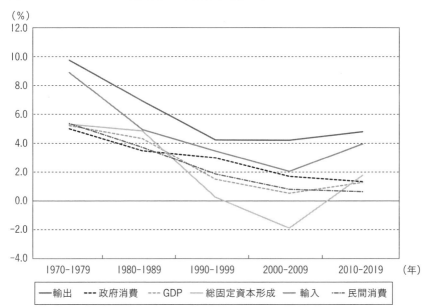

注：各支出項目の年率伸び率の年代ごと単純平均。総固定資本形成は，民間と政府の合計。
出所：内閣府経済社会総合研究所『国民経済計算統計』。

で推移したことが，輸出の低迷につながりました。2008 年秋にはアメリカの巨大金融機関の１つであったリーマン・ブラザーズが破綻し，これをきっかけに世界的な金融危機（**グローバル金融危機**）と景気後退が生じたために，日本の輸出も落ち込みました。1990 年代以降，民間消費も伸び率が低下していますが，この背景には，総供給（**潜在 GDP** あるいは**自然産出量**）が伸び悩むなかで，将来にわたって所得が増えないという予想が広がったことがあります。2010 年代には，総固定資本形成が回復する一方，民間消費の低迷は続きました。

　以上，総供給と総需要の両面から，長期停滞の要因を概観してきましたが，こうした要因は相互に関連しています。たとえば，TFP 伸び率の低下という供給面の要因は設備投資の減少という総需要の低迷につながり，それがまた資本ストックの伸び率の鈍化という供給面の停滞につながりました。また，特に 2000 年代には，少子高齢化による労働人口の減少が顕著となり，総供給と総需要の低迷につながりました。逆に，2010 年代には，TFP 伸び率の回復が設備投資の回復に寄与しました。

2 労働市場の動向

　GDP 成長率の変化は，労働市場にも大きな影響を与えました。**図表３－5**は**失業率**の推移を示しています。これによると，失業率は，1980 年代の平均 2.5％から，1990 年代，2000 年代には平均 3.0％，4.7％と上昇し，2010年代には 3.8％と再び低下しました。

　この要因としては，まず，GDP 成長率の変化があります。企業にとって労働は生産要素ですから，生産が減少すれば労働需要も減少します。また，特に正社員の場合は，いったん雇用すると解雇は非常に困難ですから，企業としては，将来の不確実性が高く，生産が落ち込むリスクがある場合には，採用を躊躇せざるを得なくなります。こうした労働需要の減少が，1990 年代と 2000 年代における失業率上昇の大きな要因です。

図表 3 − 5 ▶ ▶ ▶ 日本の失業率の推移（1960 年 1 月 −2020 年 6 月）

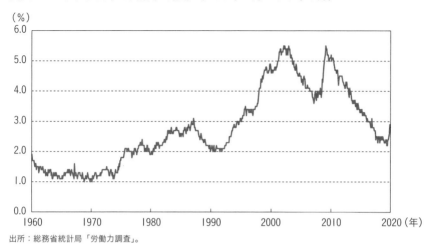

出所：総務省統計局「労働力調査」。

　もう 1 つ重要な要素として，産業構造の転換や技術革新に伴う労働の**ミスマッチ**があげられます。一国の産業構造は，人々の嗜好や人口構成の変化などの需要要因と，技術革新や外国との**比較優位**の変化によって，大きく変化します。これに伴い，産業の労働需要も変化します。労働者は，この需要の変化に応えるために，企業・産業間を移動する必要がありますが，企業・産業が変われば，求められる技能や経験も変わるため，労働者の移動は容易ではありません。また，**情報技術（IT）**の進展は，IT を使いこなす技能（スキル）を備えた労働者に対する需要を高めます（こうした技術進歩は，**スキル偏向的技術進歩**と呼ばれます）。しかし，労働者がこうした技能を獲得するには時間がかかります。このため，企業が求める人材と労働者が提供できる技能・知識・経験の間にミスマッチが生じ，失業が増えるのです。

　産業別に就業者数の推移をみると，1970 年代，1980 年代には情報サービス業や半導体素子・集積回路の伸び率が極めて高かったのですが，1990 年代以降，保健衛生や社会福祉などの伸び率が高まりました。これは，日本の電機産業の比較優位が失われる一方，少子高齢化による保健・福祉サービス需要が増加したことを反映しています。

3 / 長期にわたる緩やかなデフレ

1995年ごろから，日本経済は物価の継続的な下落（**デフレーション**または**デフレ**）を体験しました。**図表3－6**は**消費者物価上昇率**の推移を示しています。

図表3－6は，消費者物価上昇率が1980年代の平均2.5％から，1990年代には平均1.2％に低下し，さらに2000年代には－0.2％にまで低下したこと，特に，1995年頃から20年程度にわたり，緩やかなデフレが継続したことを示しています（1989年4月，1997年4月，2014年4月および2019年10月は消費税率の引き上げが反映されています）。

デフレの要因も，総供給，総需要の観点から分析できます。まず総供給の

図表3－6 ▶▶▶消費者物価指数（CPI）総合対前年同月比上昇率

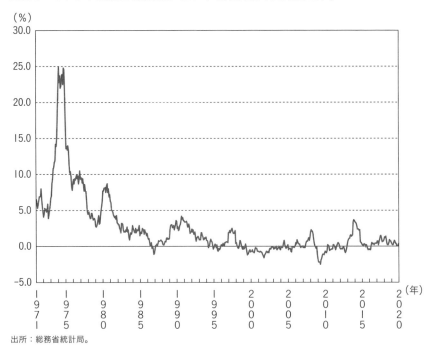

出所：総務省統計局。

面では，IT技術の進歩による関連財・サービス価格の下落や，円高とグローバル化に伴う安い輸入品の増加などがあげられます。ただし，IT関連や輸入品の価格下落は，これらの価格下落ショックが永続して発生しない限り，長期にわたって物価を下落させる要因とはなりません。なぜなら，これらの価格が下落すれば，名目所得が変わらなくても，実質所得は増えるので，人々は増加した購買力の一部を他の財・サービスの消費に回す可能性があるからです。こうした需要の増加が起こると，需要が増えた財・サービスの価格は上昇し，この結果，全体の平均である物価は必ずしも下落しません。もちろん，需要の増加が価格の上昇につながるまでには時間がかかるので，それまでの間は平均物価も下落します。ただ，財・サービス間の相対的な価格の下落と平均的な物価の下落を混同しないことが大切です。

　総需要の面では，今から振り返ってみると，金融緩和策への転換が遅れ，かつ不十分だった点が指摘できます。1990年の年初に株価が急落したにもかかわらず，日本銀行はしばらく引き締め政策を続け，金融緩和に転じたのは，地価が1991年の年初に下落し始めた後の同年夏になってからでした。また，2000年8月には，デフレが続いていたにもかかわらず，金融緩和策の1つである**ゼロ金利政策**を中止しました。その後，ゼロ金利政策を再度導入しましたが，2006年7月には，再びゼロ金利政策を中止しました。不十分な金融緩和は，国内需要の回復を妨げ，また，為替レートに円高方向の圧力をかけることにより，物価の低下要因となります。さらに，いったん金利がゼロまで下がると，日本銀行が貨幣の供給を増やしても金利がそれ以上下がらないので，金利を下げて投資を刺激することが難しくなります。こうした状況は，**流動性の罠（わな）**と呼びます。

4　為替レートの推移と経常収支の構造変化

　為替レートとは，異なる通貨の交換比率のことで，これを**名目為替レート**とも呼びます。私たちがよく目にするのは米ドルと円との交換比率で，たと

えば1ドル=105円などと書かれることが多いのですが，これを1円=1/105ドルと表現しても同じことです。他方，2国間の物価の差異を調整した為替レートを，実質為替レートと呼びます。具体的には，今，名目為替レートを自国の通貨1単位当たりの外国通貨（たとえば，1円=1/105ドル）で表すと，**実質為替レート**は，

$$実質為替レート＝名目為替レート×自国物価／外国物価$$

で定義されます。これは物価水準を調整しているので，財の交換比率（自国財1単位に対し，外国財何単位を交換できるか）を示します。したがって，輸出入に影響をするのは，名目為替レートではなく，実質為替レートです。たとえば，実質為替レートが1を超えて上昇すると，自国財が外国財に比べて割高になるので，輸出が減って輸入が増えます。また，さまざまな貿易相手国との実質為替レートの平均値は，**実質実効為替レート**と呼びます。

図表3−7で，まず名目為替レートの推移をドル／円レートでみると，過去40年の間に，1985年9月のプラザ合意以降，1990年代前半，2008年のリーマン・ショック以降など，たびたび円高（円の増価）が進みました。また，長期的にみても増加する傾向にあったことがわかります。

他方，内外の物価動向の違いを調整し，かつ，ドルだけでなくその他の通貨との平均をとった実質実効為替レートでみると，90年代前半およびリーマン・ショック後に増価しています。ただし，長期的には，一方的な上昇あるいは下落の傾向はみられません。これは，長期的には，名目為替レートが内外の物価の違いを調整するように変動するという**購買力平価仮説**に近い動きをするからだと考えられます。

外国との財・サービスの取引や，金利，配当，賃金などの所得の移動は，**経常収支**で捉えることができます。図表3−8は，日本の経常収支の対GDP比の推移を示しています。

日本の経常収支の対GDP比は，1980年代後半以降2010年代までの間，一時的な変動はありますが，平均すると2.8％（1985-2019年平均）で，上昇あるいは下落する傾向はみられませんでした。

図表3－7 ▶▶▶ドル／円レートと実質実効為替レート

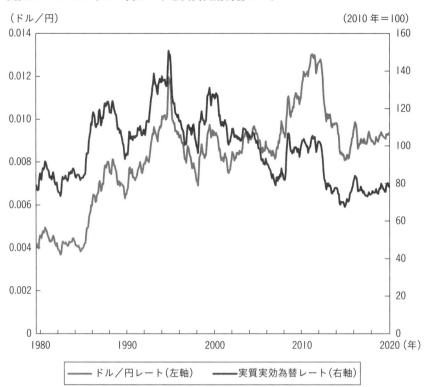

注：実質実効為替レートは，2010年平均を100とする指数。
出所：日本銀行。

　こうした経常収支の中長期的な傾向を理解するためには，以下の恒等式が有益です。まず，国内総生産（GDP）と海外からの所得（金利，配当，賃金などの受取から支払を引いた純受取）の合計は**国民総所得**（**GNI**）と呼ばれますが，これは定義により，

$$GNI＝消費＋投資＋政府支出＋純輸出等$$

です。ここで，**純輸出等**は，純輸出（輸出－輸入）に海外からの所得（受取－支払）を足したもので，経常収支にほぼ等しくなります。この恒等式は，

$$（GNI－税－消費）＋（税－政府支出）＝投資＋純輸出等$$

図表3－8 ▶▶▶経常収支とその内訳（対 GDP 比）の推移

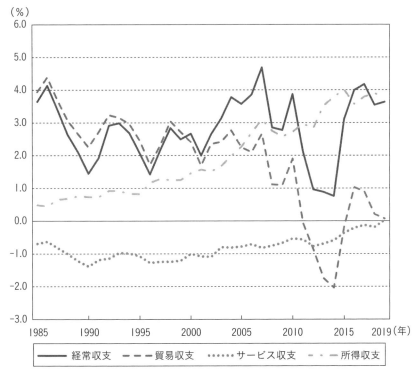

注：「所得収支」は，1996 年以降「第一次所得収支」に該当する。
出所：財務省「国際収支状況」。

と書き換えることができます。左辺の第1項は，民間部門の税引き後所得から消費を引いたもので，民間貯蓄です。左辺の第2項は，政府の収入である税と政府支出の差額なので，政府貯蓄（マイナスの場合は財政赤字）を示します。したがって，上式から，純輸出等は，民間貯蓄，政府貯蓄，および投資の動向によって変動することがわかります。**図表3－9**は，部門別の貯蓄と投資の推移を示していますが，これをみると，1990 年代から 2000 年代にかけて，政府貯蓄が大幅なマイナス（財政赤字）になる一方，民間貯蓄は大きく変化せず，投資が減少傾向にあったので，純輸出等がおおむね一定であったことがわかります。ただし，民間貯蓄の内訳は，大きく変わりました。**図表3－10**は民間貯蓄を家計貯蓄と企業貯蓄に分けたものですが，家計貯

図表 3 - 9 ▶ ▶ ▶ 部門別貯蓄投資バランス（対 GDP 比）

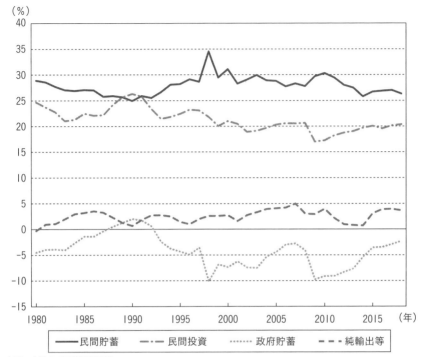

出所：内閣府「国民経済計算」。

蓄が 1990 年代以降減少傾向にあり，逆に企業貯蓄は増加傾向にあったこと
がわかります。高齢者は貯蓄を取り崩す傾向にあるので，高齢化が進むと，
家計貯蓄は減少する傾向にあります。他方，1990 年代に銀行危機を経験し
た企業は，現金が足りなくなることを恐れて，貯蓄を増やしたと考えられま
す。この結果，最近では法人企業部門が最大の資金余剰主体になっています。
逆に最大の資金不足主体は政府です。

　図表 3 - 8 に戻って，経常収支の内訳をみると，財の輸出入の差額であ
る貿易収支が低下傾向にある一方，サービスの輸出入の差額であるサービス
収支と所得収支は上昇傾向にあります。こうした構造変化の背景には，サー
ビス化の一段の進展に伴う産業構造の変化と，**対外証券投資・対外直接投資**
などの蓄積によって，金利や配当収入が増加したことがあります。対外証券

図表 3 - 10 ▶ ▶ ▶ 民間貯蓄の内訳（対 GDP 比）

注：「企業」は非金融法人企業と金融機関の合計。「家計」は家計と対家計民間非営利団体の合計。
出所：内閣府「国民経済計算」。

投資とは，外国の国債などの債券の購入や経営参加を目的としない株式の購入を指します。他方，対外直接投資とは，経営に参加するために外国の企業を買収したり，新たに外国に工場や店舗などを建設することをいいます。経常収支がプラス（黒字）だと，それだけ外国に対する債権（対外証券投資や対外直接投資など）が増えるので，それが金利や配当を生んで，さらなる経常収支の黒字に寄与します。

5 / 低金利とバブルの生成・崩壊

　1990 年代以降の金融市場の動向を探るために，まず，金利をみてみましょう。日本銀行は，以前は日本銀行が民間銀行に資金を貸し出す際の金利である**公定歩合**の変更を主な政策手段としていましたが，1980 年代半ば以降 2000 年代に量的緩和策を導入するまでの間，金融機関相互で短期資金の貸

借を行う金融市場（コール市場）での金利（**コールレート**）を誘導目標とし
て金融政策を運営してきました。**図表3−11**は，コールレートと名目
GDP成長率の推移を示しています。これによると，1980年代末には金融引
き締めに伴いコールレートが急上昇しましたが，1991年以降の金融緩和に
伴いコールレートは低下し，1999年以降はほぼゼロ％で推移しています。

　このような低金利は日銀による低金利政策によるものですが，その背景と
して，いくつかの要因が挙げられます。まず，実質GDP成長率の低下に
よって設備投資などに伴う資金需要が減少したことです。資金需要の低下は，
実質金利（名目金利−期待物価上昇率）を低下させる要因になります。もう
1つの要因は，デフレです。物価上昇率およびその予測（期待）値の下落は，
名目金利を低下させます。**図表3−11**をみると，1990年代には，コール
レートの低下とほぼ軌を一にして，名目GDP成長率（実質GDP成長率＋
GDPデフレータ上昇率）も低下していたことがわかります。

　次に，金利と密接な関わりのある，土地や株式などの資産価格の動向をみ

図表3−11 ▶▶▶コールレートと名目GDP成長率

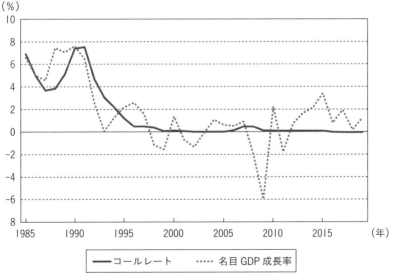

出所：コールレート…日本銀行。
　　　名目GDP成長率…内閣府「国民経済計算」。

てみましょう。**図表3−12**は，土地と株式の時価評価額の対名目GDP比の推移を示しています。これによると，土地の時価評価額は1980年代後半に急上昇し，1990年には名目GDPの5.5倍というピークに達しましたが，その後は急落し，約15年間にわたって低下傾向が継続しました。この結果，2005年には土地の時価評価額は名目GDPの2.4倍となりました。

こうした資産価格の大きな変動は，どのように理解すればいいのでしょうか？　理論的には，資産価格は，その資産が生み出す収益に基づく価値（**ファンダメンタルズ**）を反映していると考えられます。ファンダメンタルズは，将来収益の**割引現在価値**です。割引現在価値とは，将来の収益が現在いくらの価値を持つかを示すものです。たとえば，現在から1年後にかけての金利をRとすると，現在の1万円は1年後に（1+R）万円になりますから，逆に1年後の1万円は現在の1/(1+R)万円に相当します。つまり，1年後の1万円の割引現在価値は1/(1+R)万円です。ファンダメンタルズは，その資産が生み出す収益（不動産の場合は地代・家賃など，株の場合は配当）が高いほど，高くなります。また，金利が低いほど，ファンダメンタルズは高く

図表3−12 ▶▶▶土地と株式の時価評価額（対名目GDP比）

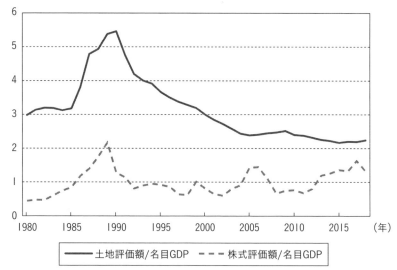

出所：内閣府「国民経済計算」。

なります。こうした観点からすると，1980年代後半の資産価格の急上昇は，将来の地代や配当（あるいはその原資である企業収益）が高くなると予想されたことが一因だと考えられます。また，比較的低金利であったことも，この時期の資産価格の上昇を支えたと考えられます。

しかし，こうしたファンダメンタルズだけでは，1980年代後半の資産価値の急上昇は説明できません。つまり，この時期の資産価格は，ファンダメンタルズから大きく逸脱していたと考えられます。このように，資産価格がファンダメンタルズを上回る場合，その差を**バブル**と呼びます。仮に現在の価格がファンダメンタルズを上回っても，将来価格がそれ以上に上昇すると期待すれば，投資家たちは転売による利益を期待して，その資産を購入します。

これが，バブルの発生です。もちろん，バブルは常に発生するわけではなく，名目金利が名目GDP成長率を下まわり，将来にわたって資産価格が名目金利と同じ率で上昇しても，それを購入するだけの所得を人々が得られる場合に限られます。また，バブルは期待に支えられたものですから，人々の期待がしぼめば，バブルは崩壊し，資産価格はファンダメンタルズ価格にまで暴落することになります。日本の地価や株価の1980年代後半の上昇と1990年代初めの急な下落は，こうしたバブルの発生と崩壊を示しているものと考えられます。

日本で地価が1991年以降下落した要因としては，人々の期待の変化に加え，1990年3月に旧大蔵省が銀行に対して行った「総量規制」と呼ばれる行政指導も重要です。この通達は，不動産向け融資の増加額を全融資の増加額の範囲内に抑えるよう，銀行に求めたものでした。**図表3－13**にみられるように，この通達によって，銀行の不動産業向け貸出は急減しました。この結果，値上がり益を期待して資金を借りて土地を購入する動きが抑えられ，土地に対する需要が激減したことが，地価の下落につながったと考えられます（総量規制は1991年12月に撤廃されました）。

バブルの発生と崩壊は，実体経済にどのような影響を及ぼしたのでしょうか？　銀行が企業や家計に貸出を行う際，将来返済が滞った場合に備え，土

図表 3 － 13 ▶ ▶ ▶国内銀行の総貸出と不動産業向け貸出（対前年同期比伸び率）

注：1993 年第 2 四半期以降（信用金庫は 1994 年第 2 四半期以降），当座貸越を含む。このため，1993 年第 2 四
　　半期から 1994 年第 1 四半期までは対前年同期比伸び率を除いている。
出所：日本銀行ホームページ。

地などの資産を担保として差し出すよう要求することがよくあります。バブ
ルが発生すると，担保の価値が上昇するので，銀行は貸出を行いやすくなり
ます。土地などの資産を保有している企業や家計は借入がしやすくなるので，
設備投資や住宅投資などは増えます（**クラウド・イン効果**）。他方，土地な
どのバブル資産購入のための資金需要が増えて金利は上昇するので，土地な
どの資産を保有していない企業や家計の設備投資や住宅投資は減ります（**ク
ラウド・アウト効果**）。通常は，クラウド・イン効果がクラウド・アウト効
果を上回り，バブルの発生によって，設備投資や住宅投資は増える傾向にあ
ります。逆に，バブルの崩壊は，担保価値を減少させ，設備投資や住宅投資
を減らす効果があります。

　実際，日本では，1990年代初頭にバブルが崩壊すると，設備投資や住宅投資は減少しました。さらに，バブルの崩壊は，担保価値の下落や不動産・建設業の収益悪化などを通じて，銀行の**不良債権**を増加させます。この結果，第8章で詳しくみるように，健全な企業の借入が困難になったり，逆に将来回復の見込みが小さい企業が借入を継続できたりするなど，資金の配分が歪み，経済全体の生産性（TFP）が低下しました。また，バブル期に積極的に借入と設備投資を行い，資産規模を増大させた企業は，バブル崩壊後，借入を返済し資産規模を減らす行動（**バランスシート調整**）をとりましたが，これも設備投資の抑制要因となりました。

Working　　　　　　　　　　　　　　　　　　　　　調べてみよう

1. 資産価格のバブルとその崩壊は，歴史上，世界の至るところで繰り返されています。具体的な例をいくつか調べてみましょう。
2. バブルの理論には，合理的な人々の予想を前提としたものと，非合理的な人々の行動を前提としたものがあります。どのような人々の行動がバブルにつながるのか，調べてみましょう。

Discussion　　　　　　　　　　　　　　　　　　　　議論しよう

　1990年代以降の長期停滞の要因として，生産性の停滞など供給面を重視する考え方と，金融政策の失敗など需要面を重視する考え方があります。どちらがより重要であったと考えられるか，議論しよう。

1. A. 名目金利が2%，インフレ率が2%のときと，B. 名目金利が0%，インフレ率が－1%のときのそれぞれについて，実質金利を求めよ。また，A と B のどちらの場合が，住宅投資は大きいと考えられるか？

2. 円の対ドル名目為替レートを，1円が何ドルと交換できるかで表すこととする。いま，円の対ドル名目為替レートが2%上昇（円高），国内物価が1%下落，米国物価が2%上昇したとき，円の対ドル実質為替レートは，何%上昇したか？　また，このとき，純輸出は増えるか，減るか？

3. 民間貯蓄が125兆円，政府貯蓄が－40兆円，民間投資が80兆円のとき，純輸出等はいくらか？

4. 金利が5%のとき，1年後の100万円の割引現在価値を求めよ。

▶▶▶▶さらに学びたい人のために

● 岩田規久男・宮川努編［2003］『失われた10年の真因は何か』東洋経済新報社。

● 深尾京司［2012］『「失われた20年」と日本経済―構造的原因と再生への原動力の解明』日本経済新聞出版社。

● 星岳雄・アニル・K.カシャップ［2013］『何が日本の経済成長を止めたのか―再生への処方箋』日本経済新聞出版社。

● 福田慎一［2018］『21世紀の長期停滞論』平凡社。

第 4 章

労働市場の構造変化と所得格差

Learning Points

▶失業率の推移を需要不足による失業とミスマッチによる失業に分けてみることで，90年代から2000年代にかけて起きた労働市場の構造変化を確認します。

▶所得格差について，その指標であるジニ係数を理解するとともに，社会保障給付を考慮した場合と考慮しない場合で格差がどのように違うかを確認しましょう。

▶賃金の格差について，男女間の差をみます。なぜ女性は男性と比較して賃金が低いのか理解しましょう。

Key Words

完全失業率　需要不足による失業　非正規雇用　ミスマッチによる失業　所得格差　ジニ係数　相対的貧困率　男女間賃金格差

1 日本の労働市場の特徴

1.1 失業者とは誰のことか

1990年代から2000年代にかけて，日本の労働市場は大きな変化に直面しました。働き方の観点からは，非正規雇用の比率が高まり，製造業から非製造業への転換も進んでいます。地方から都心への働き手が移動しています。その変化の過程で，90年代以前は多くみられなかった，働きたい仕事がみつからないという，ミスマッチの失業が生まれることになりました。ここでは，その変化を完全失業率の変化を通じてみていきます。

毎月の初めに，ニュースや新聞などで前月の**完全失業率**と**有効求人倍率**と

いう2つの雇用に関する数値が報じられます。完全失業率とは，次の式で書かれる，労働市場における重要な指標です。

$$完全失業率 = \frac{完全失業者数}{労働力人口}$$

完全失業率の推計に利用されている，総務省「労働力調査」では，完全失業者を，次の3つの要素を満たしている者と定義しています。①仕事がなくて調査週間中に少しも仕事をしなかった（就業者ではない）。②仕事があればすぐ就くことができる。③調査週間中に，仕事を探す活動や事業を始める準備をしていた（過去の求職活動の結果を待っている場合を含む）。一方で，労働力人口とは，完全失業者数に就業者数（仕事に就いている人数）を足したものです。完全失業率とは，仕事に就ける者のうち，実際に仕事を探している者の割合を表しています。

有効求人倍率は公共職業安定所（ハローワーク）で行われる職業紹介の業務によって得られるデータから計算されます。

$$有効求人倍率 = \frac{求人数}{求職者数}$$

この値が1よりも大きいときは，求人数（企業が採用したいと考えている人数）が求職者数（仕事を探している者の人数）を上回っており，人不足が発生しているといえます。逆に，1よりも低い値をとるときは人余りの状態が発生しているといえます。

1970年から2019年までの完全失業率と有効求人倍率の推移を**図表4－1**で確認しましょう。2つの指標は上昇と下降を繰り返し，景気の好況と不況に伴って循環的に推移しています。しかし，1990年代から2000年代にかけて，完全失業率は循環的な変動とは別に，その水準自体が高まっていることがわかります。これをトレンドの変化といいます。

図表4−1▶▶▶完全失業率の推移

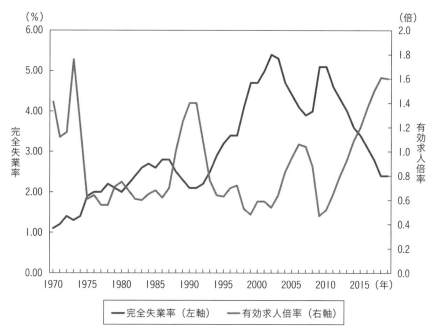

出所：完全失業率は総務省「労働力調査」，有効求人倍率は厚生労働省「一般職業紹介状況」。

1.2 失業が起きる要因

　図表4−1でみられる完全失業率のトレンドの変化の理由を探るために，そもそも失業がなぜ発生するのかをみましょう。経済学では，雇用される人数が決まるメカニズムを，財・サービスの市場と同様の労働市場を想定し，労働に関する需要と供給の関係から導き出します。

　図表4−2では，縦軸に賃金率（労働1単位当たりの賃金，時間を単位とすると，時給と同じものになります）横軸に労働量をとり，右上がりの労働供給曲線（図表4−2Ⓐ），右下がりの労働需要曲線（図表4−2Ⓑ）を描いています。労働供給は，賃金率が高まることで，より労働サービスを提供しよう（働こう）と考える者が増えることを表しており，労働需要曲線は賃金率が高まることで企業の利潤が低下することから，労働の需要を減らそうと考えることを表しています。財・サービスの市場と同じように，超過需

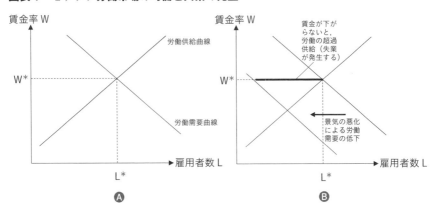

図表4－2 ▶▶▶ 労働市場の均衡と失業の発生

要（労働力不足）が発生していれば賃金率が引き上げられ，超過供給（過剰な労働力）が発生しているときは賃金率が引き下げられ，労働需要と労働供給が一致する均衡賃金率が決まり，均衡労働量（雇用量）も決定します（**図表4－2Ⓐ**）。労働市場の超過供給とは，仕事を保有しようとしているのに保有できない労働量を表しており，これを失業といいます。

　しかし，必ずしも賃金率はスムーズに均衡点へと調整されるとは限りません。その要因としてあげられるものに，**最低賃金**があります。最低賃金は「最低賃金法に基づき国が賃金の最低限度を定め，使用者は，その最低賃金額以上の賃金を支払わなければならないとする制度」（厚生労働省ホームページより）であり，最低賃金より低い時給で雇用をしている場合には罰則もあります。均衡賃金率が最低賃金の水準よりも低い場合は，賃金率を引き下げることができません。

　一方で，均衡賃金と同じ水準で雇用していた場合，従業者が離職をしてもすぐに他の職場に均衡賃金で雇用されてしまうため，離職による損失が多い場合には，離職を食い止めるために高い賃金が支払われます。これを，**効率賃金仮説**といいます。

　労働市場が均衡している状態で景気が悪化したとき，雇用量と賃金率にどのような変化がもたらされるでしょうか。景気の悪化は企業の利潤を低下さ

せるため，企業の規模を縮小するために労働需要を低下させます。それを図で示すと，労働需要曲線が左にシフトすることで表されます。ここで賃金率が調整されれば，賃金率の低下とともに雇用量が減少することになります。しかし，賃金率が調整されない場合は，労働量の超過供給が発生し，失業が生じることになります。このような，景気の悪化により需要が低下することによる失業の発生を，**需要不足による失業**といいます。

1.3 ミスマッチによる失業

ところが，労働需要量と労働供給量が一致していても失業は発生します。**図表4－2**の均衡点では，従業員を雇おうとしている人数と仕事を探している人数が一致しています。しかし，両者の仕事の内容まで一致しているとは限りません。産業や地域，雇用形態（正社員，パート・アルバイト，派遣社員などの区別）によるミスマッチがあれば，失業が発生することになります。このような失業を，**ミスマッチによる失業**（もしくは**構造的失業**）といいます。それ以外に，スムーズに転職をする場合（実態的に失業者ではない場合）であっても，仕事を中断し仕事を探しているときは失業者に含まれます。このような転職に伴う失業を**摩擦的失業**といいます。

構造的失業と摩擦的失業による失業率は**図表4－1**からも確認できます。有効求人倍率が1である年を探してみましょう。この時点では，求職者数と求人数が等しい状態であり，**図表4－2**における均衡しているといえます。このときに，失業率が0％でないことは，そこでミスマッチや摩擦的失業が発生する証拠になります。

図表4－3は，より細かく完全失業率を均衡的失業率と需要不足失業率に分解したものです。ここからは，2000年代は90年代以前と比較して，需要不足による失業率上昇も高まっている一方で，均衡失業率も上昇していることが確認できます。具体的な推計方法は本書の範囲を超えるので省略します。推計方法は労働政策研究・研修機構［2019a］を参照してください。さらにみると，世界的金融危機後の景気回復期に続き，2013年以降の安倍政

図表4－3 ▶ ▶ ▶ 完全失業率の分解

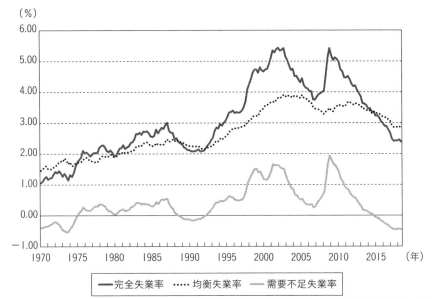

出所：労働政策研究・研修機構［2019a］より引用。均衡失業率や需要不足失業率の推計方法は労働政策研究・研修機構［2019］の116頁を参照。

権の経済政策が進んで以降は需要不足による失業率が低下し続けていることがわかります。これにより，完全失業率全体が低下しており，2019年の平均値で1997年ごろの水準まで回復しています。しかし，それでもミスマッチによる失業は大きな改善はみられません。

　なぜ，ミスマッチによる失業が発生するのでしょうか？ それには複数の要因が重なっているといえます。2000年代以降は非正規雇用比率が上昇しており，正社員として雇用されることを望む者は職に就くことが難しく，失業率を高めていたことがいえます。特に，この高い非正規雇用比率は失業率が低下している環境においても上昇傾向が続いています（**図表4－4**）。地域間の経済格差も要因としてあげられるでしょう。都心部では雇用があっても，家庭環境などの要因により，地域間の移動ができない場合は地方で職に就くことができません。産業構造の変化としては，建設業や介護・医療の分野で人手不足となっていることも指摘されています。

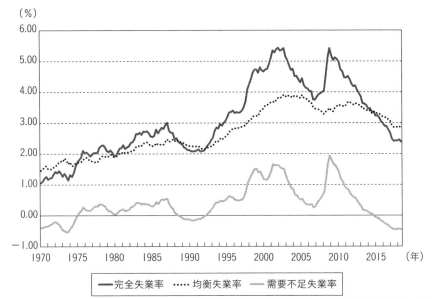

第 Ⅰ 部●日本経済を読み解く

図表4－4 ▶▶▶ **非正規雇用比率の推移**

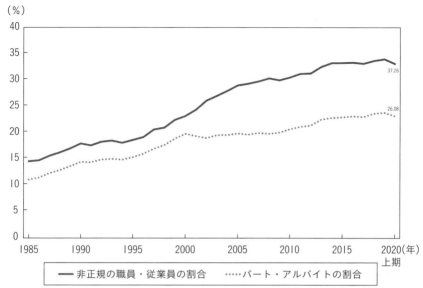

出所：2001 年以前は総務省「労働力調査特別調査」，2002 年以降は総務省「労働力調査（詳細集計）」。両調査は調査方法に違いがあるため，比較には注意する必要がある。非正規の職員・従業員の割合，パート・アルバイトの割合はそれぞれ，役員を除く雇用者に占める割合を集計している。非正規の職員・従業員およびパート・アルバイトの割合はそれぞれ職場での呼称によって定義される。

2 ╱ 格差は拡大しているのか

2.1 ▰ 格差の定義

　1980 年代と比べて失業率が構造的に上昇していることと非正規雇用比率の上昇によって，所得格差が拡大しているという意識が高まっています。2015 年に朝日新聞紙上で公表された世論調査（調査方法は，全国の有権者から 3 千人を選び郵送法で実施したもの。調査期間は 2015 年 3 月 18 日から 4 月 17 日で有効回答は 2,052）では，「日本では最近，所得の格差が広がってきていると思いますか」という質問に対し，76% が「広がってきている」と回答しています（「そうは思わない」という回答は 20% でした）。ここでは，格差の定義を明確にしたうえで，90 年代以降の日本の所得格差についてみ

ていきます。

　所得格差の議論をするときに注意しないといけないことは，所得の格差と賃金の格差（労働所得）は異なるものであるということです。所得には，働くことで得られる労働所得と，利子や年金などの不労所得に分けられます。さらに，所得格差の値をみるときには，労働や財産から得られる所得である**当初所得**と，社会保険給付の受給後の所得である**再分配所得**に分けてみる必要があります。厚生労働省「所得再分配調査」では当初所得を「雇用者所得，事業所得，農耕・畜産所得，財産所得，家内労働所得および雑収入ならびに私的給付（仕送り，企業年金，生命保険金等の合計額）の合計額」と定めており，再分配所得は「当初所得から税金，社会保険料を控除し，社会保障給付（現金，現物）を加えたもの」と定めています。

　そのため，すでに引退をして年金を受給している高齢層は当初所得よりも再分配所得が高くなります。平成29年度の「所得再分配調査」によれば，調査対象の総数では当初所得が平均429.2万円，再分配所得は499.9万円ですが，高齢者世帯では当初所得が100.4万円，再分配所得が365.4万円です。

2.2　所得格差の推移

　所得格差を数値として把握するときに用いられるのが，ジニ係数です。ジニ係数は世帯の所得を低い順に並べた上で，世帯数の累積比率を横軸，所得額の累積比率を縦軸にとったものです。このグラフから得られる曲線をローレンツ曲線といいます。もしすべての世帯で所得が均等であれば，ローレンツ曲線は45度の傾斜の直線となります。所得格差があるとき，ローレンツ曲線は直線ではなく曲線を描き，斜線の面積が広くなります。**図表4－5**は10人の住民（A～J）を想定して所得が全員100万円で均等であるときと，3人の所得が0円，4人が100万円，3人が200万円の所得格差のあるときのローレンツ曲線を比較したものです。2つのケースのローレンツ曲線を確認してください。三角形abcの面積に占める斜線部分の面積の比率を**ジニ係数**といいます。

図表 4 − 5 ▶ ▶ ▶ ジニ係数

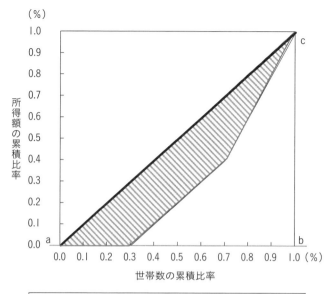

	A	B	C	D	E	F	G	H	I	J
世帯数の比率	0.1	0.1	0.1	0.1	0.1	0.1	0.1	0.1	0.1	0.1
世帯数の累積比率	0.1	0.2	0.3	0.4	0.5	0.6	0.7	0.8	0.9	1.0
所得が均等である場合										
所得の分布	100	100	100	100	100	100	100	100	100	100
所得の比率	0.1	0.1	0.1	0.1	0.1	0.1	0.1	0.1	0.1	0.1
所得額の累積比率	**0.1**	**0.2**	**0.3**	**0.4**	**0.5**	**0.6**	**0.7**	**0.8**	**0.9**	**1.0**
所得が均等でない場合										
所得の分布	0	0	0	100	100	100	100	200	200	200
所得の比率	0	0	0	0.1	0.1	0.1	0.1	0.2	0.2	0.2
所得額の累積比率	**0**	**0**	**0**	**0.1**	**0.2**	**0.3**	**0.4**	**0.6**	**0.8**	**1.0**

　図表 4 − 6 は総務省「家計調査」と厚生労働省「所得再分配調査」から計算されたジニ係数の推移を表したものです。この図からは，当初所得においてジニ係数が 2000 年以降高まっているのに対して，再分配後の所得でみた「家計調査」や「所得再分配調査」の再分配所得が横ばいで推移している

図表 4 − 6 ▶ ▶ ▶ ジニ係数の推移

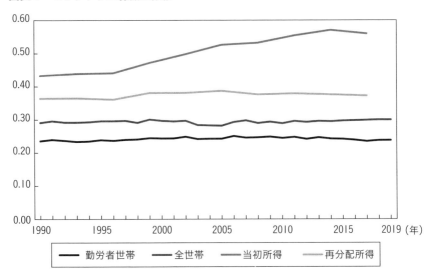

出所：総務省「家計調査」と厚生労働省「所得再分配調査」より筆者作成。「家計調査」については，2018年まで
は労働政策研究・研修機構［2019a］より引用。2019年は筆者が集計。集計の対象はすべて2人以上の世帯
であり，2008年以前は農林漁業従事者を含まず，2008年以降は含んでいる。「所得再分配調査」は「所得再
分配調査」報告書より引用。

　ことがわかります。これは，当初所得の低い高齢層が増加するなかで，社会
保障の給付による再分配の効果がみられることを意味しています。

　図表 4 − 7 は OECD で公表されているジニ係数を主な国でまとめたもの
ですが，ここからは，欧米と比較をして日本が，ドイツ・フランスよりは所
得格差が高いものの，アメリカ・イギリスと比較するとその水準は低いこと
が示されます。時系列の変化をみると，アメリカ・ドイツ・フランスでは所
得格差が拡大していることがわかります。

　一方で，最近では日本全体の平均として把握できるジニ係数とともに，よ
り直接的に貧困世帯層を把握する**相対的貧困率**も注目されています。相対的
貧困率とは，等価可処分所得（世帯の可処分所得を世帯人数で割った値）の
中央値の半分（これを貧困線といい，平成24年では122万円です）よりも
低い所得の世帯の割合をみたものです。**図表 4 − 8** は相対的貧困率を世帯
のタイプ別にみたものですが，ここからは，子供がいる現役世帯のうち，大
人が1人の世帯で半数以上が貧困状態にあることが示されます。

図表 4 － 7 ▶ ▶ ▶ ジニ係数の国際比較

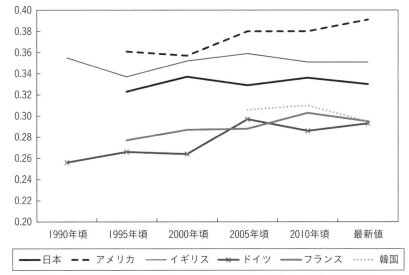

注：最新値は，日本が 2012 年，ドイツ・フランス・韓国が 2015 年，イギリス・アメリカが 2016 年。
出所：労働政策研究・研修機構 ［2019b］ OECD Database "Income Distribution and Poverty" から集計を行っている。

図表 4 － 8 ▶ ▶ ▶ 属性別相対的貧困率

	全国消費実態調査				国民生活基礎調査			
	1999	2004	2009	2014	2000	2006	2012	2018
相対的貧困率	9.1	9.5	10.1	9.9	15.3	15.7	16.1	15.4
子供の貧困率	9.2	9.7	9.9	7.9	14.4	14.2	16.3	13.5
大人が 1 人	62.7	59.0	62.0	47.7	58.2	54.3	54.6	48.1
大人 2 人以上	7.5	7.8	7.5	6.6	11.5	10.2	12.4	10.7
世帯主階級別								
30 歳未満	15.2	15.7	15.6	12.0	27.8		27.8	
30-49 歳	7.1	7.2	7.7	6.6	11.8		14.4	
50-64 歳	7.7	8.4	9.6	9.5	12.9		14.2	
65 歳以上	15.0	14.1	13.7	13.6	20.9		18.0	

出所：総務省「全国消費実態調査」，厚生労働省「国民生活基礎調査」，世帯主年齢別の「国民生活基礎調査」の値
　　　は総務省「相対的貧困率等に関する調査分析結果について」より転用。
　　　http://www.mhlw.go.jp/seisakunitsuite/soshiki/toukei/tp151218-01.html

2.3 ▬ **賃金格差の例**―男女間賃金格差―

　再分配後の所得格差について確認をしましたが，格差の問題を考えるときには，労働所得の格差について論じることも重要です。特に，国際比較を行うと，日本では男女間で賃金格差が大きいことが知られています。労働政策研究・研修機構［2019b］は，一般労働者（フルタイムで働く労働者）の1カ月当たり所定内賃金が，日本で男性と比較して女性が73.3%であるのに対して，アメリカでは81.1%，イギリスでは86.2%，ドイツで84.7%，であることを報告しています。

　この差異は決して男女間の能力の差異を表すものではありません。**図表4－9**は製造業1,000人以上規模の企業における大卒の一般労働者（フルタイム労働者）の年齢ごとの年収を男女別に表したものです。この図からは，新卒の20～24歳のグループで男女に賃金差はみられず，年齢を重ねるほどに

図表4－9 ▶▶▶年齢階級別男女間賃金格差

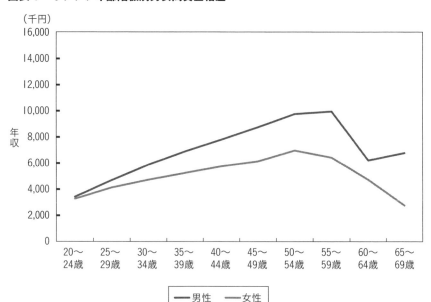

注：1,000人以上規模の製造業で，大学・大学院卒で比較を行っている。
出所：厚生労働省［2015］「平成27年賃金構造基本統計調査」。

男女差が広がっていることがわかります。

このような問題が起きる最も大きい要因は勤続年数の男女差にあります。先ほどみた労働政策研究・研修機構［2019b］では同時に平均勤続年数の比較も行っています。日本では，女性の勤続年数は男性と比べて69.6%の長さであるのに対して，欧米では90%以上です（アメリカ93.0%，イギリス96.3%，ドイツ92.7%，フランス101.8%）。

日本では，女性は男性と比較して結婚・出産によってキャリアが中断される傾向にあります。それは，長期的な雇用関係を重視する大企業においては管理職の登用を阻害する要因となることがわかります。実際に，同じ役職の男女社員を比較した場合，年収に男女差はみられません（**図表4-10Ⓐ**）。**図表4-10Ⓑ**にみられるように，係長級の役職にある女性は増加傾向にありますが，30代半ばに昇進する課長・部長級の比率は伸び悩んでいます。男女間賃金格差を是正するには，キャリアの中断が起きないように，育児に係る負担が女性に負わされている環境が軽減されることが求められます。その問題について安倍政権は，2016年の9月に発足した働き方改革会議にお

図表4-10Ⓐ ▶ ▶ ▶ 年齢階級別男女間賃金格差（役職別・部長・課長・係長）

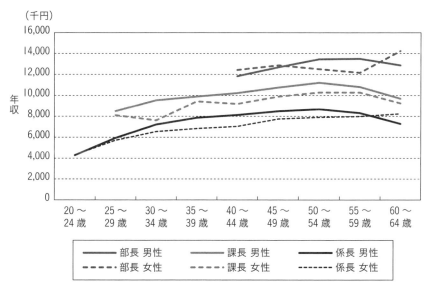

図表4－10 Ⓑ ▶ ▶ ▶ 女性管理職比率の推移

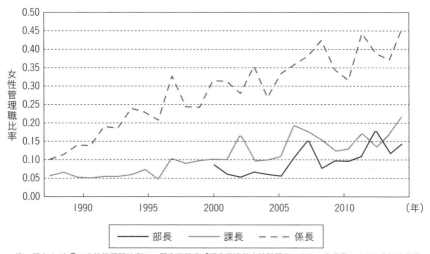

注：図表4-10 Ⓑの女性管理職比率は，厚生労働省「賃金構造基本統計調査」より，全産業の1,000人以上規模，
　　大学・大学院卒を対象に集計，脇坂［2008］で提示されている女性管理職登用比率（女性管理職数÷男性
　　管理職数）÷（女性従業者数÷男性従業者数）を集計。
出所：厚生労働省「賃金構造基本統計調査」。

いて，同一労働同一賃金を通じた所得格差の縮小とともに，重要な1つの

テーマとしてあげています。

Working　　　　　　　　　　　　　　　　　　　　　調べてみよう

1. OECDのホームページ（http://stats.oecd.org/）では、OECD加盟国の完
   全失業率を含むさまざまな統計を調べることができます。他の統計をみなが
   ら，どのような国で完全失業率が高いか調べてみましょう。
2. 「労働力調査」では年齢別に完全失業率を調べることができます。どのような年
   齢層で高い失業率になるか調べてみましょう。
3. 2020年に，新型コロナウイルスの影響で雇用指標は悪化しました。完全失
   業率，有効求人倍率の数値を調べて，更に年度＋職業に分けて，その値を比
   べてみましょう。

1. 失業率の上昇を防ぐためには，どのような政策をとることが効果的でしょうか。「ミスマッチによる失業」「需要不足による失業」をキーワードに議論してみましょう。
2. 日本の男女間の賃金格差を縮小させるためには、具体的にどのような政策・企業改革が必要でしょうか。

▶▶▶さらに学びたい人のために ――――――――――――――――――――

●労働経済学：脇坂明［2011］『労働経済学入門―新しい働き方の実現を目指して』日本評論社，太田聰一・橘木俊詔［2012］『労働経済学入門（新版）』有斐閣。

●格差の問題：大竹文雄［2005］『日本の不平等 格差社会の幻想と未来』日本経済新聞社。

参考文献

●労働政策研究・研修機構［2019a］『ユースフル労働統計2019―労働統計加工指標集』労働政策研究・研修機構。
●労働政策研究・研修機構［2019b］『データブック国際労働比較2019』労働政策研究・研修機構。
●脇坂明［2008］「均等，ファミフレが財務パフォーマンス，職場生産性に及ぼす影響：再論」『学習院大学経済論集』第45巻，第2号，127-156頁。

第5章 中小企業・ベンチャー企業の役割

Learning Points

▶企業の規模に注目して，中小企業が日本の経済に果たしてきた役割をみるとともに，2000年代以降，企業規模の大規模化が進んでいる背景をみていきます。

▶日本が他国と比べて開業率が低く，新しい企業が生まれていない背景を確認します。

Key Words

中小企業　二重構造論　ベンチャー企業　ベンチャーキャピタル　起業家　開業率　廃業率　マザーズ　JASDAQ

1 日本の中小企業

1.1 中小企業の定義と現状

　中小企業は，日本の企業全体の99.7%を占めており，従業者の65.2%を雇用しています。本章は，日本の経済活動の大半を占めている**中小企業**の実態と役割をみていきます。

　日本において，中小企業は中小企業基本法に従う明確な定義が存在します（海外においては，それぞれの国で定義が異なっています）。大企業と中小企業を区分するとき，重要な指標が2つあります。1つは，その職場で雇用されている常時使用する従業員の人数，もう1つは資本金の規模です。なお，常時使用する従業員とは，「労働基準法第20条の規定に基づく「予め解雇の予告を必要とする者」を意味します。その点において，会社の役員や個人事

業主はその対象に含まれません（中小企業庁ホームページ「FAQ「中小企業の定義について」(http://www.chusho.meti.go.jp/faq/faq/faq01_teigi. htm#q3)」）。また，その区分はその企業が属する産業によって異なります。たとえば，製造業においては資本金3億円以下，もしくは常時使用する従業員数が300人以下であれば中小企業と定義される一方で，小売業では資本金規模が5,000万円以下，常時使用従業員数が50人以下となります（**図表5 - 1**）。

さらに，**中小企業基本法**では中小企業とは別に小規模企業者を，「おおむね常時使用する従業員の数が20人（商業またはサービス業に属する事業を主たる事業として営む者については，5人）以下の事業者」と定義しています。

一方で，中小企業基本法による明確な定義とは別に，政府統計の各調査における中小企業の定義は異なっています。財務省「法人企業統計」では，中小企業（資本金1億円未満），中堅企業（同1億円以上10億円未満），大企業（同10億円以上）といった資本金による区分を行っています。日本銀行「短観」では，同じく資本金を基準としていますが，中小企業（資本金2千万円以上1億円未満），中堅企業（同1億円以上10億円未満），大企業（同10億円以上）とその区分の方法に違いがあります。

厚生労働省「賃金構造基本統計調査」ではその区分を常用労働者によって

図表5 - 1 ▶ ▶ ▶ 中小企業の定義

製造業・建設業・運輸業・その他	資本金	3億円以下
	常時使用従業員数	300人以下
卸売業	資本金	1億円以下
	常時使用従業員数	100人以下
サービス業	資本金	5,000万円以下
	常時使用従業員数	100人以下
小売業	資本金	5,000万円以下
	常時使用従業員数	50人以下

出所：中小企業基本法をもとに筆者作成。

行い，常用労働者 10 ～ 99 人を「小企業」，100 ～ 999 人を「中企業」，1,000 人以上を「大企業」としています。

図表 5 － 2 は中小企業基本法に沿った定義で集計を行った中小企業数（小規模企業数，大企業数）を産業別に示したものです。電気・ガス・熱供給・水道業および情報通信業を除いたすべての産業で中小企業のシェアは 99% を超えています。ただし，小規模企業についてみるとそのシェアは産業間でバラつきがみられます。建設業や金融業・保険業，不動産業・物品賃貸業などでは小規模企業のみで 90% 以上のシェアを満たしていますが，情報通信

図表 5 － 2 ▶ ▶ ▶ 中小企業数（2016 年）

（単位：社数）

産業	中小企業		うち小規模企業		大企業		合計	
	企業数	構成比(%)	企業数	構成比(%)	企業数	構成比(%)	企業数	構成比(%)
鉱業，採石業，砂利採取業	1,310	99.70	1,138	86.61	4	0.30	1,314	100.00
建設業	430,727	99.94	410,820	95.32	272	0.06	430,999	100.00
製造業	380,517	99.49	327,617	85.66	1,961	0.51	382,478	100.00
電気・ガス・熱供給・水道業	975	96.92	699	69.48	31	3.08	1,006	100.00
情報通信業	42,454	98.72	27,782	64.60	552	1.28	43,006	100.00
運輸業，郵便業	67,220	99.65	48,326	71.64	236	0.35	67,456	100.00
卸売業，小売業	831,058	99.51	659,141	78.93	4,076	0.49	835,134	100.00
卸売業	207,986	99.26	146,481	69.91	1,544	0.74	209,530	100.00
小売業	623,072	99.60	512,660	81.95	2,532	0.40	625,604	100.00
金融業，保険業	27,338	99.02	26,180	94.82	271	0.98	27,609	100.00
不動産業，物品賃貸業	299,961	99.89	292,610	97.44	322	0.11	300,283	100.00
学術研究，専門・技術サービス業	181,763	99.63	154,892	84.90	683	0.37	182,446	100.00
宿泊業，飲食サービス業	509,698	99.86	435,199	85.26	736	0.14	510,434	100.00
生活関連サービス業，娯楽業	363,009	99.84	337,843	92.92	572	0.16	363,581	100.00
教育，学習支援業	101,663	99.87	88,993	87.42	136	0.13	101,799	100.00
医療，福祉	207,043	99.87	143,291	69.12	275	0.13	207,318	100.00
複合サービス事業	3,375	99.97	3,360	99.53	1	0.03	3,376	100.00
サービス業(他に分類されないもの)	130,065	99.22	90,499	69.03	1,029	0.78	131,094	100.00
非 I 次産業計	3,578,176	99.69	3,048,390	84.93	11,157	0.31	3,589,333	100.00
非 I 次産業計（2012 年）	3,852,934	99.70	3,342,814	86.50	10,596	0.30	3,863,530	100.00

注 1：企業数とは会社数と個人事業所数（単独事業所数＋本所・本社・本店事業所数）を足したもの。
注 2：常用雇用者数 300 人以下（ゴム製品製造業は 9,000 人以下，旅館，ホテルは 200 人以下，卸売業，サービス業（ソフトウェア業，情報処理・提供サービス業，旅館，ホテルを除く）は 100 人以下，小売業，飲食店は 50 人以下）または資本金 3 億円以下（卸売業は 1 億円以下，小売業，飲食店，サービス業（ソフトウェア業及び情報処理・提供サービス業を除く）は 5,000 万円以下）の企業を中小企業とする。
注 3：常用雇用者数 20 人以下（卸売業，小売業，飲食店，サービス業（宿泊業，娯楽業を除く）は 5 人以下）の企業を小規模企業とする。
出所：中小企業庁『2019 年版 中小企業白書』の総務省「平成 28 年経済センサス活動調査」を再編加工したもの。

図表 5 - 3 ▶ ▶ ▶ 中小企業の付加価値額（2015 年）

（単位：億円）

産業	中小企業 付加価値額	構成比(%)	うち小規模企業 付加価値額	構成比(%)	大企業 付加価値額	構成比(%)	合計 付加価値額	構成比(%)
鉱業，採石業，砂利採取業	4,913	74.28	3,603	54.48	1,701	25.72	6,614	100.00
建設業	155,450	74.76	85,622	41.18	52,477	25.24	207,927	100.00
製造業	325,894	47.53	71,583	10.44	359,736	52.47	685,630	100.00
電気・ガス・熱供給・水道業	4,193	10.48	933	2.33	35,827	89.52	40,020	100.00
情報通信業	61,640	39.15	4,504	2.86	95,821	60.85	157,461	100.00
運輸業，郵便業	95,859	60.19	14,409	9.05	63,412	39.81	159,272	100.00
卸売業，小売業	301,618	57.02	56,446	10.67	227,370	42.98	528,987	100.00
卸売業	157,569	59.92	23,033	8.76	105,375	40.08	262,944	100.00
小売業	144,049	54.14	33,413	12.56	121,995	45.86	266,043	100.00
金融業，保険業	17,501	11.44	5,776	3.78	135,458	88.56	152,959	100.00
不動産業，物品賃貸業	62,452	68.22	33,685	36.80	29,096	31.78	91,548	100.00
学術研究，専門・技術サービス業	70,939	51.21	24,250	17.50	67,597	48.79	138,536	100.00
宿泊業，飲食サービス業	66,260	69.47	18,022	18.90	29,121	30.53	95,381	100.00
生活関連サービス業，娯楽業	49,903	66.81	13,843	18.53	24,795	33.19	74,698	100.00
教育，学習支援業	9,958	70.14	1,600	11.27	4,239	29.86	14,197	100.00
医療，福祉	49,167	90.48	13,938	25.66	5,175	9.52	54,343	100.00
複合サービス事業	75	0.39	71	0.37	19,314	99.61	19,389	100.00
サービス業(他に分類されないもの)	75,284	58.14	9,158	7.07	54,196	41.86	129,480	100.00
非 1 次産業計	1,351,106	52.85	357,443	13.98	1,205,336	47.15	2,556,442	100.00
非 1 次産業計（2012 年）	1,131,964	54.50	333,449	16.10	943,240	45.50	2,075,204	100.00

注 1 ：付加価値額＝売上高－費用総額＋給与総額＋租税公課。
注 2 ：常用雇用者数 300 人以下（卸売業，サービスは 100 人以下，小売業，飲食店は 50 人以下）の企業を中小企業とする。
注 3 ：常用雇用者数 20 人以下（卸売業，小売業，飲食店，サービス業は 5 人以下）の企業を小規模企業とする。
注 4 ：付加価値額の計算に用いる項目は，調査年前の 1 年間の値を回答するため，集計される年次は 1 年前となる。
出所：中小企業庁『2019 年版 中小企業白書』の総務省「平成 28 年経済センサス－活動調査」を再編加工したもの。

業や医療・福祉，運輸業・郵便業では中規模の企業が比較的多いことがわかります。

　図表 5 - 2 は企業数のシェアを集計していますが，経済全体への中小企業の影響を測るためには，それぞれの企業の活動の大きさを見る必要があります。そこで，**図表 5 - 3** は，企業の付加価値額（＝売上高－費用総額＋給与総額＋租税公課）シェアを産業別にまとめています。**図表 5 - 2** と比較したときに重要な点は，企業数のシェアで 99％ 以上を占めている中小企業が，付加価値額シェアでは約 52.85％ と低くなっていることです。また，シェアの違いは産業間でバラツキが大きく，不動産業，物品賃貸業や建設業，

図表 5 － 4 ▶ ▶ ▶ 中小企業の常用雇用者数（2016 年）

（単位：人）

産業	中小企業				大企業		合計	
			うち小規模企業					
	従業者数	構成比(%)	従業者数	構成比(%)	従業者数従	構成比(%)	従業者数	構成比(%)
鉱業，採石業，砂利採取業	14,216	77.76	6,265	34.27	4,066	22.24	18,282	100.00
建設業	2,382,843	85.06	1,322,591	47.21	418,436	14.94	2,801,279	100.00
製造業	5,469,061	61.66	1,241,406	14.00	3,401,210	38.34	8,870,271	100.00
電気・ガス・熱供給・水道業	36,321	19.32	3,406	1.81	151,659	80.68	187,980	100.00
情報通信業	882,403	59.52	62,020	4.18	600,031	40.48	1,482,434	100.00
運輸業，郵便業	2,054,874	73.17	258,428	9.20	753,378	26.83	2,808,252	100.00
卸売業，小売業	5,486,614	59.76	761,446	8.29	3,694,144	40.24	9,180,758	100.00
卸売業	2,051,524	68.55	238,033	7.95	941,115	31.45	2,992,639	100.00
小売業	3,435,090	55.51	523,413	8.46	2,753,029	44.49	6,188,119	100.00
金融業，保険業	166,747	13.64	62,380	5.10	1,055,702	86.36	1,222,449	100.00
不動産業，物品賃貸業	679,253	73.39	253,452	27.38	246,290	26.61	925,543	100.00
学術研究，専門・技術サービス業	735,878	63.90	206,773	17.96	415,729	36.10	1,151,607	100.00
宿泊業，飲食サービス業	2,726,604	68.17	580,873	14.52	1,273,226	31.83	3,999,830	100.00
生活関連サービス業，娯楽業	1,246,819	75.36	297,198	17.96	407,614	24.64	1,654,433	100.00
教育，学習支援業	409,908	79.61	65,398	12.70	104,963	20.39	514,871	100.00
医療，福祉	1,372,341	87.01	257,772	16.34	204,835	12.99	1,577,176	100.00
複合サービス事業	4,143	1.02	4,017	0.99	400,064	98.98	404,207	100.00
サービス業(他に分類されないもの)	2,181,278	63.53	124,892	3.64	1,252,290	36.47	3,433,568	100.00
非 1 次産業計	25,849,303	64.25	5,508,317	13.69	14,383,637	35.75	40,232,940	100.00
非 1 次産業計（2012 年）	24,330,621	62.70	5,925,551	15.30	14,451,983	37.30	38,782,604	100.00

注 1 ：企業数とは会社数と個人事業所数（単独事業所数＋本所・本社・本店事業所数）を足したもの。

注 2 ：常用雇用者数 300 人以下（ゴム製品製造業は 9,000 人以下，旅館，ホテルは 200 人以下，卸売業，サービス業（ソフトウェア業，情報処理・提供サービス業，旅館，ホテルを除く）は 100 人以下，小売業，飲食店は 50 人以下）または資本金 3 億円以下（卸売業は 1 億円以下，小売業，飲食店，サービス業（ソフトウェア業及び情報処理・提供サービス業を除く）は 5,000 万円以下）の企業を中小企業とする。

注 3 ：常用雇用者数 20 人以下（卸売業，小売業，飲食店，サービス業（宿泊業，娯楽業を除く）は 5 人以下）の企業を小規模企業とする。

出所：中小企業庁『2019 年版 中小企業白書』の総務省「平成 28 年経済センサスー活動調査」を再編加工したもの。

　医療・福祉などの産業では中小企業の付加価値額シェアが高く，電気・ガス・熱供給・水道業や複合サービス業（主に郵便局を指します）などのインフラを担う産業や金融業，保険業などの大企業が中心を占める産業では中小企業の付加価値額シェアも低くなっています。その傾向は常用雇用者数のシェアについても確認することができます（**図表 5 － 4**）。

　中小企業と大企業でどちらのほうが生産効率が高いのでしょうか。その生産効率を測る指標に，常用雇用者が 1 人当たりどれだけ付加価値を生み出しているかをみる**労働生産性**があります。

図表 5 − 5 ▶▶▶中小企業の労働生産性（2015, 6 年）

（単位：百万円）

産業	中小企業		うち小規模企業		大企業労働生産性
	労働生産性	対大企業比	労働生産性	対大企業比	
鉱業，採石業，砂利採取業	34.559	0.826	57.514	1.375	41.834
建設業	6.524	0.520	6.474	0.516	12.541
製造業	5.959	0.563	5.766	0.545	10.577
電気・ガス・熱供給・水道業	11.544	0.489	27.393	1.160	23.623
情報通信業	6.985	0.437	7.262	0.455	15.969
運輸業，郵便業	4.665	0.554	5.576	0.662	8.417
卸売業，小売業	5.497	0.893	7.413	1.204	6.155
卸売業	7.681	0.686	9.677	0.864	11.197
小売業	4.193	0.946	6.384	1.441	4.431
金融業，保険業	10.496	0.818	9.260	0.722	12.831
不動産業，物品賃貸業	9.194	0.778	13.291	1.125	11.814
学術研究，専門・技術サービス業	9.640	0.593	11.728	0.721	16.260
宿泊業，飲食サービス業	2.430	1.062	3.103	1.357	2.287
生活関連サービス業，娯楽業	4.002	0.658	4.658	0.766	6.083
教育，学習支援業	2.429	0.601	2.446	0.606	4.039
医療，福祉	3.583	1.418	5.407	2.140	2.527
複合サービス事業	1.811	0.375	1.767	0.366	4.828
サービス業（他に分類されないもの）	3.451	0.797	7.333	1.694	4.328
非 1 次産業計	5.227	0.624	6.489	0.774	8.380
非 1 次産業計（2012 年）	4.652	0.713	5.627	0.862	6.527

注 1 ：企業数とは会社数と個人事業所数（単独事業所数＋本所・本社・本店事業所数）を足したもの。
注 2 ：常用雇用者数 300 人以下（ゴム製品製造業は 9,000 人以下，旅館，ホテルは 200 人以下，卸売業，サービス業（ソフトウェア業，情報処理・提供サービス業，旅館，ホテルを除く）は 100 人以下，小売業，飲食店は 50 人以下）または資本金 3 億円以下（卸売業は 1 億円以下，小売業，飲食店，サービス業（ソフトウェア業及び情報処理・提供サービス業を除く）は 5,000 万円以下）の企業を中小企業とする。
注 3 ：常用雇用者数 20 人以下（卸売業，小売業，飲食店，サービス業（宿泊業，娯楽業を除く）は 5 人以下）の企業を小規模企業とする。
出所：中小企業庁『2019 年版 中小企業白書』の総務省「平成 28 年経済センサスー活動調査」を再編加工したもの。

$$労働生産性 = \frac{付加価値額}{労働投入量}$$

※労働投入量には，従業者数を使用する場合もあれば，企業単位でみた総労働時間（従業者数×1 人当たりの年間労働時間で計算します。マンアワーという呼び方をします）を用いる場合もあります。ここでは，従業者数で計算されています。

　図表 5 − 5 は労働生産性を産業別に比較をしたものですが，中小企業についてみると，医療，福祉，宿泊業，飲食サービス業以外のほとんどの産業で中小企業より大企業の労働生産性が高いことがわかります。なぜ，中小企業と大企業で従業者 1 人当たりの生産効率に差が生じるのでしょうか？　主に 2 つの要因が影響していると考えられます。

①資本投入量の差

企業は生産活動を行うときに，労働投入のみではなく機械や建物，車両などの資本を投入すると考えられます。中小企業よりも大企業の方が資本を投入していれば，労働生産性は高まると考えられます。

②規模の経済性

会社の規模が大きくなることで，生産に必要な原材料を安価で大量に購入したり，全国展開で広告を打ったり，研究開発に資金を投入できたり，資金調達が容易にできるようになります。この考え方に沿えば，会社の規模が拡大すること自体が生産効率を高めるといえます。

中小企業は，雇用面において日本の経済の半数以上を占めるという点で，無視できない役割を果たしています。しかし一方で，中小企業は知名度や生産効率においては大企業に劣ります。それに加えて，大企業で働く労働者は，中小企業で働く労働者と比べて教育訓練や経験の機会に恵まれており，そのことが，中小企業と大企業で働く労働者の賃金の格差にも表れています。このような賃金格差の問題を二重構造論といいます。この用語は，近年は正規労働者と非正規労働者の格差問題として捉えられていますが，企業規模間の賃金格差としても，長期にわたって続いている課題であるといえます。

1.2 ベンチャー企業の定義と役割

中小企業の支援対策に，政府は約1,111億円の予算を計上しています（令和2年度当初予算）。企業の規模の属性である中小企業に対して予算を投じる理由の1つは，日本の常用雇用の約65%を雇用している中小企業を保護することで，雇用環境の悪化を防ぐ効果が期待できるからです。その代表例に，世界金融危機（リーマン・ショック）などの急激な景気の悪化に対処するための雇用調整助成金の制度があります。

もう1つの理由は，中小企業には将来成長する可能性が秘められているからです。たとえば，従業者を25万9,385人（2020年4月1日現在）抱えて

いるパナソニック（Panasonic）は，1918年の創業時は創業者の松下幸之助，その妻，義理の弟の3人のみでした。こうした将来成長する可能性がある企業を助成し，成長させることも政策の目的となります。

　成長志向があり，新しい分野に取り組んでいる，将来成長が見込める創業初期段階の企業は，**ベンチャー企業**として定義されます。ただし，その定義は法律で定められている中小企業とは異なり，非常に曖昧なものであることも確かです（植田他［2014］は詳細にベンチャー企業の定義を説明しています）。実際にベンチャー企業に関する統計を得るには，そのような創業初期段階の企業に対して投資を行うことを目的とする**ベンチャーキャピタル**から投資を受けている企業を対象とすることになります。

　ベンチャー企業について考察をするときに注目されるのが，その企業をスタートさせた**起業家**（アントレプレナー）の存在です。起業家の重要性を説いた経済学者のシュムペーターは，著書『経済発展の理論』の中で，経済発展をもたらすイノベーションは，起業家によって遂行されるとしています。新しい技術を，ビジネスとして経済発展に結びつけるという意味において，ベンチャー企業は重要な役割を果たしているといえます。

1.3 　中小企業・ベンチャー企業の減少

　図表5-6は総務省「事業所・企業統計調査」「経済センサス」を利用して会社企業と個人企業の企業数を，小規模企業，中規模企業，大規模企業に分けてみたものですが，小規模企業は1986年から，中規模企業は1996年，大規模企業は1999年をピークに減少傾向にあることがわかります。ただし，中規模企業についてはアベノミクスが始まって以降企業数が増加に転じ始めています。大規模企業については，2004年から増加しています。これらの数値の動きは，2000年以降，小規模企業から中規模・大規模に企業規模が拡大していることを示しています。

　一方，ベンチャー企業数は，定義が不明確であるために統計的に把握することは困難ですが，毎年一般財団法人ベンチャーエンタープライズセンター

図表 5 − 6 ▶▶▶企業数の推移

	事業所企業統計調査							経済センサス		
	1986	1991	1996	1999	2001	2004	2006	2009	2012	2014
会社企業＋個人企業										
小規模	5,124,208	4,983,089	4,779,853	4,581,130	4,452,252	4,104,915	3,978,344	3,977,819	3,632,108	3,569,854
中規模	217,834	239,899	310,394	256,714	238,790	221,580	219,562	222,776	218,681	236,819
大規模	9,203	11,120	12,395	13,260	11,997	11,640	12,164	12,595	12,696	13,663
会社企業										
小規模	1,109,795	1,315,848	1,404,070	1,401,502	1,369,940	1,297,518	1,283,488	1,560,650	1,464,717	1,488,021
中規模	203,516	226,051	248,729	243,625	225,895	210,844	209,580	213,726	210,870	228,953
大規模	9,197	11,115	12,382	13,253	11,975	11,625	12,151	12,580	12,681	13,648

注：会社企業は企業編に収録されている企業数を用い，個人企業は事業所調査に収録されている個人企業のうち，単独事業所と本所・本社・本店の事業所数を用いた。規模は，小規模が常用雇用が 0 〜 19 人，中規模が 20 〜 299 人，大規模は 300 人以上を指す。規模を区分する上で，個人企業の本所・本社・本店については支社・支所・支店の常用雇用者は含まれないため，推計上の誤差は生じている。「事業所・企業統計調査」と「経済センサス」では調査方法が異なるため，両者の統計は接続をすることができない。そのため，特に会社企業において，2006 年から 2009 年にかけて企業数の値が増えている。

出所：1986 〜 2006 年は総務省「事業所・企業統計調査」，2009 年以降は総務省「経済センサス」。

図表 5 − 7 ▶▶▶ベンチャーキャピタル投資の推移

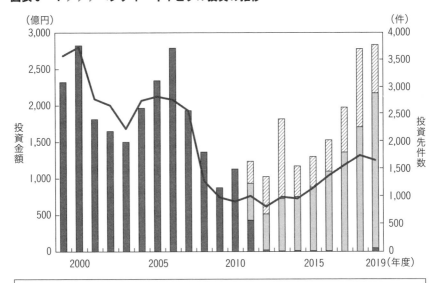

注：国内のベンチャーキャピタルに対するアンケート調査から得られた数値。
出所：一般財団法人ベンチャーエンタープライズセンター「ベンチャーキャピタル等投資動向調査」。

で報告されているベンチャー白書は，ベンチャーキャピタルと呼ばれる投資

企業が行った投資案件数をみることで，新たなベンチャー企業の推移を推計

しています。その推計結果（**図表 5 − 7**）をみると，2000 年代初頭の景気の悪化，2008 年の世界金融危機（リーマン・ショック）を契機に投資件数は減少していますが，2015 年以降から投資資金額が回復していることがわかります。

2 / 企業の参入と退出

2.1 日本の開業率

　企業数の増減を，ここまでは調査時点のストック（企業数）でみてきました。一方で，この企業数の増減は新たに設立されて参入する開業企業と，市

図表 5 − 8 ▶ ▶ ▶ 開業率と廃業率の推移（会社登記簿）

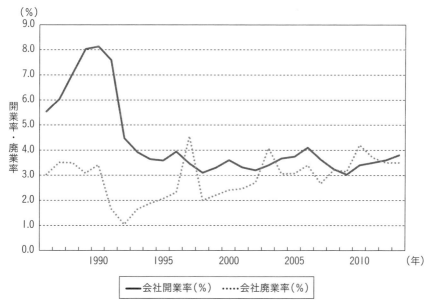

注：会社開業率＝設立登記数／前年の会社数，廃業率＝会社開業率−増加率（＝（前年の会社数＋設立登記数−当該年の会社数）／前年の会社数。詳細な集計方法は，『2016 年版 中小企業白書』を参照。
出所：中小企業庁『2019 年版 中小企業白書』より。法務省「民事・訟務・人権統計年報」，国税庁「国税庁統計年報」。

図表 5 - 9 ▶▶▶開業率と廃業率の推移（雇用保険適用事業所）

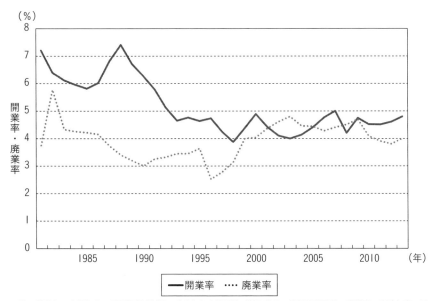

注：開業率＝当該年度に雇用関係が新規に成立した事業所数／前年度末の適用事業所数，廃業率＝当該年度に雇用
　　関係が消滅した事業所数／前年度末の適用事業所数。適用事業所とは，雇用保険に関する労働保険の雇用
　　関係が成立している事業所。詳細な集計方法は，『2016 年版 中小企業白書』を参照。
出所：中小企業庁『2019 年版 中小企業白書』より。厚生労働省「雇用保険事業年報」。

場から撤退する廃業企業の，2 つのフローの要素で構成されているともいえ
ます。このことは，市場の状況をみる上で重要な意味を持っています。たと
えば，企業数が時間を通じて変化がなかった場合，開業企業も廃業企業もゼ
ロの場合に，その市場は競争環境に置かれていないといえます。しかし，こ
のような状況は，開業企業と廃業企業が同時に多数発生した場合にも起こり
ます。このとき，その市場は常に企業の入れ代わりが起きる，厳しい競争環
境に置かれていると判断されます。

　会社企業の開廃業率の推移をみたものが**図表 5 - 8**，雇用保険の適用を受
けている事業所の開廃業率をみたものが**図表 5 - 9**です。両方に共通して
みられるのは，1980 年代は高い**開業率**と低い**廃業率**で推移していたものが，
バブル崩壊以降の 1990 年代で低下，それ以降は低下したまま景気の循環に
応じて増減しているところです。廃業率については，1990 年末以降上昇傾

図表 5 − 10 ▶ ▶ ▶ 起業活動指数（TEA）の国際比較

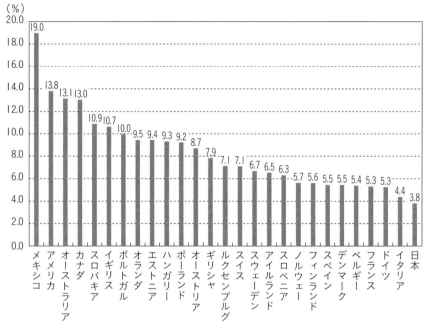

（％）

メキシコ	19.0
アメリカ	13.8
オーストラリア	13.1
カナダ	13.0
スロバキア	10.9
イギリス	10.7
ポルトガル	10.0
オランダ	9.5
エストニア	9.4
ハンガリー	9.3
ポーランド	9.2
オーストリア	8.7
ギリシャ	7.9
ルクセンブルグ	7.1
スイス	7.1
スウェーデン	6.7
アイルランド	6.5
スロベニア	6.3
ノルウェー	5.7
フィンランド	5.6
スペイン	5.5
デンマーク	5.5
ベルギー	5.4
フランス	5.3
ドイツ	5.3
イタリア	4.4
日本	3.8

注：TEA は Total Early-stage Entrepreneurship Activity の略である。「現在, 1人または複数で, 何らかの自営業, 物品の販売業, サービス業等を含む新しいビジネスをはじめようとしていますか」,「現在, 1人または複数で, 雇用主のために通常の仕事の一環として, 新しいビジネスや新しいベンチャーをはじめようとしていますか」, そして「現在, 自営業, 物品の販売業, サービス業等の会社のオーナーまたは共同経営者の1人として経営に関与していますか」という設問への回答から誕生期の起業家の割合を求めている。

出所：Global Entrepreneurship Monitor "Adult Population Survey". の 2017 年〜 2019 年の調査で調査がされているもののうち最新の値を集計。

向にあります。前節でみた企業数の低下は，開業率の低下と廃業率の上昇という2つの減少によってもたらされたものであるといえます。

　その中で世界金融危機（リーマン・ショック）のあった2009年以降は開業率が上昇し，廃業率を上回ることで企業数が増加に転じたといえます。

　日本の開業率を評価するとき，時間を通じた変化をみる方法と，他国と比較をする方法があります。ただし，国同士で開業率を比較するとき，各国で企業数を把握する統計が異なっているため，単純に比較をすることができません。このような問題意識をもとに，米国バブソン大学と英国ロンドン大学ビジネススクールが Global Entrepreneurship Monitor という組織を設立し，

毎年，同じ条件で世界各国（2014 年調査で 70 カ国）に"Adult Population Survey"という調査を実施しています。

その調査の集計から得られる，起業を始めている個人や雇用される企業の新規事業の立ち上げに関わっている個人の割合である TEA（Total Early-stage Entrepreneurship Activity）Rate という指標を公表しています。**図表 5 − 10** は，その 2017 〜 19 年調査で得られる値を OECD 加盟国でまとめていますが，日本は調査対象国の中で最下位に位置しています。日本は世界でも非常に開業率が低い国の 1 つなのです。

2.2 日本の開業率が低い理由

日本で新しい企業が生まれないのはなぜでしょうか？ 労働経済学では，開業と失業率との関係について，**プル仮説**と**プッシュ仮説**という 2 つの仮説を提示しています。プッシュ仮説では，失業率が高いときには就業機会を得ることができないために，自らが事業を起こす傾向があると考え，失業率と開業率との間に正の相関関係が得られます。一方で，プル仮説では，失業率の高い地域は景気が悪く需要が低いため，開業後のパフォーマンスが低いと想定されることから開業率と失業率との間に負の相関関係が得られると考えられます。

岡室・小林 [2005] は日本の国内に限定して，経済圏という独自の区分を用いて，地域の開業率を高める要因を分析しています。その分析結果は，県民総生産の成長率が高い地域で開業率が高いという結果からプル仮説が支持される一方で，完全失業率の高い地域で開業率が高いことも明らかになっており，プッシュ仮説も支持されています。

一方で，開業を始めるには，すでにスキルや経験を積んだ個人が，人に雇用される雇用者ではなく，自身が雇用する立場になることを選択する必要があります。そのため，雇用者であるときの収入と，自営業主であるときの収入と比較してどちらが高いかも，開業率に大きな影響をもたらすと考えられます。岡室・小林 [2005] の分析結果では，地域の雇用者の平均賃金が高い

場合に，開業率が低いことが確認されています。また，「2003年版 中小企業白書」によれば，1970年代，自営業主と雇用者の賃金比率は1を超えていましたが，2001年には0.52まで低下しています。

それ以外にも，前述のGlobal Entrepreneurship Monitorの2013年調査の質問項目のうち，「自分が住む地域に起業に有利なチャンスが訪れると思う」という質問について，EU28カ国平均では，28.7%が「そう思う」と回答しているのに対して日本では7.6%であり，調査対象国の中で最も低い水準となっています。このように事業を行う機会に対する認識が低いことも，低開業率の要因の1つとなっています。

「自分が新しいビジネスを始めるために必要な知識，能力，経験を持っている」という質問に対しても，日本は「そう思う」という回答率が12.8%と，先ほどの質問同様，調査対象国の中では最も低くなっています（EU平均は42.3%）。起業家に求められるスキルの向上のための経験蓄積と教育も開業率の上昇のために重要な要素なのです。

2.3 政府の開業支援策

開業を促すために，政府は多くの施策を行っています（詳しくは，http://www.chusho.meti.go.jp/pamflet/leaflet/l-2015/07kigyouall.pdf）。まずは日本政策金融公庫を中心とした融資制度があげられます。特に，新創業融資制度では，まだ信用が得られていない起業家であっても資金が調達できるように，無担保・無保証人でも借り入れが可能になっています。

また，女性・若者・シニア層の起業家や，廃業経験のある起業家を対象とした融資制度もあり，潜在的な起業のニーズを掘り起こす役割を担っています。直接金融においても，中小企業や起業支援のファンドに対する助成も行っています。

一方で，企業間のネットワークを促す目的で企業間マッチングの場を提供する試みも行われています。ネットワークの形成は，新製品・サービス・技術の情報共有，販路の開拓，市場の創出，業務提携など，中小企業の生産性

を高め，成長を促す役割が期待されます。

　もう1つ重要な施策が，起業家教育に関するサポートです。Global Entre-preneurship Monitor の調査結果にあったとおり，日本では起業に関するスキル形成が行われていないという背景があります。中小企業庁では，全国規模で「創業スクール」と呼ばれるセミナーを開催しています。ただ，より潜在的な起業を志す若者を増やすには，職業教育の一環として，雇われる働き方のみではなく，自分で自分のボスになる起業という働き方が周知されることも，開業を促進するために必要でしょう。

3 / 既存企業の製品開発力

　上記のように，新規の開業率も低く，ベンチャー企業の創出も盛んでないのにもかかわらず，なぜ日本経済はここまで成長することができたのでしょうか。その要因の1つに既存企業の製品開発力があります。たとえば，東レという企業は，もとは化学繊維の企業でしたが，最近では衣服だけでなく炭素繊維の分野で世界的なシェアを誇っています。またキヤノンは，もとはカメラを生産していましたが，現在は多くの事務用機器を生産・販売しています。富士フイルムも，カメラのフィルムメーカーから出発し，その後はデジタルカメラを生産しています。さらに最近では化粧品の分野にまで進出しています。日本経済は，こうした既存企業が新製品を開発するベンチャー部門を抱え込む形で発展してきた可能性があります。

　製造業において，既存企業が新たに生産を始めた財の出荷額と，新たな企業の参入によって生産が始められた財の出荷額をまとめたものが**図表5－11**です。ここからは，企業の参入以上に，既存の企業の参入のほうが，多くの年で経済の成長に貢献をしていることが確認されます。経済産業省「工業統計」を利用した分析の結果からは，このように新たな事業に参入できる企業は，生産性が高く，比較的規模が大きい傾向があることが確認されています。また，新たな事業を始めている企業は，同時に輸出を行い，海外の市

図表 5 － 11 ▶▶▶製造業出荷額に占める既存企業の参入と新規企業の参入の出荷額割合

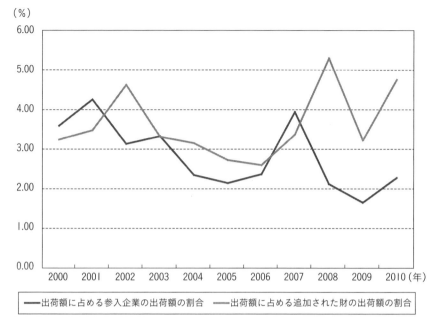

出所：筆者が経済産業省「工業統計表」を用いて独自推計したもの。出荷額に占める，その年に既存企業が新たに生産を始めた財の出荷額の割合・新たに参入した企業の出荷額の割合をみている。

場にもチャレンジをしていることや，従業員や設備以上に出荷額の成長がみられるため，より高い生産性の成長がみられています。

　この点を踏まえると，比較的生産性の低い中小企業に対しては，開業支援も重要ですが，新規事業開拓のためのアイデアづくり，融資制度の拡充なども求められるといえます。

4 これからの中小企業およびベンチャー企業の役割

　すでに述べた開業率の低さや新規製品の開発力の衰えは，近年の日本経済の低迷を象徴する出来事の１つといえます。一方米国では，1990 年代に IT 技術を背景に Google，Amazon，Facebook などの新規企業が急成長し，米国経済を牽引するとともに，株価時価総額でも既存企業を抜いています。こう

した傾向は新規産業の分野にとどまりません。長い歴史を持ち，長年General Motors をはじめとする Big 3 が市場を支配してきた自動車産業の分野でも，電気自動車の普及によって Tesla Motors は急成長しています。また韓国でも若い企業のほうが積極的に研究開発をするという研究結果もあります。

　こうした国際的な潮流を考えると，日本も中小企業や新規企業がもっと成長の担い手になっていく必要があります。しかし，米国との決定的な違いは，中小企業や新規企業の資金調達力にあります。資本市場が発達している米国では，有望な事業に対して，投資家がリスクを取りつつ巨額の資金が集まる仕組みが整っています。しかし，銀行などの**金融仲介機関**が中心的な資金供給の担い手になっている日本では，金融機関はリスクを避け，資金供給に際して担保を要求するなど，安全策をとる傾向があります。このため，担保提供できる資産が少ない中小企業や新規企業は，成長のための十分な資金を調達できないのです。この点は古くから認識されており，日本でも 21 世紀に入って，**マザーズ**や **JASDAQ** など新興企業の株式を取引する市場が生まれていますが，十分ではありません。2020 年 11 月時点で，東証一部の上場企業の株式時価総額の合計が約 661 兆であるのに対して，マザーズでは約 9 兆，JASDAQ（スタンダード）で約 10 兆と小規模なものになっています。

　さらに，既存の中小企業支援策も見直されなくてはなりません。これまでは規模が小さい弱者であるからという理由で，さまざまな支援策が講じられてきましたが，こうした支援策が逆に低生産性企業を温存させてきた可能性もあります。このような政策は，大企業と中小企業の賃金格差をいつまでも残すことになり，有益とはいえません。最近では政府も成長性のある中小企業への支援を手厚くする方向へと政策を転換しています。したがって中小企業もこれまでの単なる雇用維持組織という役割から，生産性を向上させ日本経済を牽引する企業へと脱皮していくことが求められています。

Working   調べてみよう

　経済センサス活動調査では都道府県別・市区町村別に事業所が何年に開設され
た事業所かを公表している。都道府県別に新しい事業所の割合を計算し，どの都
道府県で新しい事業所が誕生しているか調べてみましょう。

Discussion   議論しよう

1.　多くの中小企業が存在する経済と少数の大企業が存在する経済で，私たちの
　　暮らしにどのような違いが生じるでしょうか。自身が消費者，雇用者，経営
　　者である場合に分けて議論をしましょう。
2.　平均値でみると中小企業よりも大企業のほうが「労働生産性」が高く，その
　　違いは主に「資本投入量の差」「規模の経済性」で説明できることを学びま
　　したが，他にどのような要因が考えられるでしょうか。また，労働生産性が
　　高い中小企業があるとすれば，それはどのような企業でしょうか。インター
　　ネットや新聞などで事例を探してみましょう。

▶▶▶さらに学びたい人のために

- 中小企業論：植田浩史・桑原武志・本多哲夫・義永忠一・関智宏・田中幹大・林
　　　　　　　幸治 [2014]『中小企業・ベンチャー企業論─グローバルと地域のは
　　　　　　　ざまで』有斐閣。
- 企業の経済学：小田切宏之 [2010]『企業経済学（第2版）』東洋経済新報社。

参考文献

- 植田浩史・桑原武志・本多哲夫・義永忠一・関智宏・田中幹大・林幸治 [2014]『中小企業・
　ベンチャー企業論─グローバルと地域のはざまで』有斐閣。
- 岡室博之・小林信生 [2005]「地域データによる開業率の決定要因分析」RIETI Discus-
　sion Paper Series, 05-J014。

第6章 産業構造の変化と日本経済の盛衰

Learning Points

▶ 第2次世界大戦後，日本の産業がどのように変遷してきたかを，データと産業構造の変化を数値化した指標で学びます。

▶ IT革命の実態と，日本のIT化の進展について，国際比較も含めて学びます。

▶ IT化がなぜ日本の経済成長へのつながらないかを考えます。

Key Words

産業構造の転換　ペティ＝クラークの法則　日本産業別生産性データベース　産業構造の変化指標　IT革命　GAFA　e-commerce　シェアリング・エコノミー　テレワーク　無形資産投資　デジタルトランスフォーメーション（DX）

1 日本における産業構造の変遷

　基礎的なミクロ経済学やマクロ経済学では，単純化のために財・サービスの種類を1種類とし，同質的な企業がこの財・サービスを生産すると考えています。しかし，実際には私たちの回りには，多くの種類の財・サービスが存在し，それらの財を生産する異なった企業が活動しています。世の中にどれくらいの財・サービスの種類が存在するかは，財・サービスの差別化の程度によりますが，私たちは，ある程度同じ機能を有する財や同種のサービスに対して名称をつけて分類をしています。たとえば，四輪自動車という財の名称は，通常の乗用車に加えてトラックやバスも含むものと考えられます。また運輸サービスといった場合は，鉄道によるサービスだけでなく，タクシーやバスによる輸送サービス，船や飛行機を使った輸送サービスも含みます。こうした同種類の財やサービスを分類したものを**産業分類**と呼んでいま

す。このように同種の財・サービスをひとまとめの産業として把握すると，経済政策の面でもその政策対象を限定することができます。実際に日本の各省庁では，所管する産業（または事業）が大体決まっています。また国際的に共通した産業分類があれば，その産業について国際比較をすることが可能になります。ただし，産業分類が必ずしもメリットだけをもたらすとは限りません。たとえば一度産業分類を固定化してしまうと，インターネットによる商取引などの新しい形態のサービスなどを把握できなくなります。また情報通信産業のように，2つの監督省庁にまたがるような技術を有する産業の場合，重複した政策が実施されるような非効率性が生まれることがあります。

　産業分類で最も粗い区分は，**第1次産業**，**第2次産業**，**第3次産業**という分類です。日本で第1次産業というのは，基本的には自然界から取り出されるものを産出物とする産業で構成されています。すなわち農産物や水産物，林産物を作り出す産業です。第2次産業は，自然からの産出物を加工して私たちの生活に利用する製品へと転換する産業で構成されます。この産業には鉱業，すべての製造業と建設業が含まれます。第1次産業および第2次産業における産出物は，私たちが手に取ったり，目で見たりすることができるものですが，第3次産業における産出物はすべて目に見えないサービスで構成されています。たとえば私たちが鉄道に乗るのは，その電車や駅を購入しているのではなく，電車や駅が提供してくれる移動サービスを利用するためです。

　経済が発展するにつれて，中心的な産業が第1次産業から第2次産業を経て第3次産業へと移行していくことを**ペティ＝クラークの法則**と呼んでいます。ペティ＝クラークの法則のような，時間とともに，経済全体における産業の比重（シェア）の変化が起きているかどうか，すなわち産業構造の変化を，日本のもう少し詳細な産業分類を使ってみてみましょう。**図表6−1**は，日本の産業構造の推移をみたものです。1955年時点では，農林水産業と鉱業を合わせた第1次産業は生産全体の20％を占めていました。しかし，21世紀に入るとこれらの産業の比率は，2％にも満たなくなっています。代わって，シェアを増やした産業が第2次産業の中核である製造業です。製造

図表6－1 ▶▶▶産業構造の変化

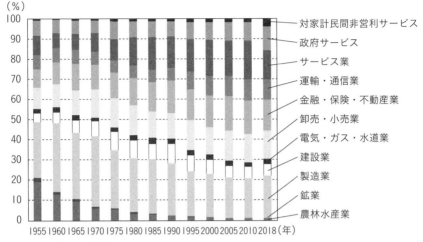

出所：内閣府「国民経済計算」。

業のシェアは高度成長期の最後には35％に達します。そして1970年以降シェアを伸ばしてきたのが，第3次産業です。卸・小売業，運輸・通信業，サービス業などは今日に至るまで，シェアを伸ばし続けています。こうしたことから，ペティ＝クラークの法則は，日本にも当てはまっているといえるでしょう。

2 なぜ産業構造の転換は必要か

　戦後の日本では，経済が行き詰まるごとに産業構造を転換しなくてはならない，ということが主張されてきました。この主張は，経済学からみて妥当なことなのでしょうか。ミクロ経済学の基礎では，1つの財を多く消費すればするほど，追加的な財の消費に対する満足度は低下するということを学びます。携帯電話も最初の1台は，大変便利ですが，それを2台，3台と増やしていった場合に，2台目や3台目の携帯電話を保有することの満足度は1台目に比べてかなり低くなるのが普通です。このことを生産側からみると，

携帯電話をつくり続けても，その需要には限界があり，携帯電話の収益率は徐々に低下していくということを示しています。すなわち単一の財や産業だけでは消費者を満足させることはできず，持続的な経済成長も達成できないのです。このため新しい財・サービスや産業を興し，それによって新たな生活の豊かさや経済成長の実現が望まれます。これが，産業構造の転換が必要とされる理由です。

図表６－２は，**日本産業別生産性データベース**（Japan Industrial Productivity Database，略して JIP データベースと呼ばれています）を使って，1980 年代から約 10 年ごとに，産出額の大きい順に 10 番目までの産業名を並べたものです。これをみると，1980 年代は電子計算機や半導体などの電子部品や電子機器などいわゆる「軽薄短小」産業の代表格のシェアが大きかったのですが，1990 年代に入ると高齢化を反映して，社会福祉や医療関係のシェアが大きくなっていきます。2000 年代に入っても高齢化関連産業は，依然高いシェアを維持していますが，電子部品・電子機器産業も再び伸びています。これは後に述べる **IT 革命**によって再び電子部品や電子機器関係の需要が増えたからです。

それでは，どのような形での産業構造の転換が望ましいのでしょうか。第 2 章で示したように，経済の長期的な成長は，資本や労働の投入量と**全要素生産性**の伸び率によって決まります。産業構造の転換はこの中の全要素生産性の上昇に寄与すると考えられます。いま経済が 2 つの産業で構成されてい

図表６－２ ▶▶▶成長産業の推移

	1980-1990	1990-2000	2000-2011
1	電子計算機・同付属装置	社会保険・社会福祉（非営利）	業務用物品賃貸業
2	その他の映像・音声・文字情報制作業	医療（民間）	半導体素子・集積回路
3	半導体素子・集積回路	教育（政府）	社会保険・社会福祉（非営利）
4	電子応用装置・電気計測器	上水道業	民生用電子・電気機器
5	通信機器	医療（政府）	電子計算機・同付属装置
6	電子部品	その他の食料品	研究機関（非営利）
7	保険業	有機化学製品	電子部品
8	医薬品	その他の鉄鋼	医薬品
9	民生用電子・電気機器	電気業	医療（民間）
10	金融業	電信・電話業	電信・電話業

出所：JIP データベース 2014 より筆者作成。

図表 6 － 3 ▶ ▶ ▶ 全要素生産性上昇率の推移

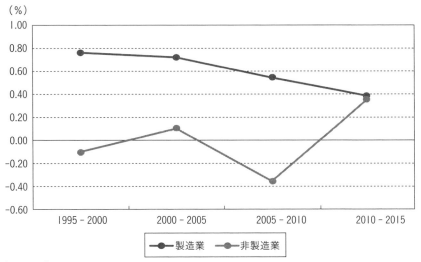

出所：JIP データベース 2018。

るとしましょう。2つの産業で生産性が異なるとすると，経済全体としては高い生産性を有する産業のシェアが大きくなれば，より高い水準の GDP やより高い成長を実現できます。

　いま全要素生産性の上昇率を製造業と非製造業に分けてみてみると，20年間を通して製造業の生産性が非製造業を一貫して上回ってきたことがわかります（**図表 6 － 3**）。この事実から考えると，日本を成長させるためには，国際競争力の高い製造業を伸ばす戦略が必要ですが，一方で非製造業をそのままにしておいてよいわけではありません。

　図表 6 － 1 でみたように，日本では非製造業，特に非製造業から農林水産業や鉱業を除いたサービス業のシェアが伸びてきています。したがって，日本にとってはシェアの大きいサービス産業の生産性をどのように向上させていくかが政策課題となっています。1つの方策としては，非製造業でも生産性の高い企業はたくさんあるので，この生産性の高い企業が成長することで，非製造業全体の生産性上昇を実現することが可能です。

　この政策課題が難しい点は，サービス業が製造業と異なり，より労働力を

必要とする産業であるという特徴にあります。労働生産性というのは，付加価値または産出量を労働者数または総労働時間で割って計算しますから，分母の労働投入量が多くなれば，必然的に労働生産性は低下します。この点は日本に限らず，多くの国でみられている現象です。

　もう1つは，多くの非製造業は製造業に比べてさまざまな規制によって活動が制約されています。このため生産性を向上させるアイデアを出したとしても参入が規制されたりして，生産性の向上が実現しない場合があります。

3 IT 革命

　サービス産業の生産性は低いという概念を覆したのが，1990 年代後半から起きた IT（Information Technology，または Information and Communication Technology の略称として ICT という用語を使うこともあります）革命です。IT 革命をどのように定義するかは難しいのですが，インターネットを使った通信技術の飛躍的向上に PC などの電子機器の性能向上が結びついた技術革新と考えられます。パーソナル・コンピューターは 1980 年代からありましたが，それがインターネットに接続できるようになったのは，1990 年代に入ってからです。携帯電話も 1990 年代後半から普及し始め，21 世紀に入ると，映像や音楽などより容量の大きいコンテンツをやりとりできるスマートフォンやタブレットが利用できるようになりました。

　こうした通信手段の飛躍的発展は，多くの新しい IT ビジネス企業を生み出しました。私たちが今当たり前のように利用している，Amazon, Google, 楽天といった企業はこの IT 革命以降に生まれた企業なのです。IT 革命以降，これらの企業は急成長しましたが，こうした企業はすべてサービス業に位置付けられます。すなわち IT 革命を利用した企業は，従来の労働力に依存するサービス業とは違って，生産性を飛躍的に向上させることができるようになったのです。

　米国以外の先進国は，IT 革命をビジネスに活用した米国の成功をみて，

ITビジネスの育成やIT投資の促進に力を入れるようになりました。それでは一体ITビジネスやIT関連産業というのは，どのような産業を指すのでしょうか。IT関連産業というのはIT設備を生産する産業，ITサービス（たとえば通信サービス）を提供する産業，主にIT設備を利用して製品を生産したり，サービスを提供する産業を指します。たとえば電子部品を生産する業種はIT製品を生産する産業ですし，携帯電話サービスを提供する企業を含む情報サービス産業は，ITサービスを提供する産業です。そして小売業や金融業もその業務にコンピューターシステムなどのIT機器が中心的な役割を果たすため，IT関連産業に含まれます。こうしたIT関連産業の規模は，2015年の付加価値で見て252兆円で，経済全体の52.3%を占めています。

　特に通信ネットワークを利用した企業は多くの新たなサービスを生み出してきました。1990年代後半から2000年代にかけては，Googleに代表される検索ビジネスやFacebookに見られるような**SNS**（Social Network System）の提供，Amazonや楽天のような**e-commerce**が規模を拡大していきました。すでにAmazon, Google, Facebookなどは，クラウド事業や人工知能を使った事業，自動運転へとビジネスを拡大し，世界的なトップ企業となっています。現在では，Google, Amazon, Facebookにスマートフォンなどを販売するAppleを加えた4社をGAFAと呼び，これにWindowsを販売するMicrosoftを加えた株式時価総額は，東京証券取引所に上場する企業全体の総価値を上回るようになっています。

　そして2010年代からは，さらに**シェアリングエコノミー**という新たなビジネス分野が誕生しています。これは**プラットフォーマー**という仲介者が，場所や移動手段の所有者とそれを利用したい人たちを結び付け，宿泊サービスや移動サービスを安く提供する仕組みです。2000年代半ばから急速に普及した**スマートフォン**でも利用できるため，欧米や中国などで市場は急拡大しています。代表的なプラットフォーマーとしては，宿泊サービスの仲介をするAirbnb（エアビーアンドビー）や旅客移動サービスの仲介をするUber（ウーバー）などがあります。日本では規制が厳しく欧米ほど市場規模は大きくありませんが，それでも1,000億円程度はGDPに追加計上できるとの試算もあります（吉岡［2018］）。

IT 関連産業のシェアが増加すると同時に，IT 設備への投資も増加しました。IT 設備というのは，コンピューターとその関連機器，通信機器，そしてソフトウェアを指しています。日本の IT 投資は 2018 年の時点で 16.8 兆円で投資全体の 11.9％を占めています。

それでは日本の IT 投資の増加は，世界的にみるとどの程度なのでしょうか。図表６－４は，IT 投資の全体の投資に対する比率を国際的に比較したものです。日本は，IT 革命が起きた当初の 1995 年は英国，米国に次いで第３位の 11％程度で，その後もこの比率は変わっていません。その後世界金融危機の影響もあって英国の IT 投資シェアは低下していき，代わって最近ではフランスの IT 投資シェアが上昇しています。

図表６－４ ▶ ▶ ▶ IT 投資／全投資比率の国際比較

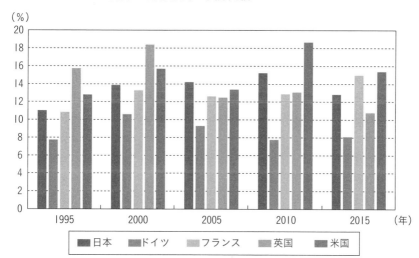

出所：EUKLEMS database released in 2019.

4 / 日本は IT 技術をうまく活用しているのか
―無形資産投資の役割―

図表６－４にみられるように，日本の IT 投資の水準は決して低いわけで

はありません。また，アベノミクスの中の**成長戦略**で，政府は世界最高水準のIT技術を目指すと宣言しています。それにもかかわらず，IT化が日本の経済成長に寄与しているようにはみえません。それどころか，2020年に起きた新型コロナウイルスの感染拡大では，日本における未熟なIT化が，韓国，台湾，シンガポールなどアジアのIT先進国に比べ，労働集約的な保健所業務を効率化できず不十分な検査体制の一因となりました。また，民間におけるテレワークの比率の低さもあらためて注目されました。例えば，2019年に実施された「生産性向上につながるITと人材に関する調査」によれば，IT化に伴って在宅勤務やフレックスタイム等の柔軟な就業規則・勤務体制を採用している企業の割合は，169社中31社（18.3％）しかありません。

　量的に十分なIT投資にもかかわらず，成果が出ないというパラドックスを解く鍵は，**無形資産投資**の動向にあります。それでは無形資産投資とは一体何なのでしょうか。

　通常設備投資という場合，私たちは建物を建てたり，機械を購入したりすることをイメージしています。実はこれらは実際に目で確認したり，手に取ったりすることができるもので，有形資産と呼ばれています。こうした有形資産投資とは別に目で見たり，手に取ったりすることができない投資があります。これを無形資産投資と呼びます。無形資産投資の中で代表的なものは，研究開発投資です。研究開発のための支出は知識となって蓄積され，その知識は新しい製品となって結実します。**図表6－5**は，この研究開発投資の対GDP比率を示したものです。日本の研究開発投資比率は約3％で先進国の中でもトップクラスでしたが，最近は韓国に抜かれ，中国との差も縮小しています。

　実は研究開発投資の9割は，製造業で実施されており，製造業の生産性向上には寄与してきましたが，サービス業への影響は少ないと考えられます。第1節でみたように，近年製造業のシェアは縮小していますから，サービス業を伸ばすための無形資産投資を考えなくてはいけません。サービス業において重要な無形資産投資は，**ソフトウェア投資**です。第3節で紹介したように，ソフトウェア投資はIT投資の一部ですが，全体の7割がサービス業で

図表 6 - 5 ▶ ▶ ▶ 研究開発費／ GDP 比率の国際比較

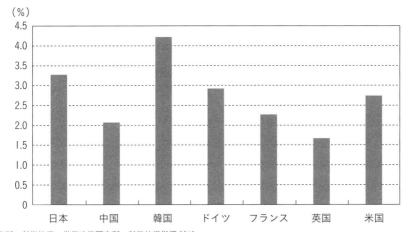

出所：科学技術・学術政策研究所　科学技術指標 2018。

投資が行われています。したがって，サービス業を伸ばすためには，このソフトウェア投資を中心とする IT 投資を上手に活用しなくてはなりません。従来 GDP に計上されている設備投資というのは，有形資産投資が中心でしたが，21 世紀に入ってソフトウェア投資や研究開発支出といった無形資産投資も GDP の中の設備投資支出に含めようとする動きが進んでいます。

　さらにこの IT 投資の利活用のためには，研究開発支出やソフトウェア投資以外の無形資産投資の役割が重要です。IT 革命とともに生まれた企業には共通する特徴があります。それは，通信手段の発達によって企業内の意思決定が早まったこと，IT 技術を駆使する新たな人材を活用している点です。既存の企業がこうした IT 化に対応するためには，企業組織を改編したり，企業内での人材育成を行わなくてはいけません。実はこうした企業内の組織改編や，企業内の人材育成も無形資産投資に含まれます。ところが，日本はこうした人材の育成方針や組織改革が，必ずしも IT 化のメリットを活かすような形で実施されていません。

　先ほど紹介した「生産性向上につながる IT と人材に関する調査」では，IT 活用に伴う人材育成の考え方について選択する質問（複数回答可能）が

ありますが，これをみると，過半数の企業が社内研修を重視しているものの，IT専門の職種導入や人事評価項目に対してIT能力を入れることについては，それぞれ169社中8社（4.7%），10社（5.9%）に過ぎません（**図表6－6**）。これではIT技能を高めようとする意欲は生まれてこないでしょう。

また同じ調査で何らかの形でIT部門を担当する役員の設置を調べていますが，全体の6割近くの企業が，IT担当役員（Chief Information Officer, CIO）を置いていません。またITを導入した場合従来のシステムを変更したかどうかを聞いた際に，既存のシステムを変更しないと答えた企業は回答企業156社の半数に上りました。さらに，IT化の際に社内教育を行った企業は8社（6.4%）に過ぎません（**図表6－7**）。このデータは自社でITを導入した場合ですが，外注でIT導入をした企業の場合でも結果は大きく変わりません。また**図表6－6，6－7**をみればわかるように，生産性の低い非製造業でも製造業とそれほど変わらない結果になっています。

1980年代までの日本で産業構造を議論する場合には，どのような産業が日本経済をリードしていくかに焦点が当てられ，各企業の経営については議論の対象になりませんでした。むしろ現場のものづくりの力を基本にした**日本的経営**は，日本企業の優位性の源であると評価されていました。しかし，1990年代以降はIT革命の影響により，成長企業の経営形態は一変し，日本企業はこうした変化に対応できなくなっています。民間企業部門ではありま

図表6－6 ▶▶▶ IT導入に際して行った人材育成について

製造業	1. 従業員の社内研修の充実	2. ICT人材育成を目的とした社内補助制度の導入（専門学校等での知識・技術の習得など）	3. ICT専門の人材を新卒採用	4. ICT専門の人材を中途採用	5. ICT専門の人材派遣会社からの派遣	6. ICT専門の人材の行動特性・能力要件の定義	7. ICT専門の職種への導入やキャリアパスの定義	8. 人事評価項目へのICT関連の能力・姿勢等の組み込み	9. 在宅勤務若しくはフレックスタイム等の柔軟な就業規則・勤務形態の導入	10. 雇用者の社内における流動性の促進
いいえ	33	72	64	49	70	75	75	74	65	75
はい	45	6	14	29	8	3	3	4	13	3
非製造業										
いいえ	44	80	85	54	75	85	86	85	73	73
はい	47	11	6	37	16	6	6	6	18	18

出所：宮川（努）・滝澤・宮川（大介）[2020]。

図表6-7 ▶▶▶ ITを導入した場合の対応について

製造業	1. 既存のシステムを大きく変えずに利用した	2. 従来の仕事のスタイルをあまり変えないようにカスタマイズしたシステムを導入した	3. 導入の際にシステムに対応するための人材教育を行った	4. 配置転換を行った
いいえ	37	28	65	66
はい	33	42	5	4
非製造業				
いいえ	41	33	81	83
はい	45	53	5	3

出所：図表6-6と同じ。

せんが，今回のコロナウイルスの感染拡大で，人力に頼った現場の保健所が検査能力の限界に達し，感染対策に必要なデータを十分に供給できず，その結果対策が後手後手に回ったことは象徴的だと言えるでしょう。同様の問題が，日本の至るところで起き，結果的に海外に比べて競争力を失っていったため，日本の企業はデジタル技術を使った経営や働き方の変革を急いでいます。こうした動きを**デジタルトランスフォーメーション（DX）**と呼んでいます。2020年9月に発足した菅政権も政府のデジタル化を進めるためデジタル庁の創設を進めています。

Working　　　　　　　　　　　　　　　　調べてみよう

1. 自分の身の回りで購入しているものや利用しているサービスがどの産業に属しているかを考えてみましょう。

2. Made in Japanというのは，日本で生産されたもののことですが，私たちが使っているもので，Made in Japanの製品をあげてみましょう。

3. IT関連で成長してきた企業をあげてみましょう。

4. IT機器を使えば，毎日の仕事や生活がどのように変わるか考えてみましょう。

1.　かつて，1980 年代頃にはウォークマンなど，世界をわくわくさせる新しい商品が日本からたくさん発売されていましたが，最近ではあまり日本発の新商品が出ていません。これはどうしてなのでしょうか。

2.　日本が今後世界と歩調を合わせて，IT 化を進めていくためには，どのような対策をとっていけばよいかを議論しましょう。

▶▶▶さらに学びたい人のために ─────────────

　日本の産業構造の変遷について，より詳しく論じたものとしては，鶴田・伊藤 [2001] があります。IT 革命が経済全体や企業経営に与えた影響を論じたものとしては，熊坂・峰滝 [2001]，西村 [2004]，篠崎 [2014] があります。日本におけるシェアリング・エコノミーの規模は，吉岡真史 [2018]「シェアリングエコノミーの GDP における補足の状況」『季刊　国民経済計算』第 164 号から引用しました。第 4 節の無形資産投資については，最近では『経済財政白書』，『通商白書』などに取り上げられるようになっていますが，まだまだ新しい概念です。この投資について，より詳しく知りたい方は，宮川・淺羽・細野編 [2016] をお勧めします。

参 考 文 献

● 熊坂有三・峰滝和典 [2001]『IT エコノミー』日本評論社。
● 篠崎彰彦 [2014]『インフォメーション・エコノミー』NTT 出版。
● 鶴田俊正・伊藤元重 [2001]『日本産業構造論』NTT 出版。
● 西村清彦 [2004]『日本経済　見えざる構造転換』日本経済新聞社。
● 宮川努・淺羽茂・細野薫編 [2016]『インタンジブルズ・エコノミー』東京大学出版会。
● 宮川努・滝澤美帆・宮川大介 [2020]「日本の IT 投資は生産性向上に寄与しているのか？─「生産性向上につながる IT と人材に関する調査」から見えてくるもの─」生産性レポート Vol.14,（公財）日本生産性本部。
● 森川正之 [2016]『サービス立国論』日本経済新聞出版社。

第 7 章

環境・エネルギー問題の克服

Learning Points

▶ 日本の環境問題の第一幕は 4 大公害に代表される公害との闘いでした。近年は，中国の大気汚染のような，越境するグローバルな環境問題が関心を集めています。日本の動向を中心に，環境問題を概観します。

▶ 環境問題の改善・解決にとって，なぜ経済学的なアプローチ法が有用なのかを学びます。地球温暖化をはじめとしたグローバルな環境問題に対して，その重要性はますます高まってきていることを理解しましょう。

▶ 東日本大震災がもたらした原発の過酷事故は，私たちの暮らしにさまざまな影響を及ぼし，今なおそれは続いています。今般の事故による環境被害や国民的議論を呼んだエネルギー問題について考えます。

Key Words

**地球温暖化　外部性の内部化　環境税　排出取引
エネルギー・ミックス**

1 公害との闘い

1.1 経済発展と環境問題

　大気汚染や水質汚濁といった環境問題は，一般に経済発展の過程と密接にリンクしていると考えられています。具体的な環境問題を考察する前に，このことに関するよく知られた経済学の考え方を紹介しておきましょう。後述するように，日本でも高度経済成長期に公害問題が深刻化しましたから，こうした関連性は感覚的にも理解できるものでしょう。

　1 人当たり所得水準を横軸にとり，環境汚染度の指標を縦軸にとると，その間に逆 U 字型の相関があるとする関係仮説を**環境クズネッツ曲線**と呼ん

図表 7 − 1 ▶ ▶ ▶ 環境クズネッツ曲線

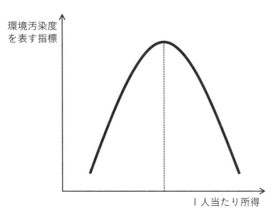

でいます（**図表 7 − 1**）。所得分配に関する研究で著名なクズネッツ教授に
ちなんだものです。

　この相関関係は，一国の長期間にわたるデータや多様な国々のクロスカン
トリー・データによって把握できると考えられています。すなわち，発展が
未熟で所得水準も低い場合，環境よりも経済活動が優先されることで環境汚
染が深刻化します（曲線の左側）。しかし，経済的に豊かになってくると，
環境意識が高まり，たとえば環境保護のための法整備が進み，環境関連の技
術進歩が促されることになります。こうして，経済が十分に豊かになってい
くと，環境汚染は徐々に改善されていくのです（曲線の右側）。

　環境クズネッツ曲線は，理論的にも実証的にもさまざまな議論の可能性を
提供してくれます。特に重要なのは，その形状の正否（特に右側）ではなく，
先進国が途上国へ多面的な支援（環境技術の移転や経済援助など）を行うこ
とで，曲線の「山の高さ」を低くできる可能性があるということでしょう。

1.2　4大公害とその後の展開

　日本が公害問題に苦しんだ時期は，当然，環境クズネッツ曲線の左側に位

置していたと考えられます。つまり，高度成長という経済的「果実」を必死に得ようとするなかで，起きてはいけない悲惨な出来事が起こったのです。これまでに日本で生じたさまざまな公害被害のごく一部を，**図表７−２**にまとめてあります。なお，公害による環境破壊の詳細について知りたい場合は，良書が数多くあります。たとえば，浅子他［2015］，國則［2015］，九里他編［2014］などを参照するとよいでしょう。また，NHK アーカイブス（https://www.nhk.or.jp/archives/）では，映像を通して公害問題への理解を深めることができます。

　ここでは公害被害を大別し，まず水質汚濁と大気汚染に注目します（東日本大震災での原発事故による環境破壊問題については第４節を参照のこと）。いずれも，工業化や都市化による人間の営みの変化によってもたらされるものです。**４大公害**のうち，水俣病（新潟水俣病）とイタイイタイ病は水質汚濁（後者は土壌汚染も）による産業公害といえます。戦後急速に進んだ工業化・都市化により，大量の産業廃棄物や生活廃棄物が捨てられて河川や海洋の自浄作用を大きく上回った結果，悲惨な水質汚濁被害が顕在化したのです。水俣病に代表されるように，この頃の公害問題一般への認識は極めて甘く，企業や行政の対応が遅れて被害の拡大を防ぐことができませんでした。

　公害が社会問題化するなか，1967 年に**公害対策基本法**が制定され，水質汚濁についても環境基準が設定されました。現在では，水質の保全に関して企業の積極的な取り組みが当然となっており，かつてのような深刻な状況は

図表７−２ ▶▶▶日本の主な公害被害

1945 年以前	渡良瀬川で足尾銅山の鉱毒被害（1870 年代後半）
1950 年代	水俣湾で有機水銀中毒被害（**水俣病**）
	カドミウムによる汚染被害（**イタイイタイ病**，神通川流域）
	粉ミルクへのヒ素混入によるヒ素中毒被害（森永ヒ素ミルク事件）
	石油コンビナートからの亜硫酸ガスによるぜんそく被害（**四日市ぜんそく**，他に川崎市等）
1960 年代	阿賀野川水系で有機水銀中毒被害（**新潟水俣病**（第２水俣病））
	ポリ塩化ビフェニール［PCB］による人体被害（カネミ油症事件）
1970 年代	関東地方を中心に各地で光化学スモッグ被害多発
	各地で目の痛みを訴える酸性雨被害が発生
	江東区の化学工場跡地で六価クロムによる土壌汚染
1990 年以後	アスベストによる健康被害が大きな社会問題に

出所：浅子他［2015］，九里他編［2014］を参考に筆者作成。太字は４大公害。

減少してきていますが，湖沼等の閉鎖性の高い水域では，依然としてしばしば汚染問題がみられます。

　次に，大気汚染についてみていきましょう。戦後，主力燃料が石炭から石油へシフトし，石油コンビナートが発する亜硫酸ガス（二酸化硫黄）によってぜんそく等の呼吸器疾患が工業地帯などで多発しました。4 大公害の四日市ぜんそくはこのタイプの公害の代表例ですが，四日市では工場排水による水質汚濁も深刻でした。

　種々の公害対策の成果もあり，こうした硫黄酸化物（SO_X）による大気汚染は 1970 年代になると徐々に改善されていきましたが，今度は窒素酸化物（NO_X）と炭化水素類による大気汚染が出現し始めました。いわゆる光化学スモッグによる被害ですが，現在でも時々注意報や警報発令のニュースを耳にします。窒素酸化物は酸性雨の原因物質ですが，工場等だけでなく自動車からの排出も大きな問題となり，特にディーゼル車に対して厳しい規制が課せられることになりました（1992 年の自動車 NO_X 法や 2003 年の 1 都 3 県（東京，埼玉，千葉，神奈川）ディーゼル車排出ガス規制独自条例など）。図表 7 － 3 は適合車両に貼るステッカーの見本です。

　しばしば「典型 7 公害（大気汚染，水質汚濁，土壌汚染，騒音，振動，地盤沈下，悪臭）」といわれるように，水質汚濁や大気汚染は公害の一部に過ぎません。これら狭義の公害以外にも，食品（森永ヒ素ミルク事件，カネミ

図表 7 － 3 ▶ ▶ ▶ 適合車両ステッカー見本

出所：9 都県市あおぞらネットワークホームページ（http://www.9taiki.jp/）。

油症事件など）や薬品（サリドマイドによる胎児障害，薬害エイズなど）による被害も，社会的影響の性質は典型7公害と同様であると考えられます。また，国内問題で片づけられない新しいタイプの大気汚染も問題視されています。記憶に新しいのは，黄砂とともに中国から飛来するPM2.5（微小粒子状物質）による被害です。国際機関によるPM2.5の発がんリスク評価はアスベストと同等であり，国を跨いだ早急な取り組みが必要です。

　いずれにしても，企業は生産活動のなかで汚染者となってしまう場合が多いですが，各企業が企業活動の一環として公害防止に最大限の努力を傾注させることは当然のこと，との認識が社会的に共有される時代となりました。日本の環境クズネッツ曲線上での位置は，「**公害列島**」と自虐的に揶揄された時期と比べると，だいぶ右方に移動したと考えてもよいのではないでしょうか。

　地球環境問題との対比では，ここで取り上げたいくつかの例は，発生源や被害地域も相当程度特定可能な，どちらかといえば「ローカルな環境問題」です。このタイプの公害への政策的な対処として，直接規制や総量規制は一定の有効性を示したといえます。特に，急速に深刻化する被害を抑えるには，直接的な手段を用いて問題の短期間での収束を図る必要があったと考えられます。政策的対処方法については，第3節でやや詳しく検討します。

2 グローバルな環境問題への取り組み

2.1 地球温暖化問題

　前節で取り上げたような環境問題を地域的にローカルなものと位置付けると，全地球規模で影響や被害がおよぶ環境問題は，グローバルな環境問題として捉えることができます。酸性雨による被害やオゾン層の破壊問題などがよく知られていますが，ここでは最も基本的かつ重要な問題と考えられる地球温暖化について考えていきましょう。

図表 7 － 4 ▶ ▶ ▶ 世界の年平均気温偏差の動向（1891 ～ 2019 年）

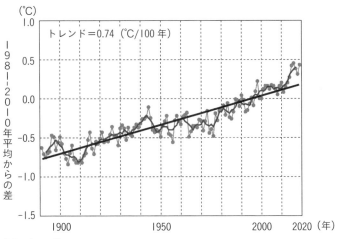

出所：気象庁ホームページ。

　図表 7 － 4 は世界の平均気温偏差の動向を示していますが，長期的には100 年で約 0.74℃のペースで上昇しており，特に 1990 年代半ば以降の高温傾向は顕著です。

　地球の気温は，太陽光エネルギーと**温室効果ガス**（GHG）によって決まります。温室効果ガスがないならば，平均気温は－18℃程度と推定されますが，実際の平均気温は 15℃程度です。すなわち，極寒の世界を免れ，生物の生命維持が可能な状況をもたらしてくれるのは，温室効果のおかげといえます。

　自然界のこの「絶妙のバランス」にとって脅威となるのが，人間の活動による二酸化炭素，メタン，一酸化二窒素等の過大な排出です。これらは温室効果ガスを構成しますが，温室効果が行き過ぎると（**地球温暖化**），地球環境に容易ならざる事態を引き起こすことはほぼ確実と思われます。ゆえに，温暖化阻止への取り組みは，人類にとって喫緊の課題といえます。

　温暖化について，情報の収集と分析を先導する国際機関が**IPCC**（**気候変動に関する政府間パネル**）であり，2013 ～ 2014 年に第 5 次報告書がリリースされています。そこでは，これまでよりもさらに踏み込んで，気候の温暖

化は顕著であること，温室効果ガスを長期にわたって大幅に削減する必要性
があることが強調されています。

　温室効果ガスの削減に関しては，「**気候変動に関する枠組条約**」（1994年
発効）という国際協調ルールがあり，条約締結の究極目的は「大気中の温室
効果ガスの濃度を安定化させること」となっています。この条約は文字通り
「枠組み」を規定するもので，具体的な国際協調行動については締約国会議
COP で議論・交渉がなされますが，先の IPCC 報告書はその重要な基礎資
料となります。COP 1（ベルリン）を皮切りに，2015年は COP21（パリ），
2019年は COP25（マドリード）が開催されました。

2.2 日本の取り組みと果たすべき役割

　温暖化防止へのグローバルな取り組みを語るとき，これまでもこれからも，
COP 3（京都）における「**京都議定書**」は大きな意義を持ち続けると考えら
れます。さまざまな困難があり，途上国を含めた対応など不満足な点も残り
ましたが，先進国に関して法的に拘束力を有する温室効果ガス削減目標を決
定できた点は，歴史に残る特筆すべき成果といえるでしょう。そのご当地で
あり，歴史的な京都議定書を主導した「環境先進国」に期待される役割は少
なくないはずです。特に，第1約束期間（2008 ～ 2012年）後の道筋につい
ては，現時点でも不透明な部分が数多く残っています。日本は第2約束期間
（2013 ～ 2020年）には参加していないものの，EU 諸国とともにこれまで
の温暖化対策をリードしてきた経緯もあり，引き続き誠実な対応が求められ
ます。

　何より重要なのは，京都議定書に代わる次期枠組み（ポスト京都）をどう
するかであり，日本には建設的なリーダーシップが求められます。加えて，
2020年より先を見据え，どのようなエネルギー・ミックスによって電源構
成を最適化するか，国際的な立場を考慮しながら決断しなければなりません。

　経済学そして環境経済学にとっても，京都議定書は意義深いものとなりま
した。すなわち，削減目標を達成する具体的手段（京都メカニズム）として，

排出量取引制度が導入されたのです。市場メカニズムを活用して環境問題の改善を図ろうとする第1歩が踏み出されたといえます。

　国内的には，京都議定書に示された目標を達成すべく，「京都議定書目標達成計画」（2005年，2008年改定）が策定されて多岐にわたる取り組みが始まります。たとえば，トップランナー方式による機器エネルギー効率改善の強化，工場・事業場の省エネ対策の徹底，自動車燃費の一層の改善といった施策は，二酸化炭素排出量の多い産業部門や運輸部門における排出量削減にとって実効性のあるものと考えられます。

　京都議定書の目標達成に邁進するなかで起こったのが東日本大震災（2011年3月）でした。福島第一原発での過酷事故は，国内の原発の全停止という事態を招きました。不足するおそれのある電力を賄うため，休止していた火力発電所を稼働するなど，化石燃料消費が急増しました。これにより，同じ電力消費量でも二酸化炭素がより多く排出され，家庭部門や業務部門などで二酸化炭素排出量がかなり増加しています。ゆえに，地球温暖化防止への日本の取り組みは，現在難しい局面を迎えていると考えられます。電源構成において原発の比率を下げる場合でも，地球温暖化防止の視点を忘れてはならず，代替エネルギーの選択に関して責任ある行動をとる必要があるでしょう。

　ところで，第1約束期間における日本の削減目標は1990年度比6％減というものでしたが，果たして達成できたのでしょうか。原発停止・火力発電増加によって達成が危ぶまれましたが，結果的には基準比8.4％減となって無事目標を達成しました（地球温暖化対策推進本部）。

2.3 COP21の成果と課題

　京都議定書では，温室効果ガス排出量の多い国々，すなわち，アメリカ，中国，インドなどを実質的に巻き込むことができなかったため「主役を欠いた舞台」となっていた感は否めません。それに対して，COP21で採択された**パリ協定**では，先の3カ国を含む多くの先進国，途上国のコミットメントを取り付けることに成功しました。これは歴史的一歩ですが，進展する地球

温暖化が，国際協調を必要とする，もはやどの国にとっても看過できない懸案事項になったことを象徴するものといえるでしょう。

　先進国，途上国が共に交渉のテーブルについたことで，温暖化抑止への取り組みの公平性が高まり，温室効果ガス削減に関して従前以上の成果が期待されます。しかしながら，温暖化への対応は経済活動に直接影響する悩ましい課題であり，依然として先進国，途上国間の対立構図が解消されていないことを踏まえると，パリ協定発効後も継続的な努力が求められます。そうしたなか，アメリカのトランプ大統領はパリ協定からの離脱を宣言し（2017年6月），温暖化阻止への国際協調体制はまたもや困難に直面することになりました。

2.4　企業活動と環境 ─ CSR・ESG・SDGs ─

　アメリカ企業の最たる特徴ともいえる「株主第一主義」は，日本におけるコーポレートガバナンスのあり方にも大きな影響を与えてきました（第8章参照）。そうしたなか，アメリカの主要企業の経営者団体ビジネス・ラウンドテーブルは株主最優先の考え方を修正すると宣言しました。アメリカ型資本主義も1つの転換点にさしかかっていることは間違いないでしょう。

　この背景には，いわゆる**CSR**（企業の社会的責任）重視の社会的潮流と，それと呼応して地球社会の持続可能性への深刻な懸念に端を発して最近よく耳にする**ESG**（環境・社会・ガバナンス）投資への関心の高まりが関係していると考えられます。特に環境問題との関連に着目すると，環境に配慮した意思決定を企業が行い，それを投資する側も評価することで，社会にとっての短期的利益だけでなく，長期的利益とも合致するとの認識が急速に広まっているのです。最近では，国連による**SDGs**（持続可能な開発目標）で取り上げられている17の社会的目標課題は，ESGを重視する企業や投資家（機関投資家）にとっての行動指針とも位置づけられ，経済学や経営学においてもSDGsとESGはともに重要なキーワードになりつつあります。

　日本経済新聞社が行っている「SDGs経営調査」（2019年12月）をみると，

日本でも多くの企業が気候変動を経営上のリスクと捉え，環境対策が重要な経営課題として強く認識されていることがわかります。SDGs や ESG は多面的で，さまざまな事柄と広く関連しますが，ここでは環境に直接引き寄せて1つの具体例に言及しておきましょう。2016 年，使用済みの紙をその場で再生紙にするセイコーエプソン製の乾式オフィス製紙機 PaperLab（ペーパーラボ）の発売が話題になり，自治体などでも徐々に導入されています。さまざまな点で環境負荷を減らせますし，情報管理の点でも大変有効でしょう。このような商品を企業が意識をもって開発し，その成果が社会に還元されて評価されるといった好循環をより強く太いものにすることが，経済や社会，ひいては地球環境の持続可能性を高めることにつながるものと考えられます。

3 環境問題への政策的対処方法

3.1 直接規制

環境問題の性質に応じて，政策的対処方法をある程度類型化することが可能です。第3節では，代表的な対処方法を概観しながら，多くの環境問題の改善に経済学的なアプローチが極めて有効な手段となり得ることを示します。

最初に考察するのは，最もシンプルな**直接規制**（命令・統制型規制）です。第1節で述べたように，比較的ローカルな環境問題に対しては特に有効と考えられます。後述する他の方法との違いは，**市場メカニズム**に依らず，当該環境問題を引き起こす経済活動を直接抑え込む点にあります。日本の公害問題のケースにみられるように，急速に深刻化する産業公害に対処するにあたって，汚染物質の排出基準を設定したり，条例を制定したりして，問題を直接的にコントロールする政策手段がしばしば採用されてきました。この背景には，いくつかの理由が考えられます。

1つは，地域的・空間的背景です。温暖化問題などと比べると，産業公害

は局所的に発生し被害が生じます。汚染源を容易に特定できる場合もあり，このため直接規制タイプの対処法が手っ取り早いのです。

　時間的背景も重要です。深刻な被害に苦しんでいる人々がいる場合，まずは一刻も早い問題解決が必要となります（加えて，汚染企業を直接行政指導するといった対処法は，被害者の早急な救済とともに，国民的理解も得られやすいといえます）。この場合，汚染や被害の実態を詳細に調査し対応策を練るといった時間は限られるため，直接規制に依存してしまいがちです。

　また，後ほど検討しますが，一般論として，たとえば**環境税**の導入は公害問題の改善に一定の有効性を持つと考えられます。とりわけ，これは経済主体のインセンティブに働きかける政策ですから，周辺状況を考慮しながら問題を効率よく解決していくには直接規制より優れているといえます。しかし，課税するからにはやはりそれなりの時間が必要です。実態把握，研究，議論等の時間です。さらに，環境税は新しいタイプの税ですから，社会的認知にもある程度時間がかかります（税の導入に際し，その必要性を認識し納得してもらうことは非常に大切です）。このため，切迫した状況下では，やはり直接規制に偏らざるを得なかったと考えられます。

　政策目的がはっきりとしている（と思われる）ため，直接規制は日本をはじめ多くの国々で長く環境政策の主流となってきました。たとえば，一部の4大公害は工場排水中の有害成分が原因でしたが，1970年の**水質汚濁防止法**により公共用水域に排水する場合，排水基準を順守することが求められるようになりました。また，自動車業界に大きな影響を与えた1978年の**自動車排出ガス規制法**（いわゆる日本版マスキー法）も直接規制の代表的な例です。

3.2　環境税（ピグー税）

　直接規制とは異なるタイプの環境政策として，経済学的なアプローチ法（**経済的手法**）があり，最近ではその重要性や有効性が広く知られるところとなっています。公害をはじめとした環境問題は，経済学的にみれば**負の外部性**を発する問題として捉えることができます（**外部不経済**）。つまり，こ

の種の問題を単に市場任せにしていては解決が難しく，結果として効率的な資源配分に失敗してしまいます（**市場の失敗**）。

　ミクロ経済学で学ぶように，外部性への基本的な対処法は，その影響を内部化させるようなしくみを導入し，経済主体の行動を修正することです。他にも，社会規範や集団・団体行動などは，**外部性の制御**に有効ですが（デビッド・M. クレプス［2008］，第14章を参照のこと），ここでは最も一般的な経済的手法に焦点を当てます。直接規制と対比しての特徴は，市場メカニズムを活用し，経済主体のインセンティブに働きかけて環境問題を改善しようとするところにあります。

　外部性の内部化は，市場取引されない外部性部分を経済的に評価して市場に取り込むことであり，具体的には税や補助金による金銭的手段が用いられます。ちなみにこの種の税や補助金は，厚生経済学の開拓者 A. C. ピグーにちなんで**ピグー税**，ピグー補助金と呼ばれます。

　考察対象を公害問題とすると，その負の影響をたとえば環境税によって汚染排出企業に内部化させることができ，結果，適切な資源配分を回復できます。これを直観的に理解するため，**余剰分析**を行ってみましょう（**図表7－5**）。

図表7－5 ▶▶▶環境税による負の外部性の内部化

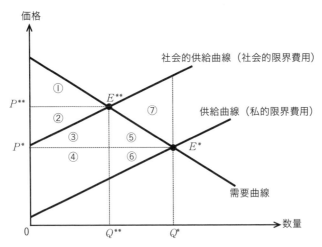

今，半導体の製造を例に考えてみます。その社会的有用性は誰もが認めるところですが，一方で製造過程において多種多様な有害物質が排出されます。このうちの一部が汚染を引き起こし公害問題として顕在化したとします。

まず，自由な市場取引がなされる場合の半導体の生産量を求めましょう。競争市場での生産量は，供給曲線（私的限界費用）と需要曲線の交点で決まる Q^* となります。しかしながら，生産により公害被害がもたらされるため，当該製品の生産は**社会的費用**（公害の除去費用）を発生させています。これを含んだものが上に描かれている社会的供給曲線（社会的限界費用）であり，公害の影響も考慮した社会的に最適な生産量は，需要曲線と社会的供給曲線の交点で決まる Q^{**} となります。つまり，競争市場では半導体製造企業が社会的費用を負担しないため，生産量が過大になってしまうのです（$Q^*>Q^{**}$）。

ここで**図表7－5**の領域区分を使って余剰の比較を試みましょう。競争市場のケースでは，均衡は E^* で，均衡価格と均衡生産量はそれぞれ P^* と Q^* になりますから，消費者余剰は①＋②＋③＋⑤，生産者余剰は④＋⑥となりますが，これで終わりではありません。公害による負の外部性がもたらす社会的費用を忘れてはいけません。社会的供給曲線と供給曲線にはさまれた領域がこれに相当し，③＋④＋⑤＋⑥＋⑦となります（外部不経済）。消費者余剰＋生産者余剰－外部不経済を計算すると①＋②－⑦になり，これが競争市場における社会的総余剰となります。

一方，最適な生産量が得られる架空のケースでは，均衡は E^{**} で，均衡価格と均衡生産量はそれぞれ P^{**} と Q^{**} になりますから，結果的に社会的総余剰は①＋②となります。すなわち，外部性の内部化に成功すれば，競争市場で生じた公害による負の外部性がもたらす資源配分上のロス（⑦）が生じず，最適な状況に導くことが可能となります。

環境税としてのピグー税は，生産の減少を促します。元の供給曲線が課税後に社会的供給曲線に一致するようピグー税を課せばよいわけです。具体的な税率は限界被害額に等しく設定されますから，最適な生産量水準 Q^{**} においては，需要曲線上で決まる製品価格 P^{**} との間で，P^{**}＝限界費用＋ピグー税率が成立します。

　以上より，適切なピグー税導入後の市場均衡では，社会的に望ましい最適な生産量が達成され，それは需要曲線と課税後の供給曲線（社会的供給曲線に一致）との交点で得られます。なお，生産を抑制するなら補助金を出す，という施策も可能であり（ピグー補助金），資源配分上は税の場合と同等の状況を導くことができますが，所得分配には違いが生じます。

　海外では市街地の渋滞緩和のための混雑税としてピグー税が導入されていますし，また近年わが国で段階的に導入されている「地球温暖化対策のための税」もその一例です。経済学的な発想はシンプルで理解しやすいのですが，ピグー税を適切に導入することは容易ではないことも指摘しておきましょう。

　設定する税率は限界的な被害額を反映したものになるべきですが，これを正確に知ることは一般には相当困難なことです。したがって，実際には設定税率が最適税率から乖離する可能性も考えられるため，課税する側には慎重な判断が求められます。これに関連して，試行錯誤しながら徐々に望ましい税率に近付けていこうとするのが**ボーモル・オーツ税**の考え方です。

3.3　排出量取引制度

　よく考えてみると，排出される物質を取引する市場が欠如しているために，負の外部性の問題が生じるといえます（市場の失敗）。そこで，人為的に市場を創って，排出量や排出権の取引を行うという方法が考えられます。先に指摘したように，地球温暖化問題における温室効果ガスの削減をめぐる対応にこの方法が活用されており，関係者間で排出権を売り買いし効率的な資源配分を目指しながら問題の改善を図ろうとするアプローチ法です。こうした対処法は，当事者の経済的インセンティブに働きかけて外部性の内部化を図るしくみであることから，環境税と同様に経済的手法に分類されます。

　京都議定書では，温室効果ガスの削減を確かなものとするため，経済的柔軟措置として京都メカニズムが採用されましたが，**排出取引**はそのなかの1つの大きな柱となっています。それは各国が削減数値目標をクリアするための補助手段の1つとして位置付けられます。

　市場経済移行国を含む先進国の間で，総排出量制限内で割り当てられた排出権を市場取引し，他国での削減量を自国での削減量に換算できるというしくみです。**排出量取引**のような手段が必要とされる理由は，参加国ごとの状況の違いに柔軟に対応することが望まれるからです。

　つまり，各国および特定の地域はそれぞれの削減目標に直面するのですが，たとえば省エネ技術の進んだ国とそうでない国とでは国内での削減の余地，言い換えれば限界的な削減費用は異なるのが普通です。そのような違いは可能な限り緩和されるのが公平であり，排出量取引はそのための手段なのです。

　「排出する権利にアクセスする」という点では，購入した指定ごみ袋を使って家庭ごみを出したり，指定金額のステッカーを貼って粗大ごみを引き取ってもらったりすることも広い意味での排出量取引に当てはまるでしょう。

　ところで，たとえ排出量取引市場がなくても，また政府がピグー税などで市場介入しなくても，当事者間の交渉で外部性の問題を解決できるとするユニークな考え方があります。それは，ロナルド・コースによる，いわゆる**コースの定理**と呼ばれるものであり，市場への介入を嫌い，自由競争を標榜するシカゴ学派のスタンスが色濃く反映されています。

　実は排出量取引のしくみは，コースの定理を現実に応用したものとみることができます（詳しい説明は浅子他［2015］や神取［2014］などを参照のこと）。定理が成立するためには，外部性問題解決のための取引の過程で生じる調査や交渉の費用が無視できるレベルである，外部性に関わる所有権・財産権が確定している，といった条件が必要です。理論的には魅力的な主張ですが，環境問題に適用する上では多くの課題があると考えられます。

4 東日本大震災による原発事故とエネルギー問題

4.1 原発事故による放射能環境汚染

　公害問題や温暖化問題は日本人の環境問題への関心の中心にあったと思い

ますが，そうした状況を一変させるような事態が生じました。いうまでもなく，2011年3月11日14時46分に発生した東北地方太平洋沖地震（この地震とその後の津波，余震による複合巨大災害が**東日本大震災**です）が引き起こした**東京電力福島第一原発の過酷事故**による**放射能環境汚染**です。この影響については現時点でもさまざまな見方がありますが，家族，自治体，職場，学校などの地域社会を崩壊させてしまったのは隠しようのない事実です。

放射能汚染の典型例は，原発事故により放出された放射性物質が地表に降り注いだ結果起こる土壌汚染です。特に，半減期が30年と長期にわたるセシウム137の影響が懸念されています。そのため，除染が広域で行われているわけですが，容易な作業ではありません。また，それによって発生した除染土壌や除染廃棄物の処分は，新たな環境問題を生じさせています。加えて，まだ終わりを見通せない汚染水問題はそれ自体も深刻ですが，土壌や海洋の汚染にもつながっており，憂慮されるべき状況となっています。

いずれにしても，放射能汚染という日本にとっていわば青天の霹靂（へきれき）の事態は，周知のように，原発を抱える地域のみならず，一国全体にとっての重大事となったことは間違いありません。

4.2 原発事故とエネルギー問題

地震や津波による火力発電所被害や福島第一原発事故によって電力供給能力が大幅に低下し，東京電力，東北電力管内で需給が逼迫する危機的状況が生じました。東京電力管内では3月に**計画停電**（輪番停電）が実施され，私たちの生活や企業の生産活動に多大な影響を与えました。

電気エネルギーを貯めておくことは技術的に困難なため，つねに需要に見合うように供給を調整しなければなりません。供給不足が生じると，発電所が停止し大規模停電（ブラックアウト）を招くおそれがあります。計画停電は，強制的に需要を減らし，供給不足を未然に防ごうとする措置です。

今回の原発事故は東日本大震災における象徴的な出来事といえますが，日本にとっての原子力発電のそもそもの意義という側面からは，2つほど重要

な指摘が可能と思われます。

　まず，エネルギー資源に乏しい日本にとっては，中核的なエネルギーとして，「すがりたくなるもの」だということです。また，原子力発電は二酸化炭素をほとんど排出しないため，温室効果ガスによる地球温暖化への対策として，無視できない存在であるといえます。まさに温暖化対策への重要な切り札として，原発比率をさらに高めようとする途上で起こったのが今回の事故であり，今後の**エネルギー・ミックス（電源構成）**について大幅な方針転換を余儀なくされる事態となりました。

　本章を閉じるにあたって，今後のエネルギー政策のゆくえについて考えておきたいと思います。原発事故発生時の民主党政権から現在の自・公連立政権に至るまで，スタンスの違いはあるのですが，以前のように**原子力依存度**を高めていくという方向性は消えたといってよいでしょう。原発の新規建設は日本ではもはや非常に困難であり，事故後，明確に廃炉基準が定められたことも考慮すると，将来のエネルギー・ミックスにおいては少なくとも2010年度における原発依存度（火力：60%，原子力：26%，再生可能エネ：11%，コージェネ［熱電併給］：3%）よりも低下せざるを得ないと考えられます。

　総合資源エネルギー調査会による2030年の電源構成案（2012年）では，3つの選択肢が示されており，原子力に着目すると，①0%，②約15%，③約20〜25%となっています。温暖化対策の観点から，あまり火力に頼るのは好ましくありませんから，原子力依存度を抑える場合はそれを主に再生可能エネルギーで補う構成になっています。専門的な考察は，たとえば橘川［2015］を参照してもらうとして，周辺状況から推測すると，②や③が有力でしょう。

　原発稼働停止に起因する電気料金の高騰は，家計や企業に大きな負担となっていますし，火力用燃料の輸入が増加することによって貿易収支赤字がしばらく続き経常収支を悪化させたことは記憶に新しいところです。短期的視野の域を出ませんが，このように経済に深刻な影響が及ぶと，全く原発を使わないのは現実的に難しいと考えられます。一方で，あれだけの過酷事故

とその後の悲惨な状況を経験した後では，原発依存度をなるべく低くする努力も求められるでしょう。結局，経済産業省は 2015 年 7 月，原子力 20 ～ 22%，再生エネ 22 ～ 24% などとする案を決定しました。

　さて，中長期的に脱原発依存のエネルギー・ミックスを目指す場合，課題はないのでしょうか。温暖化対策で火力を抑制すると仮定して，**再生可能エネルギー**をどれだけ増やせるかがカギになります。太陽光発電や風力発電における技術革新を推し進める発電部門の改革は当然ですが，送配電部門，小売部門の改革も含めて，電力システムの総合的な改革が必要です。

Working　　　　　　　　　　　　　　　　　　調べてみよう

1. 地球温暖化について，気象庁のホームページなどで，気温以外のデータ（大気中の二酸化炭素濃度，海水温など）についても調べてみましょう。
2. 社会規範が外部性を制御できる可能性について本文で指摘しましたが，これが具体的にどういったことを指すのか考えてみましょう。

Discussion　　　　　　　　　　　　　　　　　　議論しよう

　今後のエネルギー・ミックスについて，あなたはどう考えますか。データなどを用いながら，多角的に議論してみましょう。

▶▶▶さらに学びたい人のために

● ウィリアム・ノードハウス著，藤崎香里訳［2015］『気候カジノ』日経 BP 社。

参考文献

● 浅子和美・落合勝昭・落合由紀子［2015］『グラフィック環境経済学』新世社。
● 神取道宏［2014］『ミクロ経済学の力』日本評論社。
● 橘川武郎［2015］「経済教室　2030 年の電源構成（上）」『日本経済新聞』（3 月 17 日付朝刊）。
● 國則守生［2015］「環境」浅子和美・飯塚信夫・篠原総一編『入門・日本経済（第 5 版）』有斐閣，373-408 頁。
● 九里徳泰・左巻健男・平山明彦編［2014］『新訂　地球環境の教科書 10 講』東京書籍。
● デビッド・M. クレプス著，中泉真樹他訳［2008］『MBA のためのミクロ経済学入門 Ⅰ』東洋経済新報社。

第 **8** 章 ｜ 日本の金融システム

▶銀行制度であれ株式市場であれ，よく発達した金融システムは，効率的に資金を配分し，経済の成長に寄与します。しかし，いったん金融危機が起こると，実体経済に多大な損害を与えます。

▶本章では，高度成長期以降，バブル期，さらに銀行危機を経て，日本の金融システムがどう変化し，実体経済にどのような影響を与えてきたか，また，現在どのような課題を抱えているのかを学びます。

金融危機　自己資本比率規制　メインバンク　コーポレートガバナンス

1 日本の金融システムの変遷
金融自由化とメインバンク関係の変容

　第2次世界大戦後から高度成長期にかけて，企業の資金需要は旺盛でしたが，**社債**の発行は一部の電力会社などを除き厳しく規制されていました。このため社債市場は未発達で，企業の資金調達手段としては，**銀行借入**が中心でした。また，銀行に対する金利・業務規制も厳格でした。こうした規制のおかげで，銀行の経営は安定しており，銀行の安全性に対する信頼が強かったため，家計の資産運用手段は，銀行預金が中心でした。**株式市場**も発達していましたが，家計の預金が銀行を通じて企業に貸し出されるというのが資金の流れ（フロー）の中心でした。

　1980年代以降，徐々に規制緩和が進められ，大企業の資金調達手段は社債や**コマーシャルペーパー**などに広がりましたが，中小企業の資金調達や家計の資産運用は，依然銀行借入と預金が中心的な役割を果たしています。**図表8−1**は2020年8月時点の日本，米国，ユーロ圏における家計の金融資

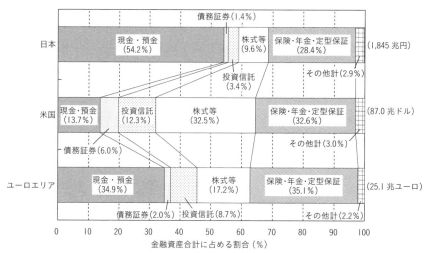

図表 8 − 1 ▶ ▶ ▶ 家計の金融資産構成

注：「その他計」は，金融資産合計から，「現金・預金」，「債券証券」，「投資信託」，「株式等」，「保険・年金・定額保証」を控除した残差。
出所：日本銀行調査統計局「資金循環の日米欧比較」2020 年 8 月 21 日。

産の構成比を示しています。これによると，日本の家計の金融資産のうち約
5 割は現金・預金です。この比率は，株式や投資信託などの比率が高い米国
の家計との比較ではもちろん，ユーロ圏の家計と比べても高くなっています。
日本の家計の金融資産のうち，現金・預金に次いで多いのは保険・年金等
（約 3 割）で，株式等は 1 割程度にとどまっています。

　図表 8 − 2 は日本の法人企業の負債・資本の構成比の推移を示しています。
純資産（資本金，内部留保など）の増加に伴い，借入金（その多くは銀行か
らの借入です）の比率は低下傾向にありますが，2018 年時点で約 3 分の 1
を占めています。他方，社債の割合はわずか 5 ％です。

　日本の銀行システムは，全国的な規模で営業する**主要行**（都市銀行など。
メガバンクとも呼ばれる），主に 1 つないし近隣の複数の都道府県内で営業
する**地方銀行・第二地方銀行**，中小企業の組合組織として主に都道府県内の
限られたエリア内で営業する**信用金庫・信用組合**，およびその他の銀行（イ
ンターネット・バンキング専業など）によって構成されています。また，郵
便貯金や簡易保険によって集められた資金等を一定の政策目的のもとで貸し

図表 8－2 ▶▶▶日本の法人企業の資金調達

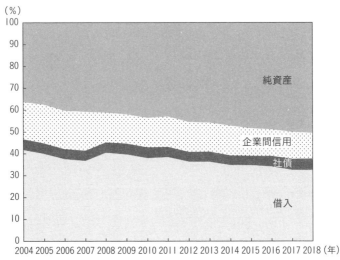

純資産

企業間信用

社債

借入

注：借入，企業間信用，社債，および純資産の合計に占める各項目の構成比を示す。借入＝短期借入金＋長期借入金，企業間信用＝支払手形＋買掛金。
出所：法人企業統計年報。

出す**政府系金融機関**など，政府の管理下にある金融機関（公的金融）も資金フローの役割の一端を担っています。

　日本の企業の多くは複数の銀行と取引していますが，複数の取引銀行の中の（通常は最も融資額の多い）特定の銀行は**メインバンク**と呼ばれます。高度成長期には，メインバンクはしばしば，企業が資金不足に陥った際に貸出による資金提供を行いました。特に大企業が経営不振に陥った場合には，メインバンクが役員を派遣し，経営を立て直す役割を担うこともありました。こうしたメインバンクによる**コーポレートガバナンス**の機能は，企業との長期的な取引関係によって蓄積された，企業の信用度に関する情報に基づいていたと考えられます。このように銀行と企業との間の長期的な取引関係に基づく貸出は，**リレーションシップ・バンキング**と呼ばれ，日本に限らず存在していますが，日本ではその役割をメインバンクが担っていました。

　しかし，1980年代には，安定成長期に入り，政府が国債を大量に発行するようになったこと，また，経済の国際化の進展によって，海外との金融取

引の**自由化**を迫られたことなどを背景に，企業の社債発行規制や銀行に対する金利・業務規制が順次自由化されました。これによって，企業の資金調達手段も多様化し，銀行・企業間の長期的な取引関係は弱まりました。メインバンクの役割も高度成長期に比べると現在では限定的なものになっています。

　日本における金融の自由化は，社債発行規制の緩和など，企業の資金調達に関する規制の緩和・撤廃が先行し，その恩恵を受けたのは主に大企業でした。大企業は資金調達面での銀行依存を弱め，社債などの資本市場を通じた資金調達の役割が増しました。他方，預金金利や貯蓄商品などに関する自由化は遅れました。このため，銀行は中小企業向けの貸出を増やすようになり，特に，1件当たりの貸出額が多額になる不動産貸出を増やしました。これは，1980年代後半の地価上昇（**バブル**）の一因となりました。

2 / バブル崩壊後の不良債権問題と銀行危機

　1990年に株価が暴落すると，大量の株式を保有していた日本の銀行は損失を被りました。また，1991年以降日本の地価は長期的に下落しましたが，これに伴い，企業が借入の際に担保として提供していた土地や建物の価値は下落したため，銀行は多大な損失を被りました。また，不動産業などの経営不振により，銀行の**不良債権**（経営破綻した企業向け債権，当初の契約通りに金利や元本が返済されずに延滞している債権，金利の減免，金利・元本の返済猶予を行った債権など）が増加しました。**図表8－3**は日本の銀行の不良債権の対貸出残高比率を示していますが，ピーク時の2002年3月には，8％から9％と高い水準になっています。

　地価が下落を始めた1990年代初頭には，日本の銀行規制も大きく変わりました。日本の銀行規制当局（当時は大蔵省）は，国際機関の1つである国際決済銀行（BIS）による合意（合意があった地名にちなんで，**バーゼル合意**と呼ばれます）に基づき，国際業務を行う銀行に対し**自己資本比率規制**を1993年3月期から導入しました。これは，貸出などのリスク資産の8％以

図表 8 - 3 ▶ ▶ ▶ 不良債権（リスク管理債権）比率（対貸出額）

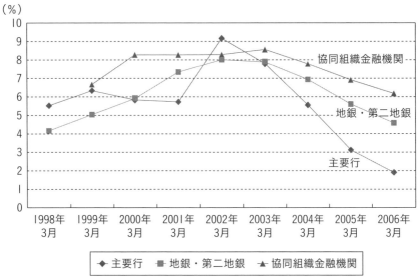

注：不良債権（リスク管理債権）は，破綻先債権，延滞債権，3 カ月以上延滞債権，および貸出条件緩和債権の合計。
出所：金融庁ホームページ。

上の自己資本を保有するよう求める規制で，銀行の損失をできるだけ自己資本（すなわち株主の負担）の範囲内に収め，預金者や預金保険に負担が及ぶことを避けることが本来の目的です。

しかし，自己資本比率規制が導入された 1990 年代前半に，株価や地価の下落によって不良債権を大量に抱えた日本の銀行，特に主要行が自己資本比率規制を順守するのは，極めて困難な状況でした。なぜなら，不良債権による損失を財務諸表に計上したり，不良債権を売却する（これらは，**不良債権の処理**と呼ばれます）と，銀行は赤字になり，自己資本が減少してしまうからです。

そこで，規制当局は，主要行が見かけ上自己資本比率規制を順守できるように，自己資本を水増しするさまざまな措置を講じました。たとえば，日本の規制当局は，「劣後債」と呼ばれる債権（返済順位が預金や社債などの負債と普通株式との中間に位置する債権）を自己資本に算入することを認めていたので，銀行と系列関係にある生命保険会社は，相互に劣後債を持ち合っ

て，自己資本を水増ししていましたが，規制当局もこれを黙認していました。こうした措置は，本来の自己資本比率規制の趣旨から逸脱しているだけでなく，銀行に対し，不良債権処理を先延ばしするインセンティブを与えるものでした。

　銀行は，返済が困難になった貸出先に対し，さらに追加で融資すること（「**追い貸し**」，「**ゾンビ貸出**」）で，あたかももとの貸出が順調に返済されているかのように見せかけたのです。たとえば，銀行から100だけ借りている企業が，返済困難に陥った場合，本来は，不良債権が100となります。しかし，銀行が，この企業に追加で100の資金を貸し付け，企業はその資金をもとの借入の返済に充てると，見かけ上，もとの貸出は不良債権となりません。もちろん，こうした貸出を続けると，企業の借入は雪だるま式に膨らみ，やがて破綻してしまいますが，当面は，不良債権を隠すことができました。

　図表8－4は国内銀行の貸出残高の推移を借り手企業の業種別に示して

図表 8－4 ▶▶▶国内銀行の業種別貸出残高の推移

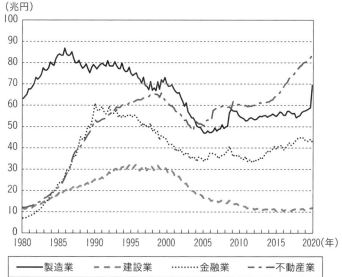

注：四半期データ。1993 年 3 月期以前は，元データに当座貸し越しが含まれないので，一貫した時系列データとなるよう調整した。
出所：日本銀行ホームページ。

いますが，これによると 1990 年代には，バブル崩壊によって最も打撃を受けた不動産業や建設業への貸出が増え，比較的影響の少なかった製造業への貸出が減っています。こうした歪んだ貸出行動の背景には，不良債権による損失を隠すために行われた追加融資も含まれていたと考えられます。日本の監督当局も，こうした銀行の姿勢を黙認していました。

業績不振企業への追加融資は，不良債権処理の先延ばしですが，結果的に不良債権をより多額なものにし，不良債権問題の解決までに 10 年以上要することになりました。その間，1990 年代後半には，いくつかの大手金融機関が破綻し，**銀行危機**が生じました（図表 8 － 5）。

1991 年に戦後初めての銀行破綻（愛媛県の第二地方銀行である東邦相互銀行の破綻）があり，その後いくつかの信用金庫，信用組合が破綻しましたが，これらは比較的小規模の金融機関だったので，その影響は限定的でした。1995 年には兵庫県の第二地方銀行である兵庫銀行が破綻し，さらに，民間金融機関や農協系が設立した住宅金融専門会社（「住専」）が破綻しました。住専の破綻処理に際しては，農協系金融機関に公的資金（6,850 億円）が注入されましたが，これに対し，「金融機関を救済するために税金を使う」ことへの批判が巻き起こり，その後の公的資金による資本注入が遅れる一因となりました。日本の金融システムに対する不安が高まり始めたのはこの頃からです。

図表 8 － 5 ▶ ▶ ▶日本の銀行危機時に起きた主要な出来事

1991 年 7 月	伊予銀行による東邦相互銀行の救済合併公表。
1995 年 8 月	兵庫銀行が経営破綻。
1995 年 12 月	住宅金融専門会社の破綻処理のため，農協系金融機関の救済に公的資金（6,850 億円）の投入を閣議決定。
1997 年 11 月	三洋証券が破綻（会社更生法適用申請）。山一證券が破綻（自主廃業発表）。
1997 年 11 月	北海道拓殖銀行が破綻（1998 年 11 月，北洋銀行および中央信託銀行に事業譲渡）。
1998 年 3 月	公的資金による銀行への 1 度目の資本増強（金融安定化法に基づく）。
1998 年 4 月	早期是正措置を導入。
1998 年 10 月	日本長期信用銀行が破綻（一時国有化）。
1998 年 12 月	日本債券信用銀行が破綻（一時国有化）。
1999 年 3 月	公的資金による銀行への 2 度目の資本増強（早期健全化法に基づく）。
2002 年 10 月	金融再生プログラム公表。
2003 年 5 月	りそな銀行への公的資金による資本増強（実質国有化）。
2006 年 3 月	大手行の不良債権比率が正常な水準に戻る。

1997年には準大手・大手の証券会社2社（三洋証券と山一証券）が破綻し、さらに1997-1998年には大手銀行3行（北海道拓殖銀行，日本債券信用銀行，日本長期信用銀行）が破綻し，うち2行は一時国有化されました。こうした一連の金融機関の破綻により，日本の金融システムへの不安が内外で一気に広がりました。三洋証券がインターバンク市場（金融機関相互の短期資金の貸借市場）で**債務不履行（デフォルト）**を起こすと，金融機関が相互に疑心暗鬼となり，インターバンク市場での資金の貸し手が減った結果，多くの金融機関はインターバンク市場での短期資金調達が困難になりました（こうした状況を**流動性の枯渇**と呼びます）。

また，1997年から1998年にかけて，日本の主要な銀行が海外のインターバンク市場でドル建ての資金を調達する際に，海外の金融機関に比べて高い金利（ジャパンプレミアム）を要求されました。日本では，預金者による**バンクラン（取り付け騒ぎ）**は生じませんでした。しかし，主要な金融機関が相次いで破綻し，この結果，多くの銀行が内外のインターバンク市場での資金調達に困難を来したため，この時期は**銀行危機**とみなされています。

また，不良債権問題の長期化は，**図表8－4**でみたように，国内における資金の配分を歪める結果になりました。本来であれば，銀行は収益率が高く成長が見込める企業への貸出を増やし，逆に収益率が低く成長が見込めない企業への貸出を減らすべきですが，実際には逆のケースが多くみられました。収益率や成長性の高い企業に資金が流れなければ，そうした企業は設備投資や従業員の新規採用などによって成長することができません。また，収益性や成長性の低い企業に資金が流れれば，こうした企業は生き残るので，設備が売却されたり労働者が他企業に移ることもありません。こうして，1990年代の日本では，資本や労働などの生産資源の配分が非効率になり，これが生産性低迷の一因となりました（第3章参照）。また，次節で述べるように，1998年以降は不良債権問題を解決するために規制・監督が強化されましたが，これへの対応策として銀行は貸出を減らし（**信用収縮**），一部の中小企業は比較的健全であるにもかかわらず資金調達に困難を来す事態が生じました。

3 / 銀行危機への対応と金融規制の改革

　銀行危機が深刻化すると，政府は預金者の保護と金融システムの安定化を図るため，金融行政の改革，銀行への**公的資金注入**，および規制・監督の改革を行いました。

　1998年以前は，当時の大蔵省（現在の財務省）が金融制度の企画・立案，民間金融機関の検査・監督等の金融行政をすべて担っていましたが，1998年に金融監督庁が設立され，民間金融機関の検査・監督を行うことになりました。さらに2000年には金融庁が設立され，民間金融機関の検査・監督に加えて，金融制度の企画・立案も担うことになりました。こうして財政と金融は行政上分離され，財務省が担当する金融行政は，財政の観点からの金融破綻処理制度および金融危機管理に関する企画・立案のみとなりました。

　また，預金の保護と金融システムの安定化のため，1998年以降，政府は主要銀行等を対象に，預金保険を通じて公的資金による資本注入（金融機関の株やその他の債券を購入すること）を行い，自己資本の充実を図りました。**図表8－6**は資本注入の実績を示していますが，1998年から2007年までの10年間で累計12兆4,274億円に達しており，そのほとんどが主要行に対す

図表8－6 ▶▶▶公的資金による資本注入額

年 (各3月期)	全国銀行		うち主要行		うち地域銀行		備考
	件数	金額(億円)	件数	金額(億円)	件数	金額(億円)	
1998	21	18,156	18	17,456	3	700	金融機能安定化法
1999	15	74,593	14	72,593	1	2,000	早期健全化法
2000	7	5,750	1	2,400	6	3,350	同上
2001	5	3,870	1	2,600	4	1,270	同上
2002	5	1,840	0	0	5	1,840	同上
2003	0	0	0	0	0	0	同上
2004	2	19,660	1	19,600	1	60	預金保険法（危機対応）
2005	0	0	0	0	0	0	・組織再編成促進特措法
2006	0	0	0	0	0	0	
2007	2	405	0	0	2	405	金融機能強化法
合計	57	124,274	35	114,649	22	9,625	

出所：預金保険機構ホームページ。

るものでした。

　金融行政の改革や公的資金による資本注入に併せて，銀行規制・監督の改革も行われました。1998年には**早期是正措置**が導入され，銀行の自己資本比率が規制を下回ると，自己資本比率の水準に応じて監督当局が銀行経営への介入を強めることがルール化されました（**図表8－7**）。

　また，1999年には金融庁が「金融監督マニュアル」を公表し，さらに2002年には「金融再生プログラム」（いわゆる竹中プラン）が公表されました。これらにより，銀行は貸出を含む資産を厳格に査定することや自己資本の充実が求められました。こうした一連の規制改革の結果，借入金の返済が困難になっている業績不振企業への追加貸出（「追い貸し」）は行われなくなり，銀行は不良債権の処理を急ぐようになりました。また，2002年第1四半期以降景気が回復傾向にあったこともあり，主要行の不良債権比率は，2002年3月期をピークに減少に転じ，地方銀行や信用金庫などの共同組織金融機関の不良債権比率も，やや遅れて減少に転じました（**図表8－3**）。この結果，2005年度には金融システム不安はほぼ解消しました。

　日本の銀行危機における損失額を1992年度から2004年度までの不良債権処分損の累計額でみると，96兆4,199億円にのぼります（金融庁「不良債権処分損の推移（全国銀行）」）。これは，日本の当時の年間GDPの約20％に相当します。

図表8－7 ▶▶▶早期是正措置の概要

	自己資本比率		措置の内容
	国際基準行	国内基準行	
第1区分	8％未満	4％未満	経営改善計画（原則として資本増強に係る措置を含む）の提出・実施命令
第2区分	4％未満	2％未満	資本増強に係る合理的と認められる計画の提出・実施，配当・役員賞与の禁止または抑制，総資産の圧縮または抑制等
第2区分の2	2％未満	1％未満	自己資本の充実，大幅な業務の縮小，合併または銀行業の廃止等の措置のいずれかを選択した上当該選択に係る措置を実施
第3区分	0％未満	0％未満	業務の全部または一部の停止命令

出所：金融庁［2004］『金融庁の1年（平成15年度事務年度版）』。

4 / 米国のサブプライムローン危機と グローバル金融危機

　アメリカでは，2000年代初めに住宅価格が高騰しました（**図表8-8**）。

　この背景には，長期間（2001年1月から2004年6月までの3年5カ月）にわたる金融緩和がありました。また，連邦政府による持ち家促進政策，グリーンスパン議長（当時）率いる連邦準備銀行（FRB）が，不況になれば潤沢な資金供給と大胆な金利引き下げを行うだろうと期待されていたこと，中国などの新興国では金融システムが未発達で優良な金融資産が乏しかったために，こうした国からアメリカへの資本流入が生じたことなども，アメリカの住宅向け貸出の増加と住宅価格の高騰につながりました。

　アメリカでは，不動産の購入資金として，モーゲージローンと呼ばれる長期住宅ローンが広く利用されています。これは，借り手に債務不履行があった場合には，貸し手（抵当権者）が抵当権を行使し（つまり差し押さえを行い），その不動産の所有権を得る仕組みです。複数のモーゲージローンをまとめて証券として販売すること（**証券化**）も，広く行われるようになりまし

図表8-8 ▶▶▶アメリカの住宅価格指数の推移（主要10都市平均）

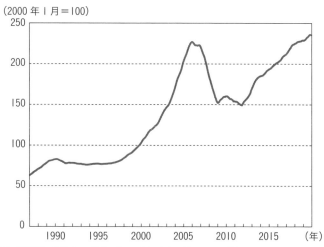

出所：セントルイス連銀，S&P Case-Shiller Home Price Index（Composite 10）.

たが，証券化は，以下の経路でモーゲージローンの増加と住宅価格の上昇に
寄与しました。

第1に，貸出を行う金融機関（オリジネータ）による安易な貸出が増加し
ました。モーゲージローンを販売してしまえば，その後，借り手に債務不履
行があっても，その損失を被るのは，証券化された金融商品を購入した投資
家なので，オリジネータはずさんな審査でモーゲージローンを大量に貸し出
しました。こうした安易な貸出を防ぐために，オリジネータである金融機関
自身が証券化商品の一部（特に，ローンの返済資金が充当される優先順位が
低く，比較的リスクの高い「劣後部分（エクイティー）」）を保有することが
多いのですが，必ずしもそうではないケースもありました。

第2に，住宅価格が上昇すると，金融機関の自己資本が増加するので，金
融機関は証券化商品などのリスク資産を積極的に購入しました。これによっ
てさらにモーゲージローンが増加し，住宅価格が上昇しました。

第3に，自己資本比率規制を受けていた金融機関は，この規制を逃れるた
めに，モーゲージローンを証券化して売却しました。自己資本比率規制では，
証券化してしまえば，オリジネータはモーゲージローンのリスクを負担して
いないとみなされ，モーゲージローンに見合った自己資本は必要とされな
かったのです。しかし実際には，オリジネータは，モーゲージローンを証券
化して売却する際に，暗黙の債務保証あるいは融資枠（コミットメントライ
ン）を設定していたため，モーゲージローンがデフォルト（債務不履行）し
た場合のリスクの一部を負担していました。こうした証券化に伴うモーゲー
ジローンの増加は，特に**サブプライムローン**と呼ばれる，低所得層向けロー
ンで顕著にみられました。サブプライムローンの借り手の多くは，所得では
なく，将来の住宅価格の上昇による売却益を返済原資に見込んでいました。

しかし，2006年夏にはアメリカの住宅価格はピークを打ち，それ以降，
下落に転じました。このバブル崩壊によって，サブプライムローンの債務不
履行が増加し，2007年末にはサブプライムローンなどを証券化した証券化
商品の価格が下落しました（**サブプライムローン危機**）。

証券化商品の価格下落によって自己資本が減少した金融機関は，資産の売

却によって**レバレッジ**（負債の対自己資本比率）を圧縮しようとしました。
自己資本比率規制に服する商業銀行はもちろん，それ以外の投資銀行やファンドにおいても，レバレッジが高くなり過ぎると，自らのリスク管理上，また短期資金の調達難を避けるために，レバレッジの圧縮に動いたのです。

　このように資産価格の下落が資産の売却につながり，さらに資産価格の下落を招く状況は，「**投げ売りの外部性**」と呼ばれます。これは，本来よりも低い価格でもレバレッジ圧縮のために資産売却をせざるを得ない金融機関の行動が，資産価格の下落を招き，さらに他の金融機関の資産売却を誘発してしまうという外部効果を指しています。

　こうして資産価格の下落はサブプライムローン関連以外の証券にも広まり，金融機関は互いの健全性について疑心暗鬼になりました。アメリカの大手投資銀行（有価証券の売買や合併・買収（M&A）の仲介などを主な業務とする金融機関であり，商業銀行と異なり，預金による資金調達は行わない）や大手商業銀行は短期の証券を発行して資金調達をし，満期がくればまた短期証券を発行することで資金繰りをつないでいましたが，短期証券の買い手が極端に減ってしまったのです（**流動性の枯渇**）。

　このため，2008 年 9 月には大手投資銀行の 1 つであったリーマン・ブラザーズが資金繰りに窮し，破綻しました。証券化商品は，欧州の銀行も大量に保有していたことから，リーマン・ブラザーズの破綻を契機に金融危機は

図表 8 − 9 ▶▶▶サブプライムローン危機・グローバル金融危機の主要な出来事

2006年 6 月	アメリカの住宅価格の下落が始まる。
2007年 2 月	サブプライムローンのデフォルトが増加，サブプライム関連証券価格の下落が始まる。
2007年 7 月	サブプライム関連商品の格下げが相次ぐ。
2007年 8 月	BNP パリバ銀行（仏）が投資ファンドの解約を凍結。短期金融市場において，流動性が枯渇。
2007年 8 月	連邦準備制度理事会（FRB）による潤沢な資金供給の開始。
2008年 3 月	投資銀行ベアスターンズが短期資金の調達に行き詰まり，連邦準備制度理事会による資金支援を受け，商業銀行 JP モルガンチェースに買収される。
2008年 9 月	政府系住宅金融機関（ファニーメイとフレディーマック）が公的管理下に置かれる。
2008年 9 月	大手証券会社メリルリンチが商業銀行バンク・オブ・アメリカに買収される。
2008年 9 月	投資銀行リーマン・ブラザーズが破綻（連邦倒産法第 11 条の適用申請）。
2008年 9 月	保険会社 AIG が経営危機に陥り，連邦準備制度理事会によって救済される。
2008年10月	公的資金による救済のための金融経済安定化法が成立。
2009年 3 月	金融機関の不良資産を買い取るファンドを官民共同で設立する構想が発表される。
2009年 5 月	主要金融機関に対する健全性審査（ストレステスト）の結果を公表。金融危機がほぼ終息。

欧州にも飛び火し，**グローバル金融危機**が発生しました（**図表8－9**）。

5 グローバル金融危機の影響と危機への対応

　グローバル金融危機により，2008年秋以降，世界経済は深刻な不況に陥りました。米国政府による金融機関への公的資金注入，金融機関からの不良債権の買い取り，金融機関の健全性のチェックとその公表などの措置により，2009年5月頃には金融市場は安定化に向かいましたが，グローバル金融危機はその後の**欧州債務危機**にもつながりました。欧州債務危機とは，欧州の一部の国（ギリシャ，イタリア，アイルランド，ポルトガル，スペイン）の国債の価格が暴落（利回りが急騰）したことに端を発した経済危機ですが，その一因として，欧州の銀行が証券化商品の価格下落により経営危機に陥り，その救済のための財政支出が膨らんだことがありました。

　グローバル金融危機によって欧米は不況に陥り，その結果，日本の輸出は大きな打撃を受け，日本も不況に陥りました。また，日本の金融市場でも，2008年秋から2009年春にかけて，企業が発行する短期証券であるコマーシャルペーパーや長期証券である社債の発行が一時的に困難になり，これらの発行額の減少と金利の上昇がみられました（2008年9-10月に，コマーシャルペーパーの残高と社債の発行額はそれぞれ対前年同期比12.6%，35.4%減少しました）。このため，大企業は資金調達源をコマーシャルペーパーや社債から銀行借入にシフトしました。ただ，グローバル金融危機の日本の金融機関への直接的影響は比較的軽微でした。これは，日本の金融機関は，証券化商品への投資が少なかったこと，預金以外の短期資金調達への依存度が低かったことなどが要因です。

　日本の1990年代の銀行危機や2007-09年のサブプライムローン危機・グローバル金融危機には，いくつかの共通点があります。いずれも，銀行融資などの信用の膨張を伴って不動産バブルが生じた後に，不動産バブルが崩壊して発生しました。不動産バブルの崩壊によって，担保価値が低下し，**リス**

ク・プレミアム（リスクに応じて求められる，安全資産と比べた金利の上乗せ分）が上昇し，さらに担保の掛け目（担保価値に対する貸出の比率）が低下することにより，貸出額が減少しました（信用収縮）。また，金融機関の経営が悪化し，支払能力に対する懸念が生じると，短期金融市場において資金の出し手が極端に不足する**流動性の枯渇**が生じました。さらに，信用収縮や**非効率な信用の配分**によって実体経済に悪影響を及ぼしました。

グローバル金融危機は，世界的に，それまでの金融自由化から金融規制の強化へと潮流が反転する契機となりました。特に，システミック・リスクを軽減するために，個別の金融機関の健全性を確保するだけでなく，「投げ売りの外部性」を防ぎ金融システム全体の健全性を担保するための政策（**マクロ・プルーデンス政策**）が導入されつつあります。具体的には，バーゼルⅢと呼ばれる国際的合意に沿って世界の金融システム上重要な金融機関に対する自己資本比率の上乗せ規制，自己資本比率規制に伴うプロシクリカリティー（好況期には信用の拡大，不況期には信用の収縮を招く傾向）を軽減するための措置などが各国で導入されつつあります。

6 日本の金融システムの現状と課題

1990年代の銀行危機，2008-09年のグローバル金融危機を経た日本の金融システムは，現在また新たな環境変化への適応を迫られています。

まず，日本経済全体の資金フローの変化があります。第3章（**図表3-9，3-10**）でみたように，部門別に貯蓄投資バランスをみると，法人企業は全体としては資金余剰が続き，政府部門は資金不足が続いています。こうした資金フローの傾向を反映し，銀行は最近まで国債への投資を増やし続けました。最近では，日本銀行の**量的質的緩和**政策による大量の国債買い入れに伴い，多くの銀行は国債保有を減らして日本銀行当座預金を増やしています。国債であれ日本銀行当座預金であれ，こうした資産が増えている状況は，預金量に比べて貸出などの運用先が相対的に減っている状況を反映しています。

図表 8 − 10 ▶▶▶ 倒産件数・負債額推移

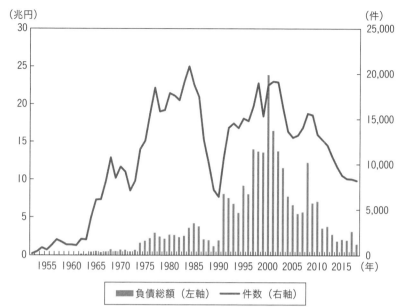

出所：東京商工リサーチ「全国企業倒産状況」。

また，貸出自体の収益率も，銀行間の競争によって低下傾向にあります。今後，**少子高齢化**がさらに進むと，地方を中心に貸出先の減少がより顕著になるため，特に地方銀行以下の金融機関では，合併などの再編が避けられないと予想されます。

　日本では，リーマン・ショック以降，主に中小企業の資金調達に対する懸念から，政府系金融機関による**信用保証**（公的機関である信用保証協会が借り手から保証料を徴求し，借り手が債務不履行に陥った場合に，信用保証協会が借り手に代わって金融機関に返済（代理弁済）する仕組み）や**公的金融**（政府系金融機関が直接企業に資金を貸し出す仕組み）の拡充が図られました。また，2009 年 12 月には「中小企業金融円滑化法」が施行され，借り手が申し出たときには銀行は貸出条件の変更（返済期間の繰延，元本の支払い猶予，金利減免など）に応じる努力をすることが規定されました。中小企業金融円滑化法は，当初 2011 年 3 月末で終了する予定でしたが，その後東日

第 **8** 章 ● 日本の金融システム

本大震災への対応等により2回延長され，2013年3月まで継続されました。これらの措置により，中小企業の倒産件数は大幅に減ったものの（**図表8－10**），企業再建がうまく進まないケースもありました。こうした反省から，2018年4月からは，原則，信用保証のついていない融資と信用保証付き融資を組み合わせて企業を支援するよう，制度が改正されました。

　2020年には新型コロナウィルス感染症の拡大によって深刻な影響を受けた中小企業などに対し，金融機関は積極的に資金を貸し出しています。今後は，コロナ後の新しい生活様式や働き方に対応したビジネスモデルを描ける企業に対して集中的に資金を供給するなどの選別も求められるでしょう。

　日本の資本市場は，グローバル金融危機時に一時的に社債・コマーシャルペーパー市場が麻痺したものの，その後は，日銀の金融緩和による潤沢な資金提供もあり，正常化しています。株式市場では，グローバル金融危機後しばらく**IPO**（企業が新規に株式を証券取引所に上場すること。株式公開）が激減しましたが（**図表8－11**），その後は増加傾向にあります。また，国内企業同士，あるいは国内企業と外国企業との合併・買収（M&A）も活発化しています。

　コーポレートガバナンス（企業統治）の面では，かつてのようなメインバンクによる経営監視機能は期待できません。他方，株主による経営監視については，投資家が経営者の同意を得ずに株式を買い増して経営権を握ろうとする**敵対的買収**は必ずしも根付いていませんが，機関投資家など大口の長期保有株主による，長期的に企業収益を上げるよう促す経営監視機能に期待が寄せられており，2015年には投資家と企業双方に向けた指針（日本版スチュワードシップ・コードとコーポレートガバナンス・コード）が策定されました。

　最近では，世界的に，株式投資や債券投資を通じて，環境問題や社会問題の解決に寄与しようとする動きもみられます。特に，従来の財務情報だけでなく，環境（Environment）・社会（Society）・ガバナンス（Governance）の要素も考慮した投資は，**ESG投資**と呼ばれ，年金基金などの機関投資家の間で浸透しつつあります。国連は2006年に，投資にESGの視点を組み入

図表 8 − 11 ▶▶▶ IPO 件数

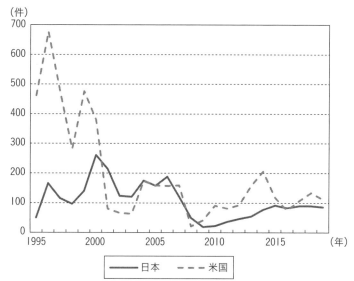

出所：日本…プロネクサス社『株式公開白書』。
　　　米国…Ritter, J. R.［2020］Initial Public Offerings: Updated Statistics.

れることなどを原則とする機関投資家向けガイドライン（責任投資原則
（PRI））を策定しましたが，日本においても，年金積立金管理運用独立行
政法人（GPIF）が2015年にPRIに署名したことを契機に，ESG投資が急
速に広がっています。2018年時点で，世界全体のESG投資残高は30.7兆ド
ルにものぼっており，うち日本は2.2兆ドルとなっています（グローバル・
サステイナブル・インベストメント・アライアンス『グローバル・サステイ
ナブル・インベストメント・レビュー2018』）。

　日本の大手銀行の破綻の例を取り上げ，なぜ破綻したのか，また，破綻した銀行と取引していた企業にどのような影響があったのか，調べてみよう。

　不良債権の増加で経営が困難に陥った金融機関に対し，政府が税金を使って資本注入し，金融機関を救済することの是非について，議論しよう。

1.　ある起業家が，プロジェクトAとプロジェクトBのいずれかを実施することができる。いずれのプロジェクトも必要な資金は100万円である。プロジェクトAは成功すれば210万円，失敗すれば0円の収益を生み，成功する確率は3分の1，失敗する確率は3分の2である。他方，プロジェクトBは必ず120万円の収益を生む。この起業家は，自分の取り分の期待値が高いほうのプロジェクトを選択する。銀行は，この貸出から得られる収益の期待値から預金に支払う金利を引いた差額がマイナスでなければ貸出を実行するものとする。この起業家が持っている資金は20万円で，残りの80万円を金利5%で銀行から借りることができるとすると，この起業家はどちらのプロジェクトを選ぶか？　また，預金金利も5%のとき，銀行はこの貸出を実行するか。起業家のプロジェクトの選択と銀行の融資実行の判断に関する組み合わせのうち，最も適切なものを次の中から1つ選びなさい。なお，起業家は有限責任制で守られており，事業が失敗しても，自分が提供した資金額を超えた分の損失は負担しないものとする。

①起業家はプロジェクトAを選び，銀行は融資を実行する。

②起業家はプロジェクトAを選び，銀行は融資を実行しない。

③起業家はプロジェクトBを選び，銀行は融資を実行する。

④起業家はプロジェクトBを選び，銀行は融資を実行しない。

2.　問題1.で，起業家が持っている資金は80万円で，残り20万円を銀行から借りる場合，起業家と銀行の選択を上記①から④の中から1つ選びなさい。

3. 問題1. と問題2. の解答を比較し，自己資金がリスク選択に及ぼす影響を論じなさい。

▶▶▶さらに学びたい人のために

- ●内田浩史［2010］『金融機能と銀行業の経済分析』日本経済新聞出版社。
- ●星岳雄・A. カシャップ［2006］『日本金融システム進化論』日本経済新聞社。
- ●細野薫［2010］『金融危機のミクロ経済分析』東京大学出版会。
- ●カーメン・M. ラインハート，ケネス・S. ロゴフ［2011］『国家は破綻する―金融危機の800年』日経BP社。

第 **9** 章 デフレと 非伝統的金融政策

Learning Points

▶ 1990 年代後半以降の約 20 年間, 日本の金融政策はデフレとの闘いでした。

▶ 本章では, まず, デフレのメカニズムを明らかにし, 次に, 日本の金融政策がどのように変わってきたか, そして最後に, 非伝統的と呼ばれる新しい金融政策が物価や生産に影響する波及経路を明らかにします。

Key Words

デフレ　流動性の罠　実質金利　コミットメント　非伝統的金融政策

1 / デフレ

1.1 デフレの経済的コストと流動性の罠

　なぜ, インフレ (物価の持続的な上昇) やデフレ (物価の持続的な下落) は避けるべきで, 物価の安定が大事なのでしょうか？　仮に, モノやサービスの価格 (物価), 賃金, 金利, 住宅価格など, すべてのものが同じ率で上昇, あるいは, 下落すれば, 実質的には何も変わりません。**実質賃金** (名目賃金÷物価) は同じなので, 人々は, これまでと同じだけ働けば, 同じだけのものを買うことができます。**実質金利** (名目金利－期待インフレ率) も同じなので, 今年消費を我慢して貯蓄すれば, 来年はこれまでと同じだけ消費を増やすことができます。

　しかし実際には, インフレやデフレになると, あるものはより早く価格が変化し, 別のものは価格の変化が遅れます。たとえば, スポーツクラブの月

会費などは，生鮮食品と異なり，毎月価格が変わることはないでしょう。このため，インフレやデフレになると，**相対価格**（あるものの価格と別のものの価格の比率）が変わります。こうした相対価格の変化は，相対的に安いものの消費を増やし，高いものの消費を減らすので，資源配分を歪めることになり，経済的な非効率が生じます。こうした非効率が大きくなると，経済成長率が低下します。

インフレもデフレも相対価格の歪みをもたらしますが，特にデフレの場合，実質金利が高くなることがあります。この点を詳しく説明しましょう。デフレになると，預金や借入の際の名目金利が低下します。なぜなら，名目金利と実質金利との間には，以下の関係（**フィッシャー方程式**）があるからです。

$$名目金利＝実質金利＋期待インフレ率 \tag{1}$$

この式は，実質金利が資金の需要と供給が一致するように決まる場合には，そうして決まった均衡実質金利（**自然利子率**）に，期待インフレ率を足して名目金利が決まると解釈できます。(1)式において，実質金利が一定であれば，期待インフレ率が低下するほど，名目金利は低くなります。

しかし，いくらデフレになって，期待インフレ率が下がっても，名目金利は一定の水準を超えて下がることはありません。この点を，貨幣の需要と供給を示す**図表9－1**を使って説明しましょう。縦軸は名目金利，横軸は実質貨幣残高（貨幣残高÷物価）です。ここでは，貨幣の名目金利は，現金通貨のようにゼロだとします。名目金利が低いほど，貨幣を保有することの機会費用（貨幣の代わりに国債などの債券を保有した場合に得られる金利収入）が低下するので，貨幣需要は増えます（図では，貨幣需要曲線は右下がり）。しかし，金利がほぼ0％になると，貨幣を保有することの機会費用も0となるので，貨幣需要は無限大となります（図では，貨幣需要曲線は水平）。実際には，貨幣には，持ち運びのコストや盗難に遭うリスクもあるので，こうした貨幣の保有コストを考慮すると，0％よりも少し低いマイナスの水準（たとえば－1％程度）で貨幣需要が無限大になる（図では水平になる）と考えられますが，ここでは，保有コストは無視します。

図表9－1 ▶▶▶**流動性の罠**

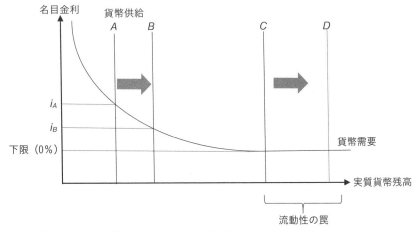

注：流動性の罠では，貨幣供給を増やしても，名目金利は低下しない。

　ここで，中央銀行による貨幣供給の効果を考えます。実際には，中央銀行が供給しているのは，「貨幣」（マネー・ストック）ではなく，マネタリー・ベース（現金通貨および中央銀行当座預金）ですが，日本では，現金通貨だけでなく，日本銀行当座預金も2008年10月まで金利はゼロでしたので，**図表9－1**の「貨幣供給」はマネタリー・ベースとみなすこともできます。そこで以下では，貨幣（マネー・ストック）とマネタリー・ベースを区別せずに使います。

　伝統的には，中央銀行は名目金利（日本では，銀行間で短期資金を貸し借りする場合の金利である**コールレート**）の水準に誘導目標を設定し，これを実現するよう，貨幣を供給していました。たとえば，**図表9－1**で，中央銀行が誘導目標とする名目金利をi_Aからi_Bに引き下げようとする場合，貨幣供給をAからBに増やします。この結果，貨幣需要曲線が右下がりの領域では，均衡名目金利がi_Aからi_Bに低下します。ところが，貨幣需要曲線が水平の領域では，貨幣供給をCからDに増やしても，均衡名目金利は0％のままで，それよりも下げることができません。このように，いったん名目金利がゼロ％近くになると，貨幣供給を増やしても，名目金利を下げる

ことができず，通常の金融政策は無力となってしまいます。このような状況を，「**流動性の罠**」と呼びます。

　いったん流動性の罠に陥ると，たとえ資金の供給が，資金の需要を上回っていても，名目金利は下限の水準より下がることはありません。この結果，インフレ率（物価上昇率）がマイナスのデフレ下では，実質金利（名目金利－期待インフレ率）が，資金の需要と供給が一致する水準（**自然利子率**）よりも高くなり，資金の超過供給が生じます（**図表9－2**）。

　具体的には，預金金利はゼロでも，物価上昇率を引いた実質金利はプラスなので，銀行には預金が集まる一方，名目金利は低くても実質金利は高いので，資金を借りて投資したい企業は少ない状況です。マクロ的には，資金の供給は貯蓄（民間貯蓄＋政府貯蓄）であり，資金の需要は投資（開放経済では投資＋対外純投資）ですから，経済全体では，潜在的に，貯蓄が投資を上回っています。このため，総供給が総需要を上回り，物価あるいはインフレ率を下げる要因となります。しかし，インフレ率が下がると期待インフレ率も下がり，実質金利はさらに上昇するので，この状況から抜け出すことは困難になります。

図表9－2 ▶▶▶**流動性の罠のもとでの実質金利**

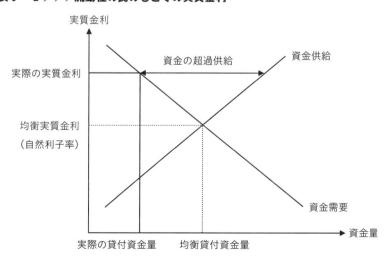

1.2 ▚ デフレの要因

　デフレは，物価が継続的に下落する現象です。1990 年代後半以降，日本
では，緩やかなデフレが，約 20 年の長期にわたり継続しました（第 3 章，
図表 3 － 6）。

　長期的なデフレの重要な要因の 1 つとして，自然利子率がマイナスになる
ことがあげられます。自然利子率がマイナスとなると，期待インフレ率が十
分高くなければ，名目利子率はゼロの下限に制約され，**図表 9 － 2** に示す
ように，資金の超過供給が生じます。これは，貯蓄が投資を上回っている状
態であり，総供給が総需要を上回っています。このため，デフレが生じます。
自然利子率の推計は困難を伴うため，幅をもってみる必要がありますが，図

図表 9 － 3 ▶ ▶ ▶ 日本の自然利子率と TFP（全要素生産性）伸び率

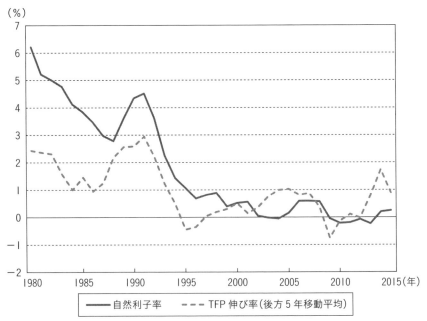

注：TFP 伸び率は後方 5 年移動平均値。
出所：自然利子率は，岡崎陽介・須藤直［2018］「わが国の自然利子率—DSGE モデルに基づく水準の計測と決定
　　　要因の識別」日本銀行ワーキングペーパーシリーズ No. 18-J-3。TFP 伸び率は，JIP データベース 2015 お
　　　よび 2018。

図表 9 － 4 ▶▶▶資金需要減少の効果

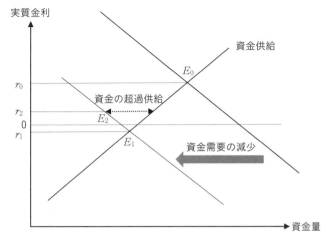

注：資金需要の減少によって，均衡点は E_0 から E_1 に移動し，均衡実質金利（自然利子率）は r_0 から r_1 に低下する。しかし，名目金利が下限に達しており（流動性の罠），期待インフレ率が低い場合，実際の実質利子率は r_2 までしか下がらず，実際の経済は E_2 に移動する。E_2 では，資金の超過供給が生じている。

図表 9 － 5 ▶▶▶流動性の罠がデフレをもたらすメカニズム

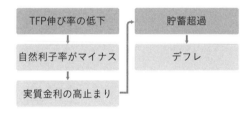

表 9 － 3 をみると，1990 年代半ばに急速に低下し，2000 年代前半にはわずかながらマイナスになっていることがわかります。

では，自然利子率がマイナスになる要因は何でしょうか？ 自然利子率は，資金需要と資金供給が一致する実質利子率なので，資金需要が減少すると，自然利子率がマイナスになりやすくなります（**図表 9 － 4**）。

国内の資金需要は投資ですから，投資を促進するような生産性の伸びが停滞すると，投資が落ち込み，自然利子率も低下します。実際，**図表 9 － 3** をみると，TFP（全要素生産性）の伸び率と自然利子率の間の相関は高く，TFP の伸びが鈍化したことが，自然利子率を低下させたと考えられます。

図表９−５では，TFPの伸び率の鈍化がデフレをもたらすメカニズムを
まとめています。

2／金融政策の変遷

2.1　デフレとゼロ金利・量的緩和政策

　デフレと景気悪化に対応するため，1999年2月，日本銀行はコールレー
ト（無担保オーバーナイト，以下同じ）を「できるだけ低めに誘導するこ
と」とし，「当初は0.15％前後を目指し，その後市場の状況を踏まえながら，
徐々に一層の低下を促す」ことを決定しました。同年3月初めには，コール
レートはほぼ0％（0.03％程度）となり，それ以降1年半の間，コールレー
トはほぼ0％の水準が維持されたので，この期間の金融政策を**ゼロ金利政策**
と呼んでいます。

　その後2000年8月に，日本銀行は，景気の回復傾向が明確になり，デフ
レ懸念の払拭が展望できる状態になったとして，コールレートの誘導目標を
0.25％に引き上げました（ゼロ金利政策の解除）。しかし実際には，2000年
秋から再び景気は下降したため，2001年3月には，**量的緩和**と呼ばれる新
たな金融緩和策を講じることとなりました。

　具体的には，①金融政策の操作目標を従来のコールレートから，民間金融
機関が日本銀行に預けている日本銀行当座預金残高に変更し，この目標額を
（直近の4兆円強から）当面5兆円とすること，および②この政策を，消費
者物価指数（全国，除く生鮮食品）の前年比上昇率が安定的にゼロ％以上と
なるまで継続すること決定しました。

　このように，いつまで，あるいはどのような条件下で，現行の金融政策を
続けるのかあるいは中止するのかを，あらかじめアナウンスすることを，
フォワード・ガイダンス，あるいは，**コミットメント**と呼んでいます。2001
年3月の量的緩和策は，「安定的にゼロ％以上」という，やや曖昧で弱い形

図表 9－6 ▶ ▶ ▶ 日本銀行による非伝統的金融政策の推移

年月	出来事
1999年2月	コールレートの誘導目標をゼロとする「ゼロ金利政策」を導入。
2001年3月	金融政策の操作目標をコールレートから日本銀行当座預金に転換（「量的緩和政策」の導入）。 また、この際、消費者物価指数（全国、除く生鮮食品）の前年比上昇率が安定的にゼロ％以上となるまで継続すると「約束」を行った。 その後、段階的に目標準備預金額を引き上げた。
2006年3月	消費者物価指数の対前年比がプラスで推移していたことなどを背景に、量的緩和政策を中止し、金融政策の操作目標を日本銀行当座預金からコールレートに戻した（コールレートの誘導目標はゼロ％に設定）。また、日銀法に定める「物価の安定」を、日本銀行としては消費者物価指数の対前年比0～2％程度であることを明確にした。
2008年9月	リーマン・ブラザーズ破綻。
2008年12月	以降、主に企業金融を支援するための措置（日本銀行が受け入れる民間企業債務の担保的確要件の緩和、民間金融機関が保有する株式の購入、社債の購入、企業金融支援特別オペレーション、成長基盤強化を支援するための資金供給など）を順次講じた。
2010年10月	「包括的な金融緩和政策」を公表。具体的には、 (1)コールレートの誘導目標を0.1％から0～0.1％程度に引き下げ、「ゼロ金利政策」を復活。 (2)物価の安定（消費者物価指数の前年比1％程度）が展望できるまで、ゼロ金利政策を継続することを明言。 (3)資産買入等基金を創設し、国債・社債・上場投資信託（ETF）、不動産投資信託（J-REIT）を購入。その後、資産買入等基金を順次増額。
2012年2月	中長期的な「物価安定の目途」は、消費者物価の前年比上昇率で2％以下のプラスの領域にあると判断しており、当面は1％を目途とすることを発表。その後も、資産買入等基金を順次増額。
2012年12月	第二次安倍内閣が発足。
2013年1月	「物価安定の目標」を消費者物価前年比上昇率2％とすることを決定。
2013年4月	「量的質的緩和策」を導入。具体的には、消費者物価前年比上昇率2％の「物価安定の目標」を2年程度を念頭に早期に実現するため、 (1)操作目標をコールレートからマネタリーベースに変更し、マネタリーベースを年間60～70兆円増加させる。 (2)長期国債の買入を増やし、保有残高を年間約50兆円増加。また、買入対象の国債の年限を3年弱から7年程度に長期化。 (3)ETF, J-REITの買入を拡大。 (4)これらの政策を、2％の物価安定の目標を実現するまで継続することを明確化。
2014年10月	マネタリーベースの年間増加額を約80兆円に増加（「量的・質的金融緩和」の拡大）。
2016年1月	日本銀行当座預金の一部にマイナス金利を適用（マイナス金利付き量的質的緩和政策）。
2016年9月	「長短金利操作付き量的・質的金融緩和」を導入。具体的には、 (1)長短金利の操作を行うイールドカーブ・コントロールの導入 (2)2％の「物価安定の目標」の実現を目指し、これを安定的に持続するために必要な時点まで、「長短金利操作付き量的・質的金融緩和」を継続（オーバーシュート型コミットメント）。
2020年3月	新型コロナウイルス感染症にかかる企業金融支援特別オペ（最長1年の資金を金利ゼロ％で供給）を導入。

ながらも，フォワード・ガイダンスの事例です。これ以降，日本銀行は段階的に日本銀行当座預金残高の目標額を引き上げ，最終的には，日本銀行当座預金残高の目標額は 30 〜 35 兆円にまで引き上げられました（**図表９−６**）。

　日本銀行は，2006 年 3 月，景気が回復し，消費者物価の対前年比がプラスで推移しているとして，量的緩和策を中止し，操作目標をコールレートに戻しました。当初のコールレートの誘導水準は 0 ％で，その後順次 0.5% まで引き上げましたが，2008 年 9 月に米国の投資銀行リーマン・ブラザーズが破綻し，**グローバル金融危機**が発生すると，日本国内では金融市場が混乱し，また，円高や輸出の減少を通じて日本経済も打撃を受けたため，2008 年 10 月，12 月と相次いでコールレートの誘導目標を引き下げ，0.1% 程度としました。また，社債市場やコマーシャルペーパー市場が混乱し，企業がこれらを発行して資金を調達することが困難となったため，2008 年 12 月以降，日本銀行は，銀行を通じて企業金融を支援するための措置を順次講じました。

　さらに 2010 年 10 月には，「包括的な金融緩和政策」（**包括緩和**）と称し，①コールレートの誘導目標を 0 〜 0.1% 程度に引き下げ（ゼロ金利政策の復活），②消費者物価の対前年比が 1 ％程度となるまでゼロ金利政策を維持，③資産買い入れ等のための基金を創設し，ETF（指数連動型上場投資信託），J-REIT（不動産投資信託）を含む，比較的リスクの高い金融資産を購入，という 3 つからなる金融緩和策を決定しました。これらの措置は，満期までの期間が 1 年を超える**長期金利**の低下と，**リスク・プレミアム**（リスクに応じて求められる，安全資産と比べた金利の上乗せ分）の低下を促すことを目的としていました。

2.2　アベノミクスと量的質的緩和政策

　1990 年代後半以降 2010 年にかけて，日本銀行は，景気・物価の動向に応じて一時的に引き締めに転じたこともありましたが，大半の期間で，ゼロ金利政策，量的緩和，包括緩和などの金融緩和策を講じてきました。こうした

一連の金融緩和策は，金融市場の安定化や金利・為替市場を通じて一定の景気下支え効果はありましたが，日本経済は「失われた20年」と呼ばれる長期停滞とデフレから脱却することはできませんでした。

　そうしたなか，2012年12月に内閣総理大臣に就任した安倍晋三氏は，「大胆な金融緩和」，「機動的な財政政策」（財政支出の増大），および「民間投資を喚起する成長戦略」（規制緩和等）の「3本の矢」からなる経済政策（**アベノミクス**）によって，デフレからの脱却を目指しました。

　アベノミクスの第1の矢である大胆な金融緩和策として，日本銀行は2013年4月，「**量的質的緩和策**」を導入しました。具体的には，消費者物価前年比上昇率2％の「物価安定の目標」を2年程度を念頭に早期に実現するため，①操作目標をコールレートからマネタリー・ベースに変更し，マネタリー・ベースを年間60〜70兆円増加させる。②長期国債の買入を増やし，保有残高を年間約50兆円増加，また，買入対象の国債の年限を3年弱から7年程度に長期化，③ETF，J-REITの買入を拡大。④これらの政策を，2％の物価安定の目標を実現するまで継続することを明確化する，というものです。「量的」というのは，マネタリー・ベースの劇的な増加を指しています。また「質的」というのは，長期国債やETF，J-REITなど，比較的リスクの高い資産の購入を増やすことを意味しています。

　この量的質的緩和策によって，長期金利は低下し，為替レートは円安に転じ，また，株価は上昇しました（**図表9－7**）。こうした金融市場の変化は，投資，純輸出，消費に一定の刺激を与え，総需要を増加させる効果がありま

図表9－7 ▶▶▶ 量的質的緩和政策のアナウンス日（2013年4月4日）における金融市場の動き

	日本国債利回り（残存10年）		株価指数（TOPIX）		為替レート対米ドル		為替レート対ユーロ	
	-0.114	***	2.669	**	-2.610	***	-2.299	***

注：単位は，国債利回りは％ポイント，その他は％。為替レートのマイナスは円の減価（円安）を示す。***，**は，それぞれ両端各2.5，0.5パーセンタイルの範囲内に位置することを示す。

出所：K. Hosono and S. Isobe [2014] "The Financial Market Impact of Unconventional Monetary Policies in the U. S., the U.K., the Eurozone, and Japan," *PRI Discussion Paper Series* 14-A-05.

した。また，消費者物価（生鮮食品を除く）の対前年比上昇率も2013年にはわずかながらプラスに転じました（2012年 − 0.1％，2013年0.4％）。

　しかし，2014年4月の消費税率の引き上げ（5％から8％）による消費の落ち込み，2014年夏以降の原油価格の低下の影響もあり，「2年で消費者物価上昇率2％」という目標は達成できませんでした。量的質的緩和策が物価を押し上げた効果は，当初期待されていたほどではありませんでした。

　そこで，日本銀行は，2016年1月，「**マイナス金利**付き量的質的緩和政策」を公表しました。「マイナス金利」というのは，民間金融機関が日本銀行に預けている日本銀行当座預金の一部にマイナス金利を適用するもので，導入時点では，− 0.1％が適用されました。民間金融機関が日本銀行に預けている日本銀行当座預金は，長い間，金利ゼロでしたが，2008年10月以降は，規制によって必要な額（「所要準備」）を超える残高（「超過準備」）に，0.1％の金利が適用されていました。「マイナス金利付き量的質的緩和政策」では，超過準備のうち，新規に増える部分について，− 0.1％とすることにしたのです。この政策によって，10年物（満期までの期間が10年の）国債などの長期金利は，マイナスになり，住宅投資などを刺激する効果が期待された一方，銀行の収益を圧迫し，銀行による貸出意欲を減らす懸念も生じました。

　そこで，2016年9月には，日本銀行当座預金の一部にマイナス金利を課すことを継続しつつ，10年物国債金利が概ねゼロ％程度で推移するよう，長期国債の買入れを行うことを決定しました（**イールドカーブ・コントロール**）。これは，長期金利が大きくマイナスになって金融機関の収益の圧迫要因になることを防ぐという面と，逆に長期金利の上昇によって景気を悪化させることを防ぐという両方の効果を狙ったものです。

　さらに，2020年3月には，新型コロナウイルス感染症の拡大を受け，民間企業に融資を行う金融機関に対してゼロ％の金利で資金供給を行う措置を導入しました。

3 / 非伝統的金融緩和の目的と波及効果

ここまで，日本銀行による金融政策が，短期金利を操作目標とする伝統的な金融政策から，デフレへの対応策として，量的緩和や量的質的緩和などの非伝統的緩和策を講じてきたことをみてきました。実は，グローバル金融危機以降，日本銀行以外の主要な先進国・地域の中央銀行も，さまざまな非伝統的緩和策を講じています（**図表 9 − 8**）。

その内容は，おおむね，①今後も金融緩和政策を継続するというアナウンスメント（**フォワード・ガイダンス**あるいは**コミットメント**），②国債等の購入による大量の資金供給，③リスク性資産の購入，④マイナス金利，に分類でき，しばしば，これらの組み合わせが採用されています。また，その目的としては，金融危機時の市場安定化と，短期金利がゼロ％の下限に達した「流動性の罠」における物価・景気の刺激に大別できます。本節では，非伝統的金融政策がどのように実体経済に影響を与えるのか，そのメカニズムを，金融システムの安定化と流動性の罠への対応の観点から，詳しく説明します。

3.1 / 金融システムの安定

日本では，1990 年代末に銀行危機が生じると，国内で銀行間での短期資金の貸し借りが滞り，また，海外の金融機関からドル資金を借り入れる際に高い上乗せ金利（**ジャパン・プレミアム**）が課せられたため，一部の銀行は短期資金の調達が困難となりました（**流動性の枯渇**）。**ゼロ金利政策**（1999年 2 月〜 2000 年 8 月）や**量的緩和政策**（2001 年 3 月〜 2006 年 3 月）では，日本銀行が金融機関から国債などの債券を大量に買い取り，流動性（具体的には，マネタリー・ベース）を供給することで，金融市場の安定にも寄与しました。

また，2007 年から 2009 年にかけて**グローバル金融危機**が生じた際，欧米では，金融機関による証券化商品などの資産売却と，資産価格の下落が連鎖

図表 9 - 8 ▶ ▶ ▶ 主要中央銀行の主な非伝統的金融政策

日本銀行	連邦準備制度理事会(FRB)	欧州中央銀行(ECB)	イングランド銀行(BOE)
(1)量的緩和 (2001年3月-2006年3月)	(1)信用緩和策 (2007年12月-2008年10月)	(1)信用支援強化(2007年8月-) (2)QE(2015年3月-2016年9月)	(1)QE(量的緩和)Ⅰ (2009年3月-2010年1月)
(2)包括的緩和策 (2010年10月-2013年3月)	(2)QE(量的緩和)Ⅰ (2008年11月-2010年6月)	(3)マイナス金利(2014年6月-) (4)貸出条件付長期資金供給	(2)QE 2 (2011年10月-2012年5月)
(3)量的質的緩和策 (2013年4月-2016年1月)	(3)QE 2 (2010年8月-2011年6月)	(2014年5月-2016年3月, 2019 年3月-)	(3)QE 3 (2012年7月-2012年11月)
(4)マイナス金利付き量的質的 緩和策(2016年1月-)	(4)QE 3 (2012年9月-2014年10月)	(5)資産購入 (2014年10月-2018年12月,	(4)QE 4 (2016年8月-)
(5)イールドカーブ・コントロール (2016年9月-)	(5)QE再開 (2020年3月-)	2019年11月-) (6)パンデミック緊急購入プログ	(5)中小企業向け貸出支援策
(6)新型コロナ対応のための企 業の資金繰り支援(2020年3 月,5月-)	(6)中堅・中小企業向け「メイン ストリート融資制度」 (2020年6月-) (7)フォワード・ガイダンス (2020年9月-)	ラム (2020年3月-)	(6)QE追加 (2020年3月-)

的に起こり（**投げ売りの外部性**），金融機関の資金調達が困難になる事態が生じました。こうした状況下で，中央銀行が問題の資産を購入すれば，価格が回復し，金融機関の資金調達も容易になります。こうした中央銀行の役割は「**最後の貸し手**」あるいは「**最後の買い手**」機能と呼ばれるものです。米国の連邦準備理事会（FRB）は，2007 年夏以降の**サブプライムローン危機**に対応するため，金融機関への短期資金の貸出などを通じて，流動性供給を行いました。これは，**信用緩和策**と呼ばれています。さらに，2008 年 11 月から始まった量的緩和（QE 1）では，国債に加え，価格の下落が大きかったモーゲージ証券（MBS，住宅ローンなどの不動産担保融資の債権を裏付け（担保）として発行される証券）を大量に購入し，価格の安定，ひいては金融市場の安定に貢献しました。

　最近では，各国・地域の中央銀行がコロナショックに直面する企業の資金調達を容易にするためのさまざまな措置を導入しましたが，金融システムが不安定になって企業金融に支障が出る前の予防的な措置だと言えます。

3.2　流動性の罠への対応

　デフレで流動性の罠に陥ると，単にマネタリー・ベースを増やすだけでは，名目金利は下がらず，生産や物価への効果は，ほとんどないと考えられます。

しかし，経済が流動性の罠に陥っていても，実際にゼロ％となっているのは短期金利であり，多くの場合，より満期までの期間が長い債券の金利（長期金利）はプラスの水準です。このため，長期金利には引き下げ余地が残されています。とはいっても，通常，中央銀行が公開市場操作を通じて操作できるのは，コールレートなどの短期金利だけです。ではどのようにして，中央銀行は長期金利を引き下げることができるのでしょうか？　以下，非伝統的金融政策が長期金利に影響するいくつかの経路について，詳しく説明します。

3.2.1 コミットメントの効果

　一般に，長期金利は，将来にわたる短期金利の期待値（予測値）の平均によって決まると考えられます（Column「長期金利の決まり方」参照）。このため，もし中央銀行が，将来の短期金利に関する民間の期待値を低く抑えることができれば，長期金利は低下します。では，中央銀行が，将来にわたって短期金利を低く抑えること（たとえばゼロ金利を継続すること）をアナウンスすれば，長期金利は低下するでしょうか？　これが成功するかどうかは，中央銀行のアナウンスメントを民間が信じるかどうかに依存します。しかし，民間は必ずしも信じてくれるとは限りません。なぜでしょう？

　仮に，民間が信じたとしましょう。そうすると，長期金利が下がり，住宅投資や設備投資が増えるでしょう。この結果，景気は上向き，物価も上昇します。ここで重要なのは，将来物価が上がっても，中央銀行は低金利を維持するだろうという予想を民間が持つことです。なぜなら，インフレ率が高くなった時点でも名目金利が低いままであれば，将来にわたって実質金利は低く抑えられるので，住宅投資や設備投資を増やす意欲が強まるからです。

　しかし，物価の安定を望む中央銀行は，物価の上昇を放置せず，金融引き締めを行う可能性があります。つまり，中央銀行としては，物価が下落している（デフレの）現時点では，「将来にわたって金融緩和を継続する」という声明を民間が信じてくれれば，デフレから脱却できて嬉しいのですが，実際に物価が上昇し始めると，約束を破って，引き締めに転じようというインセンティブが働きます。このように，事前（デフレの現時点）と事後（イン

長期金利の決まり方を考えるために，ここでは，満期が 1 年（1 期）の短期債券の金利と，満期が 2 年（2 期）の長期債券の金利との関係を考えます。第 1 期における短期債券の金利を r_1，第 2 期における短期債券の金利の期待値を r_2，第 1 期における長期債券（満期が 2 年の債券）の金利を年率（1 年当たり）r_L とします（図表9−9）。

図表9−9 ▶▶▶短期金利と長期金利

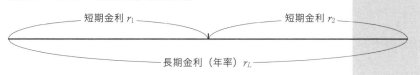

純粋期待仮説の下では，

$$r_L = \frac{r_1 + r_2}{2}$$

が成り立ちます。このとき，短期債券に続けて投資しても，長期債券を買って満期まで保有しても，同じ期待収益率が得られます。

以上，2 期間の長期金利を考えましたが，それより長い期間の長期金利の場合は，当該期間の短期金利の期待値の平均になります。

フレの将来時点）で，インセンティブが異なることを，「**動学的不整合**」あるいは「**時間を通じた不整合**」と呼びます。

このような中央銀行のインセンティブを見透してしまうと，民間としては，中央銀行の「将来にわたって金融緩和を継続する」という約束を簡単には信じられないでしょう。そうすると，住宅投資や設備投資は増えません。

そこで，中央銀行としては，「将来にわたって金融緩和を継続する」という約束を民間に信じてもらうために，簡単には約束を反故にできないような仕組みを自ら作り出す必要があります。その仕組みの 1 つが，中央銀行による大量の資産購入です。

たとえば，日本銀行では，量的緩和政策や量的質的緩和政策の導入時，将来の金融政策のコミットメントと合わせて，大量に国債などの金融資産を購

入することを公表しました。非伝統的金融政策を実施した他の中央銀行も，ほとんどの場合，その政策を継続する条件や期間についてあらかじめ示すとともに，大量の金融資産購入を決定しました。

こうした資産購入の1つの目的は，将来にわたって低金利を維持することを信じてもらうためであったと考えられます。なぜなら，将来，金利を急速に引き上げれば，その時点で国債の価格は下落し，国債を大量に保有する中央銀行や民間銀行は多大な損失を被ります。中央銀行や民間銀行が多額の損失を被れば，金融システムが不安定になりかねません。中央銀行自身がすすんでこうした事態を招くことは，ありえないと考えられます。このため，中央銀行が将来の金融緩和のアナウンスメントと同時に大量に国債等の債券を購入することで，民間部門は，将来にわたって低金利が持続するであろうと合理的に推測できるようになり，長期金利が低下します。

3.2.2 ポートフォリオ・リバランスの効果

中央銀行が長期国債や社債などの金融資産を大量に購入すると，民間金融機関が保有するこれらの資産が減少するため，民間金融機関はそれを補おうと，これらの資産の購入意欲を高めること（ポートフォリオ・リバランス効果）があります。たとえば生命保険会社は，長期の負債（死亡時などに保険金を支払う義務）を抱えているので，リスク管理上，保有資産の一定割合は長期の安全資産である国債での運用を心がけているといわれます。民間の銀行も，貸出などのリスク資産の割合を増やさないよう，国債などの安全資産を一定割合保有しようとするインセンティブがあります。このように，長期資産の購入意欲が強く，多少価格が高くても（利回りが低くても）長期資産を購入したい投資家がいると，中央銀行が国債などの長期資産を民間金融機関から購入することで，国債などの長期資産の価格が上昇（利回りが低下）します。

日本銀行は，2016年9月以降，長期金利に目標値を決めて国債の購入量を調整（イールドカーブ・コントロール）していますが，こうした長期金利のコントロールができるのは，ポートフォリオ・リバランス効果によるもの

と考えられます。

　ポートフォリオ・リバランス効果は，価格が高くても（利回りが低くても）長期資産を購入したい投資家が存在し，短期資産と長期資産の**裁定取引**（同じリスクで収益率に差がある場合，その差を利用して収益を得ようとする取引）が十分に働かないことを前提としています。

　ポートフォリオ・リバランス効果は，長期金利だけでなく，為替レートなど，他のリスク資産の価格にも影響することがあります。たとえば，長期国債や社債などを日本銀行に売却した民間金融機関が，ドル建ての外国債券を購入する意欲を高めると，そのために通貨ドルが必要となるので，ドル高円安になる傾向が出てきます。

3.3　非伝統的金融政策の効果とリスク

　非伝統的金融政策は，期待どおりの効果を得ることができたでしょうか？まず，金融システムの安定化には，十分効果があったと考えられます。他方，流動性の罠への対応としては，為替レートを通じた景気・物価への効果が一定程度あったものの，必ずしも当初期待されたほどの効果は上がっていないようです。

　特に日本の場合，長期金利や為替を通じた効果は，以前に比べて，小さくなっている可能性があります。為替レートが円安になっても，アベノミクス以前の円高期による海外直接投資の増加によって海外現地生産が増え，輸出は増えにくくなっています。また，企業の投資の中身も変わってきています。現代の企業の成長にとって，設備投資に並んで重要なのは，研究開発，ソフトウエア，ブランドなどの**無形資産投資**であり，長期金利の低下は，以前に比べて，設備投資を増やす効果が小さくなっていると推測されます。

　また，長期金利の低下は，債券運用収益の減少，貸出利鞘の縮小などにより，銀行の収益を徐々に圧迫するため，銀行が貸出に消極的になることも懸念されます。実際，マイナス金利付き量的質的緩和策が公表された前後の株価の推移をみると（**図表９－10**），日経平均に比べて銀行業株価指数の上昇

図表 9 − 10 ▶▶▶▶ マイナス金利付き量的質的緩和導入前後の株価の推移
　　　　　　　　　　（2016 年 1 月 29 日 ＝100）

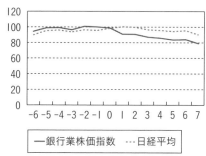

注：横軸は，2016 年 1 月 29 日を 0 とする営業日。

率は 10％ポイント以上下回っており，今後，収益悪化の影響を受けやすい中小の金融機関や中小企業向け貸出において，貸出が抑制される懸念が生じたことがうかがわれます。ただし，この点は，イールドカーブ・コントロールによって，是正されつつあります。

　さらに，中央銀行による長期国債などリスク資産の購入は，将来の中央銀行のバランスシートの悪化を通じて通貨に対する信認を失わせる危険性や，財政規律が緩んで財政赤字が増大し，将来的に債務危機が生じる危険性もあります。日本では，政府債務残高の対 GDP 比が 200％を超える高い水準にあるため，この点にも注意が必要です。

Column　金融政策の波及経路

　伝統的な金融政策であれ，非伝統的な金融政策であれ，一般的に金融緩和が実体経済に波及する経路は，3つに分類できます（図表9−11）。1つは，標準的なマクロ経済学の教科書に出ている，実質金利の低下および実質為替レートの減価を通じて，設備投資，住宅投資，純輸出を増加させる経路です。残る2つの経路は，資産価格の上昇が銀行などによる貸出を増やすもので，まとめて「信用経路」と呼ばれます。そのうちの1つは，資産価格の上昇によって，借り手である企業や家計が保有する資産価値が上昇し，土地などの担保価値も上昇するので，資金を借りやすくなる効果です（企業・家計のバランスシート経路）。もう1つは，貸し手である銀行が保有する金融資産の価値が上昇し，銀行の自己資本や流動資産が増えて貸出に積極的になる効果です（銀行のバランスシート経路）。

　これら3つの経路の定量的な大きさは，金融システムの特徴や貸出の種類に依存します。たとえば，Ciccarelli et al. [2015] は，米国とユーロ圏の銀行に対するサーベイ調査に基づき，3つの経路の定量的比較を行い，ユーロ圏では，事業資金の貸出に対しては，銀行および企業のバランスシート経路が信用コスト（実質金利）経路を上回っているのに対し，住宅ローンでは，信用コスト経路が大きいこと，他方，米国では，家計・企業のバランスシート経路が主な波及経路であることを見出しています。日本では，たとえばHosono and Miyakawa [2014] が，企業向け融資に関して，銀行のバランスシート経路に着目した分析を行い，この経路が経済的に意味のある大きさであることを示しています。

　多くの場合，金融緩和策はいずれの経路を通じてもプラスに働きます。しかし，マイナス金利政策では，実質金利・実質為替レート経路と借り手のバランスシート経路がプラスに働くのに対し，債券運用収益の減少，貸出利鞘の縮小などによって，銀行の収益と自己資本が減少すると，銀行のバランスシート経路が貸出を抑制する可能性もあります。

図表9−11 ▶▶▶金融政策の波及経路

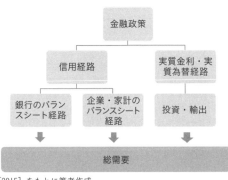

注：Ciccarelli et al. [2015] をもとに筆者作成。

1. 日本銀行が政策変更をしたときに，どのようなアナウンスや説明をしていた
   か，日本銀行のホームページで，いくつかの事例を調べてみましょう。

2. 日本銀行が政策変更をした日に，株価，為替レートおよび長期金利がどう変
   化したか，調べてみましょう。

　日本銀行が「2 年間で消費者物価上昇率 2%」の実現を目標に掲げて金融緩和
を継続しても，すぐにそれが実現するとは限りません。目標を掲げてから 3 年
経った時点で実現できなかった場合，目標を変更すべきか，それとも，目標を維
持して金融緩和をさらに進めるべきか，議論しましょう。

1. 現在から 1 年後までの金利が 2%，現在から 2 年後までの金利が年率 1.5%
   のとき，1 年後から 2 年後までの金利は何%と予想されているでしょう？
   純粋期待仮説が成り立っているものとして答えなさい。

2. t 期における GDP ギャップ（%）を y_t，インフレ率（%）を p_t，短期金利
   （%）を i_t で表すとき，中央銀行は，2%のインフレ率目標を掲げ，テイ
   ラー・ルールと呼ばれる次の式に従って短期金利を決定しているものとする。

   $$i_t = 2 + 1.5(p_t - 2) + 0.5y_t$$

   以下，実質金利は短期金利－インフレ率として計算しなさい。

   (1) GDP ギャップが 0% で，中央銀行が 2%のインフレ目標を達成してい
       るときの実質金利は何%になるでしょう？

   (2) GDP ギャップが－1%，インフレ率が－1%だとします。このとき，
       短期金利に下限がない場合と比べると，短期金利の下限がゼロの場合，
       実質金利は何%ポイント高くなるでしょう？

(3) t 期の GDP ギャップは－1％，インフレ率は－1％でしたが，短期金利には下限が存在したので，中央銀行は t 期の短期金利を下限の0％に設定し，$t+1$ 期も短期金利は0％を維持するとコミットしました。$t+1$ 期に GDP ギャップが0％，インフレ率が2％となったとき，このコミットメントがなかった場合に比べて，実質金利は何％ポイント低くなるでしょう？

▶▶▶さらに学びたい人のために ────────────────

● 白川方明［2018］『中央銀行―セントラルバンカーの経験した39年』東洋経済新報社。

● 竹田陽介・矢嶋康次［2013］『非伝統的金融政策の経済分析―資産価格からみた効果の検証』日本経済新聞出版社。

● 日本経済新聞社（編）［2018］『黒田日銀―超緩和の経済分析』日本経済新聞社。

● 福田慎一［2015］『「失われた20年」を超えて』NTT出版。

● 吉川洋編［2009］『デフレ経済と金融政策』内閣府経済社会総合研究所。

参考文献

● Ciccarelli, M., Maddaloni, A. and Peydró, J-L.［2015］Trusting the bankers: A New Look at the Credit Channel of Monetary Policy, *Review of Economic Dynamics* 18, 979-1002.

● Hosono, K. and Miyakawa, D.［2015］Business Cycles, Monetary Policy, and Bank Lending: Identifying the Bank Balance Sheet Channel with Firm-Bank Match-Level Loan Data, *RIETI Discussion Paper* 14-E-026.

第**10**章 **財政の維持可能性**

▶日本では，1990年代以降，財政赤字が継続しており，現在では，政府債務
の対GDP比は主要先進国中最も高い水準になっています。こうした巨額
の政府債務は，維持可能なのでしょうか？　それとも，いずれ財政破綻・
債務危機が生じるのでしょうか？

▶本章では，日本財政の現状を見たうえで，政府債務が維持可能な条件，財
政破綻・債務危機が生じるメカニズム，および，財政の維持可能性を判断
する手法について学びます。

▶本章を通じて，望ましい財政政策のあり方について考えます。

プライマリー・バランス　　純債務　　政府の通時的予算制約
政府債務の維持可能性　　ボーン・ルール　　デフォルト　　金融抑圧
通貨危機　　国内債務・対外債務

1 / 日本財政の現状

　政府は，税収や社会保障負担（公的年金，公的医療保険などの保険料）を
収入とし，公務員の給与，公共工事，社会保障給付などの支出に充てていま
す。収入が支出よりも少なく，財政赤字になると，国債あるいは地方債など
の債券を発行するか，借入を行うことで，収入の不足分を補います。

　図表10－1は，日本の国（中央政府），地方（都道府県および市町村），
および社会保障基金（公的年金や雇用保険を運営する国の特別会計（保険事
業特別会計）のほか，地方公共団体の公営事業会計のうち医療，介護事業，
公務員年金を運営する共済組合の一部，独立行政法人の一部（年金積立金管
理運用独立行政法人））を統合した，一般政府ベースの収入（税収，社会保険

図表 10 − 1 ▶ ▶ ▶一般政府プライマリー・バランスの対 GDP 比の推移 (1980-2018 年)

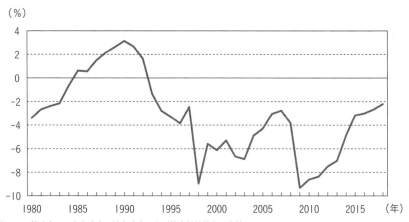

注 1 ：一般政府は，中央政府，地方政府および社会保障基金の合計。
注 2 ：プライマリー・バランスは，純貸出から，財産所得（受取−支払）を引いて算出。
注 3 ：1980 年から 1993 年までは 2000 年基準。1994 年から 2018 年までは 2011 年基準。
出所：内閣府経済社会総合研究所『国民経済計算統計』。

料等）と支出（国債や地方債などの利払い分は除く）の差額である，**プライマリー・バランス**の対 GDP 比の推移を示しています。

　これによると，1985 年から 1992 年の間は，収入が支出（金利払いを除く）を上回り，プライマリー・バランスはプラス（黒字）でしたが，それ以降は収入が支出（金利払いを除く）を下回り，プライマリー・バランスはマイナス（赤字）が続いています。これは，1990 年代以降，少子高齢化に伴って，年金や医療などの社会保障費が増大したこと，バブル崩壊後の不況期に，経済対策として公共工事を増やしたこと，名目 GDP 成長率の低下に伴って税収が減少したことなどによります。

　プライマリー・バランスの赤字が続くと，国債や地方債などの政府債務は増大します。プライマリー・バランス（フロー）と政府債務（ストック）との関係は，(1)式で表すことができます。

$$B_{t+1} = (1+r_{t+1})(B_t - S_t) \tag{1}$$

ここで，B_t は t 期の期首（初め）における政府債務です。ここでは，簡単化のため，政府債務はすべて 1 期間で返済する短期債務だと仮定し，その金利を r_{t+1} で表します。S_t は t 期におけるプライマリー・バランスで，T_t，G_t をそれぞれ税収（社会保障負担含む），政府支出（金利払い除く）とすると，$S_t = T_t - G_t$ です。(1)式は，前期から繰り越した政府債務 B_t と今期のプライマリー・バランスの赤字分 $-S_t$ の合計額に金利分を上乗せした額（右辺）だけ，新たに国債 B_{t+1} を発行する必要があることを示しています。

　政府債務の大きさを国際比較する場合や，過去と時系列で比較する場合は，政府債務の対 GDP 比を見るのが便利です。t 期の GDP を Y_t で表し，(1)式の両辺を Y_t で割ると，

$$\frac{B_{t+1}}{Y_t} = (1 + r_{t+1})\left(\frac{B_t}{Y_t} - \frac{S_t}{Y_t}\right) \tag{2}$$

となります。ここで，$t+1$ 期の GDP を Y_{t+1}，GDP 成長率を g_{t+1} で表すと，

(2)式の左辺は，$\dfrac{B_{t+1}}{Y_t} = \dfrac{B_{t+1}}{Y_{t+1}}\dfrac{Y_{t+1}}{Y_t} = \dfrac{B_{t+1}}{Y_{t+1}}(1 + g_{t+1})$ と書き直すことができます。

そこで，すべての変数の対 GDP 比を小文字で表すと（$\dfrac{B_t}{Y_t} = b_t$，$\dfrac{B_{t+1}}{Y_{t+1}} = b_{t+1}$，

$\dfrac{S_t}{Y_t} = s_t$），(2) 式は，

$$b_{t+1}(1 + g_{t+1}) = (1 + r_{t+1})(b_t - s_t) \tag{3}$$

あるいは

$$b_{t+1} = \left(\frac{1 + r_{t+1}}{1 + g_{t+1}}\right)(b_t - s_t) \tag{4}$$

と書き直すことができます。(4)式は，政府債務の対 GDP 比は，プライマリー・バランスの対 GDP 比のマイナス幅が大きいほど，また，金利が GDP 成長率に比べて相対的に高いほど，大きくなっていくことを示しています。

　実際には，政府は債務と同時に金融資産も保有しているので，正確には，

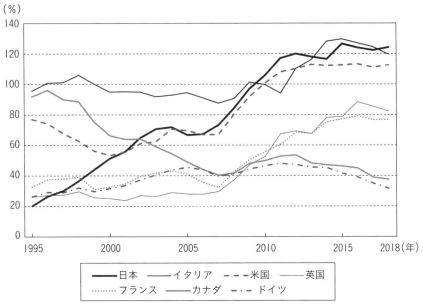

図表 10 － 2 ▶ ▶ ▶ 一般政府純債務の対 GDP 比（国際比較）

注：一般政府金融資産（合計対 GDP 比，％）に－ｌを乗じた値。
出所：OECD Data. https://data.oecd.org/gga/general-government-debt.htm

B_t（あるいは b_t）は，政府の**純債務**（債務－金融資産）（あるいは，純債務の対 GDP 比）に該当します。

図表 **10 － 2** は，主要先進国の政府純債務の対 GDP 比を示しています。これをみると，日本の政府純債務の対 GDP 比は 1995 年以降増加を続けており，2008 年以降，イタリアと並んで主要先進国中最も高い水準に達していることがわかります。

2 政府の通時的予算制約

政府は，債務があれば，プライマリー・バランスをプラス（黒字）にすることで，債務を返済する必要があります。この点を，まずは第 0 期と第 1 期からなる 2 期間の世界で考えてみましょう。第 0 期の期首に政府は B_0 だけ

の債務（国債）を抱えているとします（$B_0 > 0$）。そうすると，(1)式で $t = 0$ を代入して整理すると，

$$B_0 = S_0 + \frac{B_1}{1+r_1} \tag{5}$$

が得られます。同様に，(1)式で $t = 1$ を代入して整理すると，

$$B_1 = S_1 + \frac{B_2}{1+r_2} \tag{6}$$

となります。(6)式を(5)式に代入して整理すると，

$$B_0 = S_0 + \frac{1}{1+r_1}\left(S_1 + \frac{B_2}{1+r_2}\right) = S_0 + \frac{S_1}{1+r_1} + \frac{B_2}{(1+r_1)(1+r_2)} \tag{7}$$

です。しかし，第 1 期が最後の期ですから，第 1 期の最後に家計が保有している国債はすべて償還（返済）され，家計が新たな国債を購入することはありません。(7)式の最後の項は，第 2 期の期首，すなわち，第 1 期の期末の政府債務残高の割引現在価値を示しますが，これは 0 でなければなりません。すなわち，

$$\frac{B_2}{(1+r_1)(1+r_2)} = 0 \tag{8}$$

が成り立つはずです。(8)式の意味を考えるために，各期のプライマリー・バランスは 0（$S_0 = S_1 = 0$）だと仮定して，当初の債務 $B_0 > 0$ を借り換え続けた場合を考えてみましょう。こうした借り換え行動は，イタリア生まれの詐欺師の名前にちなんで，ポンジ・ゲームと呼ばれています。この場合，第 0 期の期首の債務 B_0 は，第 1 期の期首には $B_1 = (1+r_1)B_0$ となり，さらに第 2 期の期首（第 1 期の期末）には $B_2 = (1+r_2)B_1 = (1+r_1)(1+r_2)B_0$ となるので，(7)式より，

$$\frac{B_2}{(1+r_1)(1+r_2)} = B_0 > 0 \tag{9}$$

となり，(8)式を満たすことはできません。このため，(8)式は非ポンジ・ゲーム条件と呼ばれます。

(8)式を(7)式に代入すると，2期間を通じた政府の予算制約（通時的予算制約），

$$B_0 = S_0 + \frac{S_1}{1+r_1} \tag{10}$$

が得られます。(10)式は，現在（第0期の期首）の債務残高が，現在から将来にかけてのプライマリー・バランスの**割引現在価値**の合計に等しいことを示しています。これは，政府が借り換え続ける行動（ポンジ・ゲーム）を取ることができないことによる制約条件です。この制約条件は，2期間の場合だけでなく，一般的に当てはまります（Column「一般的な政府の通時的予算制約」参照）。

3 / 維持可能性の条件

日本のように政府が大きな債務を抱えていると，やがて財政が破綻するのではないかと，心配になるかもしれません。そこで，財政が破綻することなく，政府債務が維持可能であるための条件を考えましょう。

政府の通時的予算制約式は，政府の税収，したがって，プライマリー・バランスに限りがある限り，政府といえども，際限なく政府債務を増やすことはできないことを示しています。実際，政府はGDPの一定の割合しか税を徴収することはできないと考えられます（仮にGDPの100%を税として徴収すると，民間部門は全く所得がなくなってしまいます）。このため，プライマリー・バランスもGDPの一定割合を超えてプラスにすることはできま

せん。そこで，政府債務が維持可能であることを，

（1）通時的予算制約を満たす。

（2）プライマリー・バランスの対 GDP 比がある一定の上限以下である。

という 2 つの条件を満たす状態だと定義します。そうすると，政府債務の対GDP 比が一定の上限を超えないことが，政府債務が維持可能であるための

Column ｜ **一般的な政府の通時的予算制約**

一般的に 0 期から $T\text{-}1$ 期までの T 期間までを考えると，(5)式，(6)式と同様の計算を繰り返すことによって，

$$B_0 = S_0 + \frac{S_1}{1+r_1} + \frac{S_2}{(1+r_1)(1+r_2)} + \cdots + \frac{S_{T-1}}{(1+r_1)(1+r_2)\cdots(1+r_{T-1})}$$
$$+ \frac{B_T}{(1+r_1)(1+r_2)\cdots(1+r_T)} \tag{11}$$

が得られます。ここで最後の項は，

$$\frac{B_T}{(1+r_1)(1+r_2)\cdots(1+r_T)} = 0 \tag{12}$$

である必要があるので（非ポンジ・ゲーム条件），結局，T 期間の政府の通時的予算制約は，

$$B_0 = S_0 + \frac{S_1}{1+r_1} + \frac{S_2}{(1+r_1)(1+r_2)} + \cdots + \frac{S_{T-1}}{(1+r_1)(1+r_2)\cdots(1+r_{T-1})} \tag{13}$$

となり，当初の政府債務が，将来にわたるプライマリー・バランスの割引現在価値の合計に等しくなります。たとえば金利が r で一定の場合，

$$B_0 = \sum_{t=0}^{T-1} \frac{S_t}{(1+r)^t} \tag{14}$$

です。

無限期間の世界では，

$$\lim_{T\to\infty} \frac{B_T}{(1+r_1)(1+r_2)\cdots(1+r_T)} = 0 \tag{15}$$

という非ポンジ・ゲーム条件を課すことによって，やはり，当初の政府債務が，将来にわたるプライマリー・バランスの割引現在価値の合計に等しいことを示すことができます。

必要条件であることを示すことができます（Column「政府債務の対 GDP 比
による維持可能性条件」参照）。直観的な説明は，以下のとおりです。

国債（正確には，政府債務）をどれだけ増やせるかは，民間が国債を買い
続けるかどうかに依存します。民間は，貯蓄の一部を国債の購入に充てるわ
けですが，貯蓄は将来消費するためのものなので，民間が貯蓄をいくらでも
際限なく増やし続けることはありません。長期的には，所得の一定割合を貯

Column ▸ **政府債務の対 GDP 比による維持可能性条件**

政府債務の対 GDP 比が際限なく増える状況を考えてみましょう。これは，政府債務が
GDP 成長率よりも高い率で増えることを意味します。以下では，金利を r，政府債務の
上昇率を g_B，GDP の成長率を g で表し（すべて一定と仮定），$g < g_B$ のときには，維持可
能性の 2 つの条件のいずれかが満たされないことを示します。

A. $r \leq g_B$ の場合

この場合，政府債務は金利と同じかそれよりも高い率で増えるので，非ポンジ・ゲー
ム条件は満たされません。式で説明すると，$B_T = (1+g_B)^T B_0$ なので，$r < g_B$ であれば，

$$\lim_{T \to \infty} \frac{B_T}{(1+r_1)(1+r_2)\cdots(1+r_T)} = \lim_{T \to \infty} \left(\frac{1+g_B}{1+r}\right)^T B_0 = \begin{cases} \infty & if \ r < g_B \\ B_0 > 0 & if \ r = g_B \end{cases} \tag{16}$$

となり，非ポンジ・ゲーム条件(15)式を満たしません。

B. $g_B < r$ の場合

この場合，(1)式より，

$$S_t = B_t - \frac{B_{t+1}}{1+r} = B_t - \frac{(1+g_B)B_t}{1+r} = B_t \left(\frac{r-g_B}{1+r}\right) \tag{17}$$

したがって，

$$\frac{S_t}{B_t} = \frac{r-g_B}{1+r} > 0 \tag{18}$$

なので，S_t は B_t と同じ率，すなわち g_B の率で増加します。しかし，$g < g_B$ なので，S_t
の対 GDP 比は際限なく上昇します。これは，「プライマリー・バランスの対 GDP 比が
ある一定の上限以下である」という条件を満たしません。

以上より，いずれのケースでも，政府債務の対 GDP 比が際限なく増える状況は，維持
可能ではないことがわかります。つまり，政府債務の対 GDP 比が一定の上限以下にとど
まることは，維持可能性の必要条件です。

蓄に回すと考えられます。民間が保有する資産の中で，国債の割合が増え続ければ，企業に向かう資金がそれだけ減っていきます。その結果，企業が保有する実物資産（機械や建物などの資本ストック）が減っていきます。実物資産が減り続ければ，生産も減り続け，一国経済が立ち行かなくなります。こうした事態になるまで，民間が国債を保有し続けることは，不可能です。民間は，資産に占める国債の割合を一定水準に抑えようとするでしょう。長期的に貯蓄率が一定であれば，貯蓄残高は所得（GDP）と同じ率で伸びていきますから，結局，国債残高の対GDP比が一定にとどまることが，国債の持続可能性の条件だといえます。

　政府債務が維持可能かどうかを検証するための，簡便で実用的な方法もあります。政府債務の対GDP比が高まればプライマリー・バランスを増やすような財政運営を行った場合，政府債務の対GDP比は一定にとどまり，維持可能性条件は満たされやすくなります。こうした財政運営は，この点を最初に示した経済学者の名前にちなんで，**ボーン・ルール**と呼ばれており，実際の財政運営がボーン・ルールに従っているかどうかを検証することで，政府債務の維持可能性を判断するのです。日本や米国などで，こうした検証が行われています（たとえば，Bohn, H. [1998]）。ただし，ボーン・ルールによる維持可能性の検証は，過去の財政運営が今後も変わらなければ維持可能かどうか，という検証であり，増税や社会保障改革などの新しい財政再建が行われる場合の維持可能性の検証道具としては使うことができません。新しい財政運営の維持可能性を検証するためには，経済理論モデルに基づいたシミュレーションが必要となります（たとえば，Sakuragawa and Hosono [2011]）。

4 　中央銀行と政府の統合予算制約

　これまで，政府の予算制約式(1)からスタートして，政府債務の維持可能性を議論してきました。そこでは，国債などの政府債務は民間部門が保有す

ることを前提としています。しかし実際には，政府が発行した国債のうち少なくない割合が中央銀行によって保有されており，その割合は非伝統的金融政策のもとでますます高まっています（図表 10 - 3）。

　そこで，中央銀行がベースマネーを発行して，国債を民間から購入することを考慮に入れて，中央銀行と政府を一体としてみた場合の予算制約を考えてみましょう。t 年と $t+1$ 年の各期首におけるベースマネーをそれぞれ M_t，M_{t+1}，民間部門が保有する政府債務を B_t，B_{t+1} で表すと，（1）式は，

$$M_{t+1} - M_t + B_{t+1} = (1+r_{t+1})(B_t - S_t) \tag{19}$$

と修正することができます。ここで，左辺を(1)式と比べると，ベースマネーの増分 $M_{t+1} - M_t$ が追加されています。なお，単純化のために，ベース

図表 10 - 3 ▶▶▶国債等の所有者別内訳（2020 年 3 月末（速報））

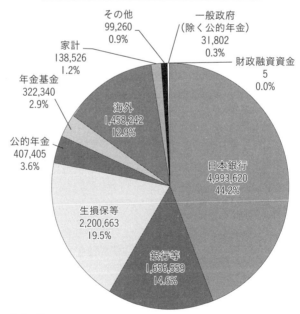

出所：財務省ホームページ。
https://www.mof.go.jp/jgbs/reference/appendix/breakdown.pdf

マネーには金利がつかないと仮定しています。

(19)式は，プライマリー・バランスが赤字（$S_t < 0$）のときに，政府債務を増やさなければ，ベースマネーが増えることを示しています。こうした考え方をもとに，Modern Monetary Theory（MMT）と呼ばれる理論を提唱する人たち（例えば，レイ[2019]）は，自国通貨を発行できる国では，政府債務はすべて通貨の発行によって返済できると主張しています。本当でしょうか？

ベースマネーが増えれば，マネーストック（現金通貨と預金通貨の合計）が増えます。マネーストックが増えれば，流動性の罠（第9章）に陥っていない限り，総需要が刺激され，物価が上昇し，インフレや為替レートの減価（円安）が生じます。そこで，(19)式の両辺をt期の物価水準P_tで割って整理すると，

$$\frac{M_{t+1}-M_t}{M_t}\frac{M_t}{P_t}+\frac{B_{t+1}}{P_{t+1}}\frac{P_{t+1}}{P_t}=(1+r_{t+1})\left(\frac{B_t}{P_t}-\frac{S_t}{P_t}\right) \tag{20}$$

と書き直すことができます。(20)式左辺第1項は，ベースマネーの増加率×実質ベースマネー（ベースマネー残高を物価水準で割った値）ですが，これが，通貨によって財政赤字を賄うことによる実質的な政府の収入です。インフレが生じると，民間部門では，実質マネーストックに対する需要は減少するので，実質ベースマネーも減少します。仮に実質ベースマネーの減少の効果がベースマネーの増加率の効果を上回ると，ベースマネーを増やしても，政府の実質的な収入はむしろ減ってしまいます。特に，インフレ率が非常に高くなる場合は，こうした状況が発生しやすいと考えられます。こうした状況では，政府自身が高率のインフレや急激な円安よりは債務不履行の方が望ましいと考えるかもしれません（Mankiw[2020]）。

他方，経済が流動性の罠に陥っている場合には，ベースマネーが増えても，総需要は刺激されず，インフレや通貨安も生じません。国債の金利がゼロであれば，通貨と国債はほぼ同じ金融資産だとみなされるからです（第9章）。この場合，ベースマネーによる財政赤字の補塡によって，インフレや円安の

リスクは生じませんが，メリット，すなわち，金利払いの節約効果もありません。

　いずれにしても，(19)式のように政府と中央銀行を一体のものとして予算制約を考える場合，維持可能性の条件は民間保有の政府債務とベースマネーの合計額の対 GDP 比が一定の上限を超えて増え続けることがない，という条件になります。この条件が満たされず，民間保有の政府債務とベースマネーの合計額が GDP よりも早いスピードで増え続ければ，民間部門の貯蓄ストックに占めるこれらの資産の割合が増えていき，生産活動に必要な資本ストックにまわる資金が減っていくため，持続可能ではなくなります。MMT の論者が主張するように，際限なく政府債務を通貨発行によって返済できるわけではないのです。理論的には，流動性の罠のもとで，通貨発行を伴う財政支出が，民間の貯蓄および資本ストックを増やす可能性がありますが，そうした効果が得られるのは，一定の範囲内の財政支出に限られます（村瀬［2020］）。

5 債務危機・財政破綻

　財政が維持可能ではなく，**債務危機**に陥る，あるいは，**財政破綻**するというのは，どういう状況でしょうか？　それは，通時的予算制約が結果的に満たされるよう，政府が政府債務を実質的に削減することを意味します。その最も直接的な方法は，**デフォルト**（**債務不履行**）です。デフォルトとは，政府が国債や借入などの元本や金利払いの支払いを延滞あるいは停止することです。

　政府がデフォルトすると，国債などを保有している債権者は，当初の約束どおり元本や金利を受け取ることができず，損失を被ります。これまで，ロシア（1998 年）やアルゼンチン（2001 年，2014 年，2020 年）などが**対外債務**（外国に対する政府債務）のデフォルトを起こしたことがあります。

　ギリシャでは，2009 年の政権交代後，財政赤字が従来の公表値よりも大

きいことが明らかになったことをきっかけに，ギリシャ国債のデフォルトが
懸念され，投資家が要求する**リスク・プレミアム**（安全資産に対するリスク
資産の利回りの上乗せ分）が急上昇し，国債価格が暴落しました（将来受け
取る額が決まっている国債などの債券は，現在の価格が下落することによっ
て，その債券に投資した場合の利回り（金利）が上昇します）。さらに，リ
スク・プレミアムによって国債の金利が上昇すると，国債残高が急激に増加
し，さらにデフォルト・リスクが高まるという悪循環が生じました。また，
これを契機に，他のユーロ加盟国でも，財政状況が悪かったポルトガル，ア
イルランド，イタリア，スペインの国債価格が急落し，**欧州債務危機**が発生
しました。

　図表10－4はギリシャ国債の利回り（金利）の推移を示していますが，
2010年1月以降，急上昇しているのがわかります。ギリシャの場合，2012
年に，ギリシャ国債を保有する民間銀行や保険会社の90％以上が同国債の
額面に対し53.5％の債務削減に合意しました。また，この合意を受けて，

図表 10 − 4 ▶ ▶ ▶ ギリシャ国債利回りの推移

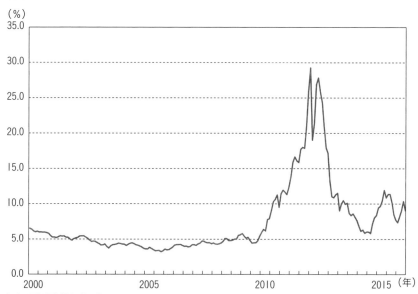

出所：国際通貨基金（IMF）*International Financial Statistics.*

IMF（国際通貨基金）やEU（欧州連合）が金融支援を決定したため，無秩序な「デフォルト」は避けられました。しかし，金融支援の条件として，増税，年金改革，公務員改革，公共投資削減等の厳しい緊縮財政等が義務付けられたため，景気は大きく落ち込み，大規模なデモや暴動などが発生するなど，社会不安が高まりました。

　実質的に政府債務を削減する別の方法として，高率のインフレがあります。中央銀行が大量に国債を購入し，マネタリー・ベースを供給することで，意図的にインフレを発生させるのです。インフレ率が高まると，名目金利がそれと同じだけ高くならない限り，実質金利は低下し，政府債務の実質価値は目減りします。自由な金融市場では，期待インフレ率が高まれば名目金利は同じだけ高まるはずですが（フィッシャー方程式，第9章参照），政府はしばしば規制や公的機関による国債買い入れなどによって名目金利を低く抑えます（これは，**金融抑圧**と呼ばれます）。図表10−5は，日本の政府債務（金融資産を引く前の粗債務）の対GDP比の推移を戦前からみたものですが，第2次世界大戦時に戦費のために急増した政府債務の対GDP比が，戦後急減しているのがわかります。これは，戦後のインフレによって名目

図表10−5 ▶▶▶日本の政府債務（対GDP比）の推移

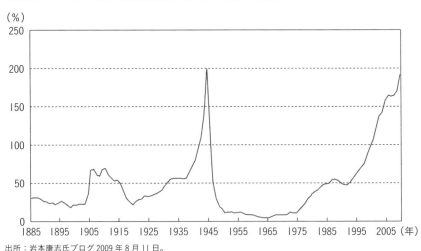

(%)

第
II
部●日本経済を考える

GDP が急増したからです。国債の保有者は，約束どおり元本や金利を受け取りましたが，その価値はインフレによって大幅に目減りしていました。

政府債務の実質的な削減の第3の方法は，**通貨危機**（急激な通貨安）です。国債を保有している外国人にとって，国債を発行している国の通貨が急激に減価する（通貨安になる）と，それだけ損失を被ります。

財政が維持可能であるとは，財政が破綻するリスク，すなわち，デフォルト，インフレ，通貨危機などを引き起こすリスクがない状態だといえます。

6 日本の政府債務の維持可能性

そこで，(4) 式に戻ると，国債が持続可能かどうか，つまり，国債残高の対 GDP 比が一定にとどまるのか，それとも時間が経てば経つほど，無限に大きくなっていくのかは，金利と GDP 成長率の大小関係と，プライマリー・バランスの対 GDP 比に依存します。

まず，日本における金利と GDP 成長率の関係をみてみましょう（**図表10－6**）。金利は，短期国債（1 年物）と，長期国債（10 年物）の利回りをみています。おおむね，名目 GDP 成長率が高いときは，長短いずれの名目金利も高く，名目 GDP 成長率が低いときは，長短いずれの名目金利も低い傾向がみられます。これは，GDP 成長率が高いときは投資のための資金需要も旺盛なことによります。ただし，GDP 成長率と金利との大小関係は，景気の局面や金融政策によって異なります。一般に，比較的 GDP 成長率が高いときは，GDP 成長率が長期金利・短期金利を上回っており，名目 GDP 成長率がマイナスになるような不況期には，GDP 成長率が長期金利・短期金利を下回る傾向があります。また，短期国債（1 年物）利回りは，量的緩和策や量的・質的緩和策を反映して 2000 年以降ほぼ 0％で推移しており，国債（10 年物）利回りはイールドカーブ・コントロールを反映して 2016 年以降ほぼ 0％で推移しています。1990 年第 3 四半期から 2020 年第 2 四半期までの約 30 年間の平均をみると，名目 GDP 成長率（平均 0.8％）は，短期

図表 10 － 6 ▶▶▶名目金利（短期・長期）と名目 GDP 成長率（1990 年第 3 四半期-2020 年第 2 四半期）

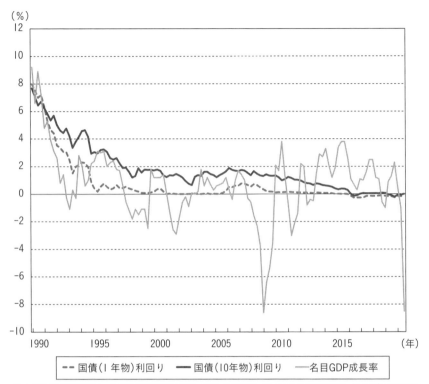

注：名目 GDP 成長率は，名目原系列前年同期比。国債（10 年物）利回りおよび短期国債（1 年物）利回りは，
　　月次終値を，四半期平均した値。
出所：名目 GDP 成長率は，内閣府経済社会総合政策研究所『国民経済計算』。国債（10 年物）利回りおよび短期
　　　国債（1 年物）利回りは，investment.com（https://jp.investing.com/rates-bonds/）。

国債（1 年物）の金利（平均 0.8%）とほぼ同じ水準で，長期国債の金利（平均 1.8%）よりも低いことがわかります。日本の政府債務の大半は長期国債なので，平均的にみると，政府債務の金利は GDP 成長率を上回っています（つまり，(4)式の右辺の $\frac{1+r_{t+1}}{1+g_{t+1}}$ は平均的にみて 1 を上回ります）。これは，仮にプライマリー・バランスがゼロで続いたとしても，政府債務の対 GDP 比は増え続けることを意味します。

　他方，**図表10−1**で実際のプライマリー・バランスの対GDPの推移をみると，1993年以降マイナスが続いており，1990年から2018年の平均値は－4.2%

です。これらの結果，純債務残高の対GDP比は**図表10−2**でみたように，趨勢的に上昇を続けています。

　日本のこれまでの財政運営が続けば政府債務が維持可能かどうかを調べるには，ボーン・ルールの検証も有益です。**図表10−7**をみると，1980年から2018年の財政運営は，平均的には，期初の債務残高が大きいほどプライマリー・バランスを減らす（赤字幅を拡大する）傾向があったことがわかります。したがって，日本ではこれまでボーン・ルールとは逆の財政運営がとられており，こうした財政運営が続けば，持続可能性の条件は満たすことは困難であることがわかります。

図表 10 − 7 ▶ ▶ ▶ 日本の一般政府のプライマリー・バランスと債務残高
（対名目 GDP 比，1980-2018 年）

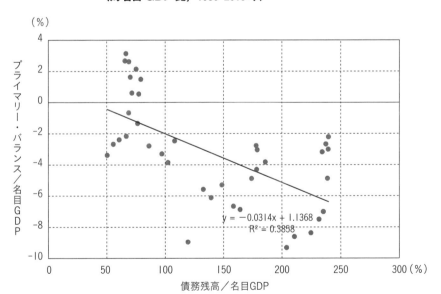

$$y = -0.0314x + 1.1368$$
$$R^2 = 0.3858$$

注：プライマリー・バランス / 名目 GDP は図表 10 − 1 注 2 参照。
出所：内閣府経済社会総合研究所『国民経済計算統計』。

7 / 財政再建の必要性

　1999 年以降のゼロ金利政策，量的緩和政策，量的・質的緩和政策，および イールドカーブ・コントロール等により，日本銀行は大量の国債を購入し ており，この結果，日本の長期金利は低位に抑えられてきました。また，民 間部門が豊富な金融資産を保有しているため，日本の国債（短期証券を含 む）の約 87％は国内で保有されています（**図表 10 - 3**）。

　一般に，**国内債務**は，外国に対する債務（**対外債務**）に比べてデフォルト の確率は低い傾向にあります。なぜなら，国内でのデフォルトは自国民に損 失を負担させることになるのに対し，対外債務は外国に損失を負担させるこ とになるため，政治的には前者のほうが不人気な政策だからです。このため， 金利が低く，国内保有割合が高い日本国債は，これまでのところ，リスク・ プレミアムは発生しておらず，財政破綻につながるような債務残高の急膨張 もみられません。

　しかし，今後，デフレから脱却し，インフレ率が高まれば，金利が上昇す る可能性があります。フィッシャー方程式（第 9 章参照）によれば，期待イ ンフレ率が高まれば，金利も上昇するからです。金利が上昇すれば，債務残 高の増加スピードが速まり，日本の政府債務の維持可能性に関する懸念が生 じるかもしれません。そうなれば，日本国債の格付けは下がり，投資家は日 本国債にリスク・プレミアムを要求します。この結果，国債金利はリスク・ プレミアム分だけさらに上昇します。国債の格付けは，民間企業の社債の格 付けにも影響し，社債の金利もリスク・プレミアム分だけ上昇しかねません。 そうなれば，企業は社債を発行して資金を調達することが困難になります。 また，国債や社債の金利の上昇が急激に起これば，国債や社債の価格は急落 します。そうすると，国債などを大量に保有している金融機関は損失を被り， 一部の金融機関の経営破綻にまでつながりかねません。内外の投資家は，日 本国債や日本企業の社債や株式への投資を減らし（資本逃避），急激な円安 が生じる可能性もあります。急激な円安は，国内では高率のインフレにつな

がります。

　こうした事態を避けるためには，歳出削減と歳入増を組み合わせて，プライマリー・バランスを増やす努力が必要です。このため，政府は，国と地方を合わせたプライマリー・バランスを黒字化する目標年次を決めています。しかし，こうした目標はこれまで何度も先送りされてきました。最近では2018年に，目標年次が2020年度から2025年度に先送りされました。さらに，この目標も，2020年7月に公表された内閣府の試算では実現が困難であることが明らかにされており，経済成長率を高めに見込んだケースでも，黒字になるのは2029年度と推計されています（内閣府「中長期の経済財政に関する試算」2020年7月31日）。

　こうした目標の先送りには，やむを得ない面もあります。例えば，新型コロナウイルス感染症の拡大に伴い，国・地方のプライマリー・バランスは，2019年度の－2.6％から2020年度には－12.8％と大幅に赤字幅が拡大し，国債残高の対GDP比も大幅に増加（2019年度192.5％から2020年度216.4％に増加）する見込みです。こうした一時的な支出を同額の増税によって賄おうとすると，悪化している景気をさらに冷やすだけでなく，資源配分の面でも非効率になります。したがって，一時的な支出の増大に対しては，徐々に収入を増やし，時間をかけてプライマリー・バランスを増やしていくことが望ましいと言えます。

　しかし，何度も目標を先送りすることには，深刻な弊害もあります。先送りを繰り返すことで，新たな目標の実現可能性も懐疑的にみられるようになります。つまり，目標に対するコミットメントが弱まります。これは，政府債務の持続可能性に関する懸念を生じさせます。また，政治的にも歳出増加の圧力を強め，増税などによる歳入増加の努力を弱めることになりかねません。そうなると，さらにプライマリー・バランスが悪化し，悪循環が生じます。

　政府債務の対GDP比を安定化させるためには，実現可能な目標を設定し，社会保障改革，増税，経済成長の促進策など，抜本的な改革を着実に進めていくことが不可欠です。

調べてみよう

1. 図表 10 − 2 をみると，過去 20 年ほどの間に，日本，イタリア，米国は政府の純債務（債務から金融資産を引いた額）の対 GDP 比が増加傾向にある一方，カナダは減少傾向にあり，ドイツも低い水準を維持しています。カナダやドイツでは，どのようにして，純債務の増加を抑えることができたのでしょうか？ 各国の財政当局のホームページをみて，調べてみましょう。

2. カーメン・M. ラインハートとケネス・S. ロゴフによる『国家は破綻する──金融危機の 800 年』（2011 年，日経 BP 社）には，過去に政府債務のデフォルトを行ったさまざまな国が載っています。この中で，公的対外債務のデフォルトを行った事例を 1 つ取り上げ，デフォルト後の経済状況がどのようになったか，調べてみましょう。

3. 日本の第 2 次世界大戦後のインフレ率がどの程度であったか，調べてみましょう。

4. 新型コロナウイルスの感染拡大は，経済活動の落ち込みによる税収減，失業や休業に対する給付増など，さまざまな要因によって，政府の財政を悪化させました。OECD や世界銀行などのホームページをみて，各国の最新の財政状況を調べてみましょう。

議論しよう

政府債務残高の対 GDP 比を低下させるために，どのような方策が有効でしょうか。政府収入の増加，政府支出の削減，および GDP の増加のそれぞれについて，具体的な方策を考え，どの方策（の組み合わせ）が最もよいか，議論しましょう。

解いてみよう

1. ある政府は，現在 1,000 兆円の債務残高を抱えていますが，今後 10 年間で債務残高をゼロにする目標を掲げています。金利が 2 ％ の場合，毎年のプライマリー・バランスをいくらにすればよいですか。

2. 現在の名目 GDP は 500 兆円ですが，今後，毎年名目 GDP が 2％で成長する経済があります。現在，政府は 1,000 兆円の債務残高を抱えており，今後，毎年名目 GDP の 10％に相当する政府支出額（金利払いを除く）が予定されています。国債の名目 GDP 比率を現在の 2.0 の水準にとどめるためには，税収の対名目 GDP 比率を何％にすべきですか。なお，名目金利は 5％だとします。

3. 名目 GDP 成長率が 2％，名目金利が 2％だとします。t 期のプライマリー・バランスの対 GDP を s_t，t 期首の政府債務の対 GDP 比を b_t で表すとき，政府が以下のボーン・ルールに沿った財政運営を行っているとします。このとき，政府債務の対 GDP 比はどのような水準に収束するでしょうか？

$$s_t = -0.02 + 0.01 b_t$$

▶▶▶さらに学びたい人のために ―――――――――

● カーメン・M. ラインハート，ケネス・S. ロゴフ［2011］『国家は破綻する―金融危機の 800 年』日経 BP 社。

● 小林慶一郎・小黒一正［2011］『日本破綻を防ぐ 2 つのプラン』日本経済新聞出版社。

● 深尾光洋［2012］『財政破綻は回避できるか』日本経済新聞出版社。

● 鈴木亘［2010］『財政危機と社会保障』講談社。

参考文献

● レイ，L. ランダル著，中野剛志・松尾匡解説，島倉原監訳，鈴木正徳訳［2019］『MMT 現代貨幣理論入門』東洋経済新報社。

● 村瀬英彰［2020］「新古典派均衡モデルにおける MMT 支持的なケース：2 つのマクロ経済学の包摂に向けて」金融経済研究，近刊。

● Bohn, H. [1998] "The behavior of U. S. public debt and deficits," *Quarterly Journal of Economics* 113(3), 949-963.

● Mankiw, N.G. [2020] "A Skeptic's Guide to Modern Monetary Theory," NBER Working Paper 26650.

● Sakuragawa, M., and K. Hosono [2011] "Fiscal Sustainability in Japan," *Journal of the Japanese and International Economies* 25 (4), 434-446.

▶地域間格差は広がっているのか，それとも縮小しているのかをデータを
使って調べます。

▶地域振興に関して政府が果たした役割，特に社会資本の役割とその老朽化
について考えます。

▶ 1990 年代に入ってから大きな自然災害が相次いで起きています。また，
2020 年には新型コロナウイルスによるパンデミックという予期せぬ世界的
大災害が起きました。こうした自然災害やパンデミックが地域経済だけで
なく経済全体とどのような関わりがあるかを学びましょう。

**地域間格差　地域振興政策（国土開発計画）　社会資本　民営化
平成の大合併　PFI　社会的共通資本　自然災害　パンデミック
供給網（サプライ・チェーン）**

1 ╱ 地域経済と地域間格差

　地域経済の問題は，国際貿易に関する問題と似ています。第 13 章で詳し
く述べるように，世界の国々は資源の賦存量や産業構造が異なりますが，各
国間で貿易をすることにより，資源をより効率的に利用し，それぞれの国民
が豊かになることができます。しかし，貿易の拡大にもかかわらず，先進国
と開発途上国の所得格差がなかなか解消しないように，日本の首都である東
京およびそれを取り巻く地域と他の地域との所得格差は依然として存在して
います。このため，日本では戦後さまざまな形で**地域振興政策**が取られてき
ました。この一連の地域振興政策の中で，公共投資によって蓄積された社会
資本は重要な位置を占めてきました。本章では，できるだけ地域のデータに

基づきながら，日本の**地域間格差**の実態と社会資本が果たした役割について述べていきます。

　そもそも日本の地域間格差は，拡大しているのでしょうか。地域間格差を見るのに最もわかりやすい指標は，1人当たりの県民所得です。この指標では，県外からの所得をどのように扱うかという問題があり，本来は徳井他［2013］のように，都道府県別の労働生産性でみるのが適切ですが，大きな違いはないため，ここでは1人当たりの県民所得をみることにします。

　1977年の『県民経済計算年報』によると，1965年度の1人当たり県民所得のトップは東京都で，42万円です。これに対して1人当たり県民所得が最も低い県は，復帰前の沖縄県で14万円でした。つまり，1965年当時沖縄県の1人当たりの所得は，東京都の3分の1に過ぎなかったのです。

　1965年度から約半世紀たった2017年度には，この地域間の所得格差はどのようになったでしょうか。トップは，相変わらず東京都で1人当たり所得は，543万円です。最下位も相変わらず沖縄県で235万円です。ただその格差は3分の1から5分の2へと縮小しています。実は，東京都の所得には，神奈川県，千葉県，埼玉県から通勤してくる人の分も含まれているので，この所得を東京都に住んでいる人で割ると，東京都の1人当たり所得は過大評価されていることになります。半世紀前より東京都への通勤人口は増加している可能性があるので，沖縄県との所得格差は上であげた数字以上に縮小している可能性があります。ただ，1人当たり所得を1位の東京都と2位の大阪府で比べてみると，1965年度の大阪府の1人当たり所得は，東京都の9割であったのに対し，2017年度には6割に低下しています。

　このように，日本全体でみれば都道府県間の所得格差は縮小しているのですが，そうした中でも東京都だけが突出している構造は，逆に強まっているのです。人々が東京都へ富が「一極集中」していると考える背景には，こうした要因があると考えられます。

　地域問題と貿易問題の違いは，労働移動に大きく表れます。国境を越える労働移動には，グローバル化した現代でも依然相当の困難が伴いますが，これに比べると国内での地域間の労働移動は容易です。このため国内での地域

図表 11 − 1 ▶ ▶ ▶ 社会的人口移動による純増減

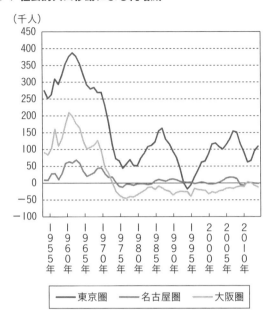

間所得格差は，労働力の移動を生み出します。**図表 11 − 1** にみられるように，1950 年代後半から 60 年代にかけての高度成長期には，地方から東京圏だけでなく，大阪圏や名古屋圏に多くの人々が移住してきました。大阪圏や名古屋圏への人口流入はその後止まりましたが，東京圏へはその後も 2 回人口の流入ブームが起きています。1 つは 1980 年代のバブル期で，もう 1 つは 21 世紀に入ってから今日までです。大阪圏や名古屋圏への人口流入が止まり，東京圏への人口流入が続いているのは，先にみたように東京都だけが，大阪や愛知を引き離して高い所得水準を維持しているからでしょう。

---

2 地域振興政策と社会資本の役割

　東京都とそれ以外の地域との所得格差は，民間経済の動きだけで生じたわけではありません。政府は，高度成長期の時代から幾度となく，大規模な地

図表 11 − 2 ▶▶▶ 国土計画の変遷

計画	全国総合開発計画（全総）	新全国総合開発計画（新全総）	第三次全国総合開発計画（三全総）	第四次全国総合開発計画（四全総）	21世紀の国土のグランドデザイン	国土形成計画（新しい国土計画）	新たな国土形成計画〜対流促進型国土の形成〜
閣議決定	1962年10月5日	1969年5月30日	1977年11月4日	1987年6月30日	1998年3月31日	2008年7月4日	2015年8月14日
策定時の内閣	池田勇人内閣	佐藤栄作内閣	福田赳夫内閣	中曽根康弘内閣	橋本龍太郎内閣	福田康夫内閣	安倍晋三内閣
目標年次	1970年	1985年	1977年から概ね10年間	概ね2000年	2010-2015年	2008年から概ね10年間	2025年
経済的背景	高度成長経済への移行所得倍増計画	高度成長経済	石油危機・安定成長経済田園都市構想	バブル経済民間活力計画	平成不況人口減少・高齢化時代	人口減少・高齢化時代東アジア経済圏の台頭	人口減少・高齢化時代東日本大震災
基本目標	**地域間の均衡ある発展**	**豊かな環境の創造**	**人間居住の総合的環境の整備**	**多極分散型国土の構築**	**多軸型国土構造形成の基礎づくり**	（構想）多様な広域ブロックが自律的に発展する国土を構築するとともに、美しく、暮らしやすい国土の形成を図る。	（構想）それぞれの地域が個性を磨き、異なる個性を持つ各地域が連携することによりイノベーションの創出を促す「対流促進型国土」の形成を図る。
開発方式等	**拠点開発構想**	**大規模プロジェクト構想**	**定住構想**	**交流ネットワーク構想**	**参加と連携**	国土総合開発計画の抜本的見直し	コンパクト＋ネットワーク
投資規模	「国民所得倍増計画」における投資額に対応	1966-1985年に約130-170兆円の累積政府固定資本形成（昭和40(1965)年価格）	1976-1990年に約370兆円の累積政府固定資本形成（昭和50(1975)年価格）	1986-2000年度に1,000兆円程度の公、民による累積国土基盤投資（昭和55(1980)年価格）	投資総額を示さず、投資の重点化、効率化の方向を提示		

域振興政策を策定し，それに伴ってさまざまな政策を実施してきました。**図表 11 − 2** にあるように，最初の大規模な地域振興策（**国土開発計画**）は，1962 年に策定されています。その後 1987 年の第 4 次全国総合開発計画に至るまで，計 4 回の大規模な国土開発計画が，約 10 年に 1 回ごとに策定されています。各計画では，それぞれの時代に応じた基本目標が掲げられていますが，それらを貫く考え方は，最初の全国総合開発計画に掲げられた「**国土の均衡ある発展**」，すなわち東京都のような特定の地域の経済発展だけでなく，全国の各地域が経済発展の恩恵を享受できるよう国土を整備していくと

いうものです。

　この「国土の均衡ある発展」を実現する手段となったのが，港湾，鉄道網，道路網など**社会資本**の整備です。社会資本には，その用途に応じて，4つに分類することができます。1つは農林水産基盤で，これは農林水産業を営む上での社会資本と位置付けられ，農道や漁業用港湾の整備や国有林の保全などがこれに含まれます。2つ目は，産業用社会資本で道路，港湾，空港，工業用水道など，製造業や流通業などの産業基盤の整備がこれに入ります。3番目は生活用社会資本で，公園，下水道，文教施設などがこれに含まれます。最後が国土保全基盤で，ダム，堤防などの治山，治水，海岸整備を目的とした社会資本がこれに当たります。

　図表11−3は，内閣府が推計した日本の社会資本の総額です（これは，内閣府のウェブサイト https://www5.cao.go.jp/keizai2/ioj/index.html で公表されています。詳しくは，内閣府［2017］『日本の社会資本』を参照して下さい）。これをみると，日本の社会資本は，高度成長期の1965年から2005年まで増え続けた後，2010年代に入ってからほとんど伸びなくなっています。2014年における日本の社会資本ストック額は780兆円にのぼります。

図表11−3 ▶▶▶日本の社会資本額の推移

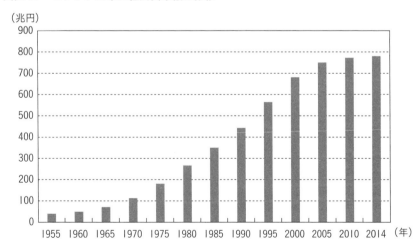

（兆円）

注：生産的社会資本の系列を採用。
出所：内閣府推計。

社会資本の整備は，当初都市部を中心に行われていました。東京圏（埼玉県，千葉県，東京都，神奈川県），大阪圏（京都府，大阪府，兵庫県）に愛知県と福岡県を加えた都道府県を都市部とすると，1970年における都市部への公共投資の比率は47％でした。つまり都市部とそれ以外の地方部の公共投資の額はほぼ同じだったのです。しかし**図表11－4**をみればわかるように，それ以降社会資本の配分は地方部へと傾斜していきます。1990年前後に都市部への社会資本整備が復活したことがありましたが，1990年代後半に入ると再び地方での社会資本整備が進むようになり，最近では公共投資全体の3分の2は地方に配分されています。

　社会資本の役割の1つとして，都市部と地方に均等に道路や公園，下水道を整備することがあげられますが，この他に，各地域において，第6章で説明した労働生産性を向上させることが期待されています。すなわち道路網，鉄道網，通信網が国土全体に張りめぐらされることにより，地域間でのビジネスが活発化し，地域内に限られたビジネスよりもより効率的な仕事が増え，

図表11－4 ▶▶▶公共投資の地方への比率

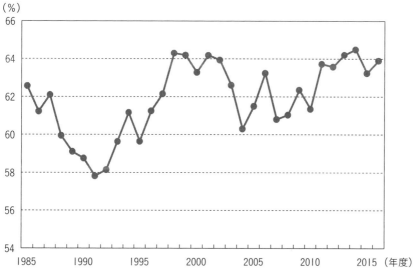

注：地方は，埼玉県，千葉県，東京都，神奈川県，愛知県，京都府，大阪府，兵庫県，福岡県以外の道県。
出所：内閣府「県民経済計算」。

人々の所得も上昇すると考えられます。2015年3月開業の北陸新幹線や2016年3月に開通した北海道新幹線により，金沢，富山，函館の観光業者の人たちが，より多くの観光客と接する機会ができるようになり，これらの地域の人々も関東圏に出やすくなり，ビジネスがしやすくなったことがよい例でしょう。こうした道路網，鉄道網，通信網が充実することにより，従来よりも生産性が上昇する効果をネットワーク外部性と呼んでいます。しかし，いったんこうしたネットワークが完成するとそれ以上の生産性上昇効果は望めません。たとえば2000年代において公共投資の比率が最も高いのは島根県（13%）ですが，その労働生産性上昇率は年率0.9%と，他県とさほど変わらない上昇率となっています。したがって，21世紀に入って，公共投資を増加させたからその地域が豊かになるという図式は崩れてきていると考えられます。

　社会資本整備のもう1つの問題点は，**社会資本の老朽化**です。すでにみた

図表11 - 5 ▶▶▶社会資本の更新割合

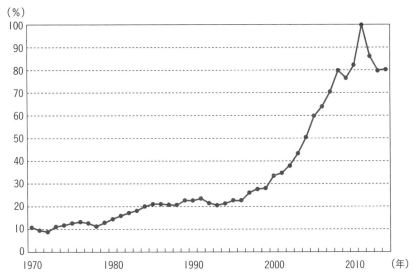

注：2011年は東日本大震災による社会資本の損壊により，同年の公共投資が社会資本の毀損分にあてられる事態となっている。
出所：内閣府。

ように日本では，1960年代から国土計画に沿って積極的な社会資本整備が行われてきましたが，最初の頃に整備された社会資本は40年または50年以上経過し，老朽化が進んでいます。2012年12月に起きた中央自動車道の笹子トンネルにおける天井板落下事故は，このトンネル設備の老朽化が大きな要因と考えられています。実際，1990年くらいまでは全体の20%程度の更新で済んでいたものが，2010年代に入ると全体の公共投資の80%がこれまでの社会資本の更新にあてられています（**図表11－5**）。しかも財政状況の悪化により，過去に建設した社会資本のすべてを更新・補強できる状況にはありません。このため，地域では補修ができないために利用できない橋や道路を見かけるようになるのです。今後は，生活や産業に不可欠な社会資本から順次更新および補強を進めていく必要があるでしょう。

3 地域振興政策および社会資本概念の変貌

　高度成長期から続けられてきた地方振興政策とそれを支えた社会資本の蓄積は，20世紀の後半から21世紀にかけて転機を迎えます。その転機をもたらした最も大きな要因は，財政の悪化です。この問題は，まず社会資本の運営主体から始まりました。1980年代に入るまで全国の鉄道網や通信網は，日本国有鉄道（国鉄）や日本電信電話公社（電電公社）といった政府保有の公共企業体によって運営されてきました。これらの鉄道サービスや通信サービスを政府が提供する根拠は，公共財の理論によって裏付けられています。公共財というのは，ある財を民間企業が提供した場合，料金を支払わないでその財を消費する人を排除できない（**非排除性**）ため，民間がその財を提供することが難しく，政府によって供給される財をいいます。さらに複数の人がその財を消費したとしても，一方の人の消費量が減らない（**非競合的**）という条件も公共財の条件です。厳密にこうした条件を満たす財というのは，国防や外交，法制度などがあげられますが，鉄道や通信の場合も利用料を課すことによって，ただ乗りを防ぐことはできますが，大勢の人が利用するこ

とで，各人の消費量が大きく減少するわけではありません（もちろん，電車や通信の混雑によって，消費量が限定されることはありますが）。加えて，第3節で説明したように，鉄道網や通信網は，そのネットワークが広がれば広がるほど，より多くの人が便益を享受できるという**ネットワーク外部性**が存在します。しかし，このネットワーク外部性が生まれるほどの大規模な鉄道網や通信網を整備するのは，一民間企業では不可能です。このため，政府がこの鉄道網や通信網を整備し，社会がネットワーク外部性を享受できるようにしているのです。

しかし政府というのは，もともと利潤を生み出すことを目的とする組織ではありません。この点は国鉄や電電公社も同じで，特に国鉄は1980年代まで40万人の職員を抱え，1960年代から赤字を続けていました。こうしたことから，より民間的な経営に移行し，他の民間企業にも参入する機会を与えるために，電電公社は1985年に，国鉄は7社に分割した上で1987年に民営化されることになりました。民営化時点での国鉄の債務は25兆円に上っていました。この他日本専売公社も1987年に**民営化**されています。またその後日本の高速道路網を運営していたものの多額の債務を抱えていた日本道路公団も2005年に民営化されています。

既存の社会資本を民間会社が運営する形態が広まると同時に，新しい社会資本の建設に際しても，株式会社を設立しその資本金の一部を民間企業が賄い，場合によっては民間企業から経営者が派遣される形態が生まれてきました。こうした企業形態を，国や地方公共団体，またはそれらが経営する公企業（第1セクター），民間企業（第2セクター）に対して，第3セクターと呼んでいます。1980年代に建設が始まった東京湾横断道路や関西国際空港は，こうした**第3セクター**方式によって建設が進められました。

しかし，こうした第3セクター方式も建設資金については民間資金を導入したものの，建設後の運営が必ずしも効率的ではないため，事業によっては赤字を補填するための追加出資を余儀なくされるケースも出てきています。こうしたことから，建設段階から民間企業への資金供与と同じように，建設後できるだけ赤字を出さないような運営形態を見越して建設資金を調達して

いく **PFI**（Private Finance Initiative）という手法も活用されるようになりました。この手法は，地域のごみ処理場，公立病院，公営駐車場の建設などに適用されています。

　また，従来の目に見えるモノとしての社会資本の概念をより広げて，目には見えない公共的な「制度」も社会的な管理が必要な資本として捉えようとする提案もなされています。宇澤［2000］は，教育サービスや医療サービスなど公共財的性格を持ち，かつ公共的な組織でも私的な組織でもサービスの供給が可能なものについて，単にそれらを提供する施設だけでなく，どのように消費者に提供するかまでを含めた「制度（システム）」についても資本と考え，これらを包括する概念として「**社会的共通資本**」を提唱しています。第6章で紹介した日本産業別生産性データベースによれば，教育・医療，社会福祉関係の付加価値額のシェアは 2015 年に全体の 11％に達しています。

　社会的共通資本を提唱した宇澤教授は，市場経済を安定的に運営する条件として社会的共通資本の安定的な管理が必要であると主張していました。このことは，2020 年に起きた新型コロナウイルスによるパンデミックを考えると明確になります。新型コロナウイルスのような未知の感染症に対して，医療崩壊を防いで死者を抑制するために，各国では都市封鎖などの移動制限が行われました。この移動制限の強さは，各国の医療資源や医療制度など社会的共通資本としての医療サービスがどのように提供できるかに依存します。もしこの医療サービスの提供が十分でない場合は，厳しい移動制限を課すことになりますが，一方でこの制限措置は経済的な損害をより大きくします。つまり，医療サービスに代表される社会的共通資本をどのように整備・運営していくかは，地域だけでなく今後の日本全体にとっても重要な課題なのです。

　こうした国や自治体の財政状況の悪化とそれに伴う社会資本概念の変化によって，地域政策のあり方も変わってきています。1998 年からは国土総合開発計画から，「21 世紀の国土のグランドデザイン」という名称に代わってきています。またその 10 年後の国土形成計画では，従来の地域概念より広い自律的な広域ブロックの形成を目標にしています。こうした国土計画の目

標の変化の背景には，高齢化の進展と人口減少社会への転換があげられます。
21世紀に入ると，もはや従来の地方自治体の枠組みでは，医療施設や福祉
施設を維持し，公共サービスを提供することが，財政的にも人的資源の面で
も困難になってきました。このため，財政基盤を整え，高齢化や人口減少に
対応するべく，地方自治体の合併を促す政策がとられるようになりました。
これを「**平成の大合併**」と呼んでいます。この「平成の大合併」により，
2000年には3,230あった全国の市町村は，2010年には1,728と約半数へと
減少しています（**図表11−6**）。

　地方の活性化策も変化してきました。1990年代の後半から日本は巨額の
財政赤字を抱えることになったため，公共投資に代わる地方振興策が必要と
なりました。このため小泉内閣では，地方からの提案により，特定の地域に
ついて，地方活性化のために障害となっている規制などを取り除く構造改革
特区制度を設けるようになりました。開始年度の2003年度には，各地域か
ら375件の申請があり，そのうち324件が採択されました。

　しかし2010年代に入ると，高齢化と人口減少がより深刻化し，地域振興
や地域の活性化といったレベルの問題ではなくなってきました。若年人口の
減少が止まらず，地域の存続自体が危うくなってきたのです。この現象を予
見していたのは，藻谷［2010］ですが，増田［2014］は今後の人口予測を基
に，2010年から40年までに消滅する可能性がある地方自治体は896にのぼ
るとしています。これは，2040年までに20−39歳までの女性が5割以上
減少するため，たとえ出生率が2程度までに回復しても人口の減少を止める
ことができないためです。こうした事態に対処するべく，第2次安倍政権で
は，2014年の内閣改造の際に，地方創生大臣を置き，「まち・ひと・しごと

図表11−6 ▶▶▶自治体数の変遷

年	1950	1960	1970	1980	1990	2000	2010	2015
全国市町村総数	10,414	3,511	3,276	3,256	3,246	3,230	1,728	1,719
うち人口5万人以上の市	150	269	325	400	428	446	534	532
同上構成比（％）	1.4	7.7	9.9	12.3	13.2	13.8	30.9	30.9
同上人口比（％）	32.9	51.7	63.1	68.5	70.9	72.6	83.8	84.1

出所：総務省「国勢調査報告」，「住民基本台帳に基づく人口，人口動態及び世帯数」（平成27年1月1日現在）。

創生本部」を設置し，政府機関の地方移転方針などを策定しています。

4 自然災害と被害地域の復興

　日本は，「災害列島」と呼ばれるほど自然災害の多い国です。特に近年は，1995 年 1 月 17 日に起きた**阪神・淡路大震災**と 2011 年 3 月 11 日に起きた**東日本大震災**によって，大地震による被害の記憶が強く残っています。しかし，日本では台風による被害も大きく，阪神・淡路大震災が起きる前までは，1959 年 9 月に上陸した伊勢湾台風が，戦後最多の死者（5,098 人）を出した自然災害でした。しかし，先にみたように高度成長期において堤防などが整備され，風雨に強い住宅が多くなることによって，台風等による犠牲者は少なくなっています。したがってここでは，近年に起きた 2 つの大きな地震災害とその復興についてみることにしましょう。

　阪神・淡路大震災は，1995 年 1 月 17 日の早朝に起きました。震源地は淡路島北部で，マグニチュード 7.3 の直下型地震でした。被害地域は，神戸市という大都会を含んでいたために，住宅の全壊が 10 万 5,000 棟，半壊が 14 万 4,000 棟に上りました。このため当初の避難者数は 30 万人を超えましたが，約半年で 2 万人弱に減っています。神戸市は，この震災により人口の流出が起きましたが，21 世紀に入る頃には，震災前の人口にほぼ戻っています。

　物的な被害は，**図表 11 － 7**に示されたように，直接的なもので約 10 兆円となっています。このうち建物関連が過半を占め，約 6 兆円，港湾の被害

図表 11 － 7 ▶ ▶ ▶ 阪神・淡路大震災および東日本大震災の被害概要

		阪神・淡路大震災	東日本大震災
人的被害	死者（人） 行方不明者（人） 合計（人） 避難者数（人）	6,434 4 6,437	15,894 2,561 18,455 174,471
物的被害	直接被害額（億円）	99,268	160,000 ～ 250,000

注：2016 年 3 月現在。

が1兆円で，残りは，鉄道や高速道路の被害となっています。震災の場合，こうした建物や社会資本の毀損だけでなく，それが利用できなくなることによる2次的な経済的被害が生じます。これを間接被害と呼びますが，こうした間接被害額は7兆円にのぼったとの推計があります。ただ，その後の復興も急ピッチで進み，兵庫県は，震災から10年経って県の人口，生産，観光客数などは，ほぼ震災前の水準にまで回復したと述べています。ただ港湾機能についてみると，神戸港は震災前の1990年には世界第5位のコンテナ取扱量を誇っていたのですが，2012年には52位まで地位を落としており，国内順位も東京，横浜，名古屋に次ぐ4位となっています。この背景としては，阪神・淡路大震災によって港湾機能が停止したことによって，これまで神戸港を利用していた顧客が，中国や韓国などの東アジア諸国に移ってしまったことが主因ですが，震災後も続く日本経済の世界経済における地盤沈下も影響しています。

　一方2011年3月11日に起きた東日本大震災ですが，こちらは阪神・淡路大震災をさらに上回る規模の地震でした。震源は牡鹿半島の東南東130km付近の三陸沖で，マグニチュードは9.0でした。震源域は南北450km，東西200kmにおよぶ，1990年以降では史上4番目に大きい地震でした。地震の規模に加え，東日本大震災の場合は最大潮位9.3mという巨大な津波が，東北から関東にかけての太平洋岸を襲ったため，被害は阪神・淡路大震災を超えるものとなりました。震災から9年たった2020年3月の時点で死者は，15,899人，行方不明者は2,529人となっています。この地震で最も被害が大きかった岩手，宮城，福島，茨城の各県は，神戸市のような人口密集地域がありませんでしたが，それでも全壊家屋は，12万戸以上でした。半壊家屋は，約4万戸と阪神・淡路大震災より少なくなっていますが，これは巨大津波により，跡形もなく流されてしまった家屋が多かったためです。そして，後で述べる福島第一原子力発電所の事故もあったため，9年を経た時点でも避難者数は依然4万人を超えています。

　当然のことながら直接被害総額も，阪神・淡路大震災を上回るものとなり，内閣府の推計で16兆円から25兆円と推計されています。このうち建物被害

は，阪神・淡路大震災と同様過半を占めています。この未曽有の自然災害に際して，政府は 2011 年 6 月に東日本大震災復興基本法を策定し，それに基づいて 2012 年 2 月に復興庁を設立しました。これは各省庁がバラバラに復興事業を行うことによる無駄や非効率を避けるためです。

東日本大震災による間接被害も，阪神・淡路大震災を上回るものでした。特に注目されたのは，震災によって工場の操業が停止し，部品の**供給網（サプライ・チェーン）**が寸断されたことによる影響でした。茨城県にあるルネサス・エレクトロニクスの工場は，自動車向けのマイコンの生産拠点でしたが，震災の被害によって操業が停止したため，震災の直接的な被害を受けていない場所での自動車工場が減産を余儀なくされるということが起きました。徳井他［2012］は，こうしたサプライ・チェーンの寸断により 2011 年は GDP の 1.3％が失われたと試算しています。

東日本大震災がもたらしたもう 1 つの大きな被害は，東京電力福島第一原子力発電所の事故です。福島第一原子力発電所では，6 基の原子炉がありますが，激しい揺れとその後に訪れた巨大津波によって 1 号機から 3 号機までの原子炉について，全電源喪失の事態に陥りました。このため原子炉を冷却することができず，原子炉内の炉心が損傷し，その損傷によって発生したと思われる水素によって 1 号機，3 号機，4 号機の建屋が爆発し，放射性物質が大量に放出されるという大災害となりました（2 号機では水素爆発は起きていませんが，炉心損傷に伴って圧力容器も損傷したため，内部の圧力が高まらず水素爆発までに至らなかったとされています）。これは国際原子力事象評価尺度で，暫定的ながら最悪のレベル 7 とされる事故です。

この事故で多量の放射性物質が放出されたことから，福島第一原子力発電所の半径 20km 以内の区域では避難指示が出されました。ただ半径 20km 圏外でも，放射性物質の放出が高い地域は，計画的避難区域に指定され，当該地域の住民は避難を余儀なくされました。この避難の状況は，2011 年 12 月に政府が冷温停止宣言をするとともに，地域の放射線量によって，帰還困難区域，居住制限区域，避難指示解除準備区域に再区分されました。その後，除染が進むにつれて，徐々に避難の解除が進んでいますが，依然 4 万人余り

の住民が避難生活を余儀なくされています。

　福島第一原子力発電所の事故により，国内の原子力発電所は，すべて稼働を停止しました。これにより 2011 年の夏には電力使用制限令が発動されました。徳井他［2012］では，こうした電力の供給制約は，GDP を 0.4% 押し下げたと試算しています。またこれまで低コストで，電力を供給してきた原子力発電の稼働停止により，電力コストの上昇による影響も考えられます。徳井他［2012］は，この電力コストの上昇による GDP の低下を 0.2% と試算しています。その後より厳しい再稼働基準の下での原子力発電所の稼働が認められるようになりましたが，大半の原子力発電所は稼働を停止しています。一方，福島第一原子力発電所は，事故を起こさなかった第 5，第 6 も含めて全体の廃炉が決定しています。**図表 11 − 7** では，東日本大震災の被害額を最大で 25 兆円とした試算を紹介しましたが，その中にはこの福島第一原子力発電所に伴う被害額，たとえば現在行っている冷温停止のためのコストや廃炉までの費用，避難を余儀なくされた人たちへの補償額などは含まれていません。

　2020 年の時点で，地震と津波の被害に遭った地域では，交通網が回復し，復興の姿が徐々に見え始めていますが，一方で将来的な津波被害を防ぐために，かつては住民が住んでいたものの，用途が決まらないまま更地になっている地域も多くみられます。原子力発電所の事故によって避難した住民が戻れない地域もまだ残っています。廃炉までの道のりも長く，阪神・淡路大震災に比べると，完全な復興に至っていないといえるでしょう。

1. 日本では，東京への一極集中が問題視されていますが，国際的に見て日本の首都への一極集中は，極端なものなのでしょうか。他国の状況を調べてみましょう。

2. 最近では，地域振興の1つとして，地方は観光業，特に海外からの観光客の誘致に力を入れています。国土交通省が公表している「観光入込客統計」で，その努力がどの程度成功しているかを調べてみましょう。

3. 2003年度から始まった地方の構造改革特区制度は，現在どのようになっているかを調べてみましょう。

4. PFIの具体的な事例を調べてみましょう。

1. 地方は，都会に比べて自然も豊かで，混雑も少なく，物価も比較的安いのですが，過去多くの人が大都会，特に東京圏へ移動してきました。その要因としては，都会のほうが，所得が高いということがあげられますが，それ以外の要因も考えてみましょう。

2. 今後日本はますます高齢化が進み，既存の社会資本の老朽化も進んでいきます。このような状況のもとで，政府はどのような施設を重点的に整備していくべきかを議論しましょう。

3. 2020年初頭から始まった新型コロナウイルスのパンデミックは，感染症の恐ろしさをわれわれに教えてくれました。特に経済との関係では，提供される医療の上限が，経済活動を大きく制約するということです。もし提供される医療資源（ベッド数やICUの数，医療従事者の数など）が少なければ，経済活動を早めにかつ厳しく制限しなくてはなりません。しかし，通常の経済においてベッドや医療機器を多めに確保しておくことは，それだけ医療機関の負担につながりその赤字分は何らかの形で国民が負担することになります。こうした100年に一度起きるようなパンデミックに備えて日ごろからわれわれが費用を負担するのか，それとも医療機関の効率的な運用を優先させ，日々のわれわれの負担を軽くしたうえで，パンデミックが起きた際には大きな経済的損失を覚悟するのか，どちらの方向を選択するのかを議論しましょう。

第11章 ● 地域経済と政府の役割

▶ ▶ ▶さらに学びたい人のために

- 社会資本の経済効果を詳しく知りたい人には，多少専門的な論文になりますが，宮川努・川崎一泰・枝村一磨［2013］「社会資本の生産力効果の再検討」『経済研究』64号第3巻，一橋大学経済研究所が参考になります。またより広義の社会資本の考え方については，宇澤弘文・茂木愛一郎編［1994］『社会的共通資本　コモンズと都市』東京大学出版会を参照してください。

参|考|文|献

- 宇澤弘文［2000］『社会的共通資本』岩波新書。
- 小川光・西森晃［2015］『ベーシック＋　公共経済学』中央経済社。
- 斎藤誠［2015］『震災復興の政治経済学』日本評論社。
- 徳井丞次・荒井信幸・川崎一泰・宮川努・深尾京司・新井園枝・枝村一磨・児玉直美・野口尚洋［2012］「東日本大震災の影響―過去の災害との比較，サプライ・チェーンの寸断効果，電力供給制約の影響」RIETI Policy Discussion Paper 12-P-004。
- 徳井丞次・牧野達治・深尾京司・宮川努・荒井信幸・新井園枝・乾友彦・川崎一泰・児玉直美・野口尚洋［2013］「都道府県別産業別（R-JIP）データベースの構築と地域間生産性格差の分析」『経済研究』Vol. 64, No. 3。
- 根本祐二［2011］『朽ちるインフラ』日本経済新聞出版社。
- 増田寛也編著［2014］『地方消滅』中央公論新社。
- 藻谷浩介［2010］『デフレの正体』角川書店。

第 **12** 章　人口減少と社会保障

▶よく知られているように，近年，日本は持続的な人口減少社会に突入しました。こうした状況は，賦課方式という財政方式を採用している日本の社会保障制度にとって，極めて深刻な事態を引き起こします。

▶本書では，社会保障制度の中核となる部分に焦点を当てます。すなわち，年金，医療，介護は，制度の３本柱として位置付けられ，私たちの特に高齢期の生活において不可欠な役割を果たすことを学びます。

▶人口が減少する社会にとって，若者が高齢者を支える現行のしくみは機能不全を起こしているといえます。経済の論理だけでなく，政治プロセスも考慮し，国民全体として納得感を持てる社会保障改革を模索します。

**持続的な人口減少　賦課方式　積立方式　社会保障と税の一体改革
社会連帯税**

1 　人口減少社会の到来

1.1 　将来的な人口の推移

　人口の増減は経済や社会にさまざまな影響を及ぼします。特に，日本経済にとっては，次の２つの問題が重要です。１つは，国や地方自治体の抱える借金，すなわち公債の負担問題に人口減少が深く関係してきます。すでにつくってしまった借金は，経済成長等に大きな変化がない限り，基本的に将来を生きる世代が租税負担増（増税）という形で負うことになります。人口減少は借金の担い手を減らしてしまう点で，日本経済にとって大問題なのです。

　税を負担するのは現役世代に限定されませんが（たとえば消費税は高齢者

も負担），現役世代の肩にかかるウエイトは当然相対的に大きくなります。若い働き手が減ってしまうことは，健全な財政運営に大きな影を落としてしまいます。

　もう1つは，社会保障制度の持続可能性の問題です。社会保障の3本柱である年金，医療，介護のいずれも，根本的なところでは全く同じ問題に直面しているといえます。初めてこれらについて専門的に学ぶ人たちにとって，このことはやや驚くべきことかもしれません。

　わが国の社会保障制度は，実質的に賦課方式的な運営がなされています。**賦課方式**は，現役世代が高齢世代を財政的に支えるしくみであり，この方式を採用する制度が安定的に持続するためには，多くの支え手がいることが必要です。人口減少は賦課方式にとって脅威であり，わが国の社会保障制度に深刻な問題を突き付けることになります。

1.2　総人口と人口増加率

　近現代におけるわが国の人口動態は，第2次世界大戦によって大きな影響を受け，ある意味ではその影響がいまも持続していると考えられます。**図表12－1**から明らかなように，戦争によって総人口はいったん落ち込みますが，戦争が終わると各地に出征していた多くの若者が戻り，結婚・出産ブームが起きました。これがいわゆる**第1次ベビーブーム**（1947～49年）であり，そのときに誕生した人口の塊を「**団塊の世代**」といいます（かつて経済企画庁長官を務めた作家・堺屋太一氏の連載小説『団塊の世代』［1976］により，広く知られるようになりました）。

　団塊の世代は何といっても人数が極めて多い世代ですから，彼らの動向が経済にも大きな影響を及ぼすことは自明です。社会保障財政の観点では，賦課方式的な現行制度の下で，彼らが制度を支える側から支えられる側に回った場合，深刻な状況をもたらします（特に近年は，団塊の世代が75歳以上の後期高齢者になる2025年問題が注目されています）。われわれを取り巻く環境として，少子化で支える若壮年のシェア（総人口に占める）は低下する

図表 12 − 1 ▶▶▶総人口と人口増加率の推移（1920-2015 年）

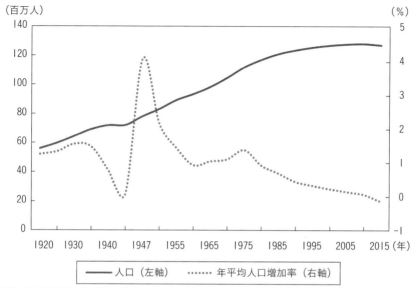

出所：国立社会保障・人口問題研究所ホームページより筆者作成。

一方，医療技術進歩などがもたらす長寿化で高齢者のシェアは増加する現実があるからです。

図表12−1からは，人口増加率の推移において，戦争直後に加えてもう1つの高峰が確認できるでしょう。団塊の世代が出産適齢期を迎えた1970年代前半をピークとして，再びベビーブームが生じたのです（**第２次ベビーブーム**）。団塊ジュニアを中心としたこの世代が，「第３次」ベビーブームを引き起こす可能性はあったのですが，彼らが現在45歳以上になっていることを考えると，3回目のベビーブームは幻に終わったといえます。

幻となった背景には，多様な社会経済要因があると考えられます。たとえば，経済発展の成熟化などにより，就職・結婚・出産という典型的パターンがにわかに崩れつつあることは見逃せない点です。女性の高学歴化・社会進出の増加などにより，晩婚化が進んで初産年齢も徐々に上がっていますが，生理的に安全に出産可能な年齢はほとんど変化しておらず，そのため，必然的に産める子供の数も限定されてしまいます。

少なくとも現在までのわが国の子育て環境は決して良好とはいえず，典型的となった共働き世帯では，子供の数を抑えざるを得ない状況にあります。出産以前の問題として，結婚しない男女が増えていることは，さらに大きな問題です。いずれにせよ，これらは背景要因のほんの一例に過ぎません。

ところで，ある典型的な女性が一生のなかで何人くらいの子供を産むことになるかを表す指標の**合計特殊出生率**は，2005年に戦後最低水準を記録し（1.26ショック），大きな話題となりましたが，その後いくぶん持ち直しつつあります（近年は1.4近辺で推移しています）。近年の少子化対策が奏功しているといいたいところですが，おそらくそうではないでしょう。比較的人数の多い団塊ジュニアとその周辺世代が出生数を下支えしているのです。よって，この世代が出産適齢期を終えると，合計特殊出生率は再び低調な水準に戻る可能性が高いのです。出生数減少ひいては人口減少に歯止めをかけるために，社会的な合意の形成や有効な施策が急務ですが，残された時間的猶予はそう多くはありません。

1.3 人口の将来予測

人口の減少傾向は今後どうなるのでしょう。国立社会保障・人口問題研究所は定期的に将来人口の動向に関する推計（『日本の将来推計人口』）を行っており，推計結果が公表されるとマスコミ報道などでもしばしば話題となります。この推計は『国勢調査』に基づいて5年おきに行われています。直近では，2017年（平成29年）に推計結果が公表されており，その結果を示したのが**図表12－2**になります。2065年までの長期推計結果を観察すると，出生と死亡の両方についてもっともらしい仮定を置いた場合（中位仮定の下での推計），2050年代前半に総人口が1億人を割り込むことが確認できます。

また，2065年には，それが8,800万人になるとの予測がなされています。大まかにいって，総人口は100年の長い期間を経て，戦後の高度成長期あたりの規模に戻ることになると予想されます。来たる人口減少の規模の大きさが，ここに象徴されているといえるでしょう。また，この推計から当然予想

図表 12 − 2 ▶ ▶ ▶人口の将来推計（1950-2065 年）

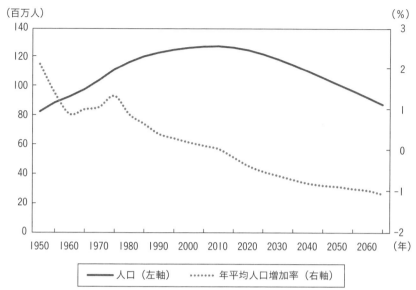

出所：国立社会保障・人口問題研究所ホームページより筆者作成。

されることですが，人口増加率も低調な状態が続き，マイナスの伸び率が常態化することになるでしょう。

　本章の冒頭で指摘した問題（公債負担，社会保障）に大きく影響するのが，総人口に占める年少人口（0 〜 14 歳）と老年人口（65 歳〜）の割合です（15 〜 64 歳は生産年齢人口）。最新の推計結果で確認すると，2065 年の予測値は，年少人口が約 10%，老年人口が約 38% となっています（2015 年の実績値は，年少人口が約 13%，老年人口が約 27%）。老年人口のシェアの増加が際立っており，この年齢階層の属性を考慮すると，このような事態が財政や社会保障に極めて重大な影響を及ぼすことは間違いありません。

2 ╱ 社会保障のしくみ

　最近は，社会保障に関するニュースが毎日のように報じられており，社会

保障問題に関する市民の認識は徐々に高まってきていると思われます。選挙でも，社会保障問題がしばしば注目点になります。しかし，おぼろげなイメージはあっても，社会保障の全体像に詳しい人はそう多くはないでしょう。では，それが一部の専門家だけのものであってよいでしょうか。明確にノーといえます。なぜなら，それは私たちの生活そのものに，特に人生の後半期の生活に大きく関わってくるからです。読者の多くは大学1，2年生だと思いますが，将来への「備え」として，能動的な学びのなかで社会保障への理解を深めておくことを強くお勧めします（給与明細を読み解きながらで社会保障のしくみを理解できる有益な教材として日本経済新聞のコラム（2015年4月15日朝刊）をあげておきます）。

　歴史的にみると，2つのしくみが現在の社会保障制度の源流にあります。1つは，政府が公的に何らかの理由で貧困状態にある人々を救うしくみです（救貧政策）。現在では，社会保障のなかでも公的扶助がこれにあたり，一般的には生活保護制度が該当します。障害者福祉などの福祉サービスは，公的扶助をその源流とし，現在では社会福祉制度として一括されるのが一般的です。特徴は何といっても税金（租税）を財源としている点です（福祉原理）。

　もう1つが，**社会保険**のしくみであり，原則的には，その保険のしくみに加入している人の負担によって給付が行われることになります（保険原理）。わが国では，年金保険，医療保険，介護保険，雇用保険などがこのしくみを採用しており，基本的に，「いつ」「誰に」生じるかが事前に予測困難な生活上のさまざまなリスクに対して，加入者でお金（社会保険料）を出し合って集団として備えを行うのです。特に，年金，医療，介護は社会保障のなかでも3本柱と位置付けられますから，本章でもこれらに焦点を当てます。

　各制度の詳細に入る前に，国民経済（マクロ経済）に占める社会保障の規模を大まかに把握しておきましょう。年金，医療，福祉その他（含介護）から構成される**社会保障給付費**の対国内総生産（GDP）比は，1965年度の4.75％から2017年度の21.97％へと大幅な増加を示しています。急速に進む高齢化の影響の一端をうかがい知ることができます。

2.1 年金保険

2.1.1 年金保険制度のしくみ

　年金を高齢になったときの所得補償制度のようなものと思い込んでいる人は意外に多いと思います。しかし，年金はあくまで「保険」なのだということをしっかり理解することが重要です。では，年金はどういったリスクに対処するものなのでしょうか。単なる所得補償でないとすると，医療や介護に比べ，その役割はわかりにくいかもしれません。端的に述べると，高齢になって所得稼得能力が低下し，生活が困窮するリスクに備えるものといえます。もっと経済学的にいえば，寿命が不確実な個人が予想以上に長生きしてしまうことのリスクを社会的に分散させる役割を年金が果たすのです。

　保険ということでは，これ以上でも以下でもないのですが，日本ではもう1つの機能的特徴があります。それは「若い者が年寄りの面倒をみる」という世代間の助け合いの側面です。このため，建前は保険ですが，世代間での**所得再分配**が年金を通じて行われていることになります。社会保険としての年金がこの機能を持つことは自明ではありませんが，核家族化が進行し定着した今日，実質的に重要な機能であるといわざるを得ません。

　年金は複雑でわかりにくいといわれますが，ポイントを絞って特に大事な部分を理解していきましょう。国民皆年金が達成されたのは1961年ですが，今の年金制度の骨格は，1985年の年金制度改正によって出来上がったものです。**図表12－3**に示されているように，公的年金制度としては2階建ての構造となっており，1階部分はすべての人が加入する**国民年金**（**基礎年金**），2階部分は**厚生年金**です。2015年9月までは，被用者年金制度は厚生年金（サラリーマン）と**共済年金**（公務員等）が分立していましたが，制度の安定性や公平性の観点から2階部分は厚生年金に統一されました。これにより，保険料率が統一され，共済年金の従来の3階部分（職域部分）は廃止されました。現在，3階に相当する部分には，任意加入の企業型確定拠出年金やiDeCo（個人型確定拠出年金）があります。

図表 12 － 3 ▶ ▶ ▶ 公的年金保険制度の基本体系

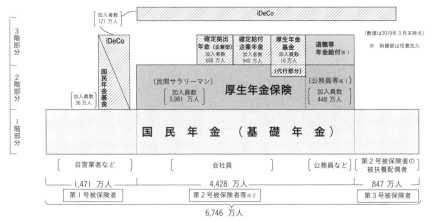

注１：被用者年金制度の一元化に伴い，2015 年 10 月１日から公務員および私学教職員も厚生年金に加入。また，
　　　共済年金の職域加算部分は廃止され，新たに退職等年金給付が創設。
　　　ただし，2015 年 9 月 30 日までの共済年金に加入していた期間分については，平成 27 年 10 月以後において
　　　も，加入期間に応じた職域加算部分を支給。
注２：第２号被保険者等とは，厚生年金保険者のことをいう（第２号被保険者のほか，65 歳以上で老齢，または，
　　　退職を支給事由とする年金給付の受給権を有する者を含む）。
出所：厚生労働省ホームページより，一部改変して掲載。

　被保険者は満 20 歳以上 60 歳未満の人であり，３タイプに分類されます。
自営業者や無職者は第１号被保険者，サラリーマンや公務員は第２号被保険
者，そして第２号の被扶養配偶者は第３号被保険者と呼ばれます。たとえば，
典型的には，夫がサラリーマン（第２号被保険者）で妻が専業主婦の場合，
妻は第３号被保険者です。これについては，しばしば，「**第３号被保険者問
題**」としてその制度的妥当性が議論の対象となっています。

　次に年金の給付と負担のしくみ（財政方式）をみていきましょう。高校の
教科書の多くでは**修正積立方式**と説明されていますが，これが誤解のもとに
なるかもしれません。なぜなら，若いうちに積み立てたものを将来受け取る
イメージを抱かせるからです。実際は，それなりに巨額の積立金があるもの
の，ある時点で支払った保険料（負担）はすぐに消えてなくなります（積立
金の運用に関しては，章末の Working を参照のこと）。払った保険料はその
時点の受給対象者への年金支払い（給付）に充当されるからです。したがっ
て，財政方式は実質的な賦課方式だといえます。

このため，少子高齢社会となった日本では，特に世代間所得再分配の色彩が強いといえます。加えて，基礎年金部分の国庫負担割合（税で賄われる割合）は2分の1ですから，主たる担税者が誰かを考えれば，この経路でも所得再分配が行われているのです。

賦課方式のしくみをもう少し詳しくみてみましょう。ここでは，林[2014]で行われている議論を参考にします。簡単化のため，他の事情を一定とし，賦課方式の部分のみに注目してみます。まず，ある時点において，年金給付は徴収した保険料によってカバーされますから，次の関係が成立します。

［現役世代が納めた保険料］＝［高齢世代が受け取る年金給付額］

ここで左辺は［現役世代に課せられる保険料率］×［現役世代の賃金所得］×［現役世代の人数］であり，右辺は［年金給付額］×［年金受給者数］です。この関係式を使えば，さまざまな視点から検討ができますが，ここでは［年金給付額］について解いてみましょう。すると，

$$[年金給付額] = \frac{[現役世代の保険料率] \times [現役世代の賃金所得] \times [現役世代の人数]}{[年金受給者数]}$$

が成立します。現行の賦課方式を前提とすると，これに基づいて年金給付額の動向について考察することができます。

まず明確にいえることは，分母の受給者数は高齢化により増加傾向，分子の現役世代の人数は少子化により減少傾向が続くということです。したがって，仮に賃金所得水準が変わらないとすると，保険料率を高めなければ年金給付額（左辺）を維持することは困難だとわかります。しかし，人口動態に合わせて保険料率を上げていくことはすでに難しくなっていますから，結果として，年金給付自体を抑制せざるを得なくなるのです。

給付額をある程度維持することを目標とすると，現実的な方策としては次の2つが考えられます。1つは，年金受給者数を減らすという観点から，給付開始年齢の引き上げです。もう1つは，この議論の枠を超えますが，増税

して国庫負担割合をさらに高めるというものです。実は現行の年金改革は，賦課方式を維持するという基本線を変えずに，これらの合わせ技で進められています。これを以下で説明します。

2.1.2 年金保険制度の改革

上で指摘したような賦課方式に由来する困難な状況を打開するため，2004年に大規模な年金改革が行われました。なかでも重要なのが，保険料負担の限度を設定し，マクロ経済環境に合わせて給付を抑制するしくみ（**マクロ経済スライド**）が導入されたことです。主に負担する側の現役世代に配慮し，実情に鑑みて，給付カットに舵を切ったわけです。

加えて，先に述べたように，基礎年金部分への国庫負担割合を3分の1から2分の1へ増やす改革もなされました。これらの改革は，上で述べた簡単な説明から十分に想定されるものとなります。なお，マクロ経済スライドは2015年度に初適用されました。

問題は，これで年金の持続可能性を担保できるかです。残念ながら，現行制度で安心とは到底いえません。だからこそ，いわゆる**二重の負担問題**で政治的には難しいとされる賦課方式から積立方式への移行という論点が長期にわたって議論され続けているのです。5年に一度実施される財政検証（直近は2019年）でも，年金制度が直面する厳しい実態が明らかになりました。受給開始年齢の引き上げや保険料拠出期間の延長といった制度の骨格変更は避けられそうにもありません。

2.2 医療保険

2.2.1 医療保険制度のしくみ

わが国の医療保険制度は，全国民がいずれかの保険に加入する皆保険となっていますが，一元的なしくみとはなっておらず，**図表12－4**のように複雑なものとなっています（制度の詳細は，小塩［2013］や厚生労働統計協

図表 12 − 4 ▶ ▶ ▶ 公的医療保険制度の基本構造

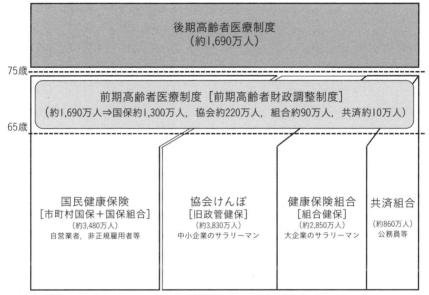

注：加入者数は 2017 年度予算ベースでの数値。経過措置で残る退職者医療制度は省略。
出所：厚生労働省ホームページより筆者作成。

会［2019］などの専門的な文献を参照のこと）。

　原則的に，職業と年齢による分類がなされています。サラリーマンであれば企業規模に応じて**健康保険組合**（組合健保）か**協会けんぽ**に加入します。公務員や教員は**共済**です。そして，自営業者や非正規雇用者などは**国民健康保険（国保）**に加入します。国保は市町村と都道府県の協同運営です。したがって，組合や共済を**被用者保険**と呼ぶのに対し，国保は**地域保険**と呼ばれます。これらの人々の窓口での自己負担は 3 割で，残り 7 割は保険者から病院やクリニックに償還払いされます。なお，国保の給付費の半分は公費（税金）によって賄われており，一種の所得再分配が行われていることになります。

　65 歳以上の高齢者は，前期，後期の高齢者医療制度に分類されます。前期高齢者は被用者保険からの「**突き抜け方式**」，後期高齢者は一応「**独立方式**」となっています。自己負担は後期で 1 割（現役並み所得者 3 割）と軽く，

前期は2割または3割負担となっています。前期は現役からの突き抜けですが，保険者間で実情を考慮した財政調整が行われています。後期は独立しているものの，財源としてはやはり若壮年の現役世代に大きく依存する財政構造です（自己負担分を除き，保険料1割，公費5割，各保険からの支援金4割）。すなわち，国保にも関係することですが，財政的に公費や支援金に大きく依存するしくみは，相当程度現役世代によって支えられており，賦課方式的な色彩が極めて強いといえるでしょう。

　医療保険が皆保険で運営される背景には，いくつかの重要な理由が存在しています。ここでは**アドバース・セレクション**（逆淘汰ないしは逆選択）の問題を考えてみましょう（少し専門的になりますが，田近[2014]では他に被保険者側のモラル・ハザードや保険者側のリスク・セレクションといった重要な問題が指摘されています）。

　民間の保険会社が提供する任意加入の保険では，保険料はどのように設定されるでしょうか。保険会社は個々人の疾病リスクについては正確に知り得ません。つまり，保険の買い手と売り手で情報が非対称になるわけです（ミクロ経済学の基礎を学んでいる人であれば，このことで市場の失敗が引き起こされることを直ちに理解できるでしょう）。

　このような場合，保険料は平均的な水準に設定されるのが普通でしょう。すると，頻繁に病気にかかる高リスク者にとって保険料は割安で「お得」なのですが，ほぼ病気にかからない低リスク者にとっては割高な保険商品となってしまいます。低リスク者はどんどん保険購入（加入）をやめ，高リスク者ほど市場にとどまって加入を継続する事態が起こり得ます。まさにこれがアドバース・セレクションです。すると，極端なケースでは，保険料が上昇して保険契約自体が成立困難となります。

　なるべく軽い負担でリスク分散できてこそ，保険の意味があるわけですから，上記の状況は，保険市場における市場の失敗を意味します。市場の失敗の最も簡単な回避策は，多様なリスク属性の人々に保険に加入してもらうことであり，ここに**強制加入**の皆保険制度の意義が認められるのです。

　以上，制度のあらましや医療保険の意義について，ごく簡単に述べました。

これまでの日本の医療システムは，コストパフォーマンスの高い優れた医療サービスを提供してきたと海外からも高く評価されています。しかし，現状維持では済まない厳しい状況に直面しています。これを端的に示すのが**国民医療費**の動向です。どれほどの変化が起こっているか，過去と比較してみましょう（厚生労働統計協会［2019］や厚生労働省ホームページを参照のこと）。

国民医療費は1985年度に約16兆円でしたが，2017年度には約43兆円へと2.7倍に増加しました。医療費が所得水準と歩調を合わせて増加するなら，さしあたって問題は生じませんが，GDPに対する比率は1985年度に4.85%，2017年度に7.87%と，かなりの上昇を示し，今後もしばらく同様の傾向が続くことは間違いありません。わが国の財政状況を考慮すると，こうした変化への対応は喫緊の課題といえるでしょう。

困難な状況をもたらす主要因は国保と高齢者医療です。先に述べた公費負担比率の高さからわかるように，これらは「保険」と呼べない状況です。なぜでしょう。理由は単純で，制度機構が職業と年齢で機械的に組み立てられているため，国保と高齢者医療に高リスク者が集中しているのです。しかも，所得階層が低い人が多く，応分の負担を求めるにも限界があります。こうしたなかで，皆保険を維持するには，当然ながら比較的ましな被用者保険，そして現役世代と将来世代（租税および財源調達のための公債発行を通じて）にかかるウエイトが高くならざるを得ず，事実そうなっている状況です。

2.2.2 医療保険制度の改革

医療費の持続的増加が不可避であり，経済活動に与えるインパクトも今後ますます増大していくとの認識のもとに，改革の方向性をなるべく具体的に模索してみましょう。まず指摘したいのが，財政方式の転換です。加齢とともに病気がちになることは本来的な意味でのリスクではなく，将来に向けて若いうちから資金を積み立てて備えることが可能です。よって，実質的に年金と類似した現在の賦課方式的な制度を早急に改めるべきでしょう（前節を参照のこと）。純粋な積立方式が政治的に難しいのであれば，何とか良い着地点を探る努力が必要です。この問題は，最後にもう一度考えたいと思いま

す。

　現状は財政論ばかりに終始している感が否めませんが，それ以外にも重要な課題が山積しています。今後もひとまず社会保険方式を継続させる場合，保険の運営主体である**保険者の機能強化**が不可欠です。患者と医師・医療機関の間には，医療サービスについての著しい情報の非対称性が存在します。このため，医療サービス市場が十分に機能するために，保険者が患者の公正な代理人として仕事をすることが求められます。

　医療行為や治療費のチェックは当然として，保険者は被保険者（患者）のさまざまな情報を把握できる立場にあるわけですから，それを健康管理や予防医学に活用すべきです（善良な保険者としてのこうした取り組みは，医療保険財政にとってもプラスに働くでしょう）。

　これに関連して，貴重な情報を医療の質の向上に生かすためには，現在主流の**出来高払い**の支払い方式より，診断群分類に基づく**包括払い**（DPC/PDPS），いわゆる **DPC 方式**のほうが好ましいと考えられます。また，将来的な積立方式の導入を見据えた場合，医療貯蓄勘定の制度設計に際して，保険者の有する情報や DPC 方式のもとで蓄積されたデータが不可欠です。

　希少な医療サービスを効果的に配分していくために，公的医療保険でどこまでカバーするか，可能ならば専門家のみならず国民全体で再検討し，合意形成を図るべき時期に来ています。たとえば，ごく軽度な疾病やドラッグストアでも手に入る薬は保険適用から外すことも考えられます。一方で，なるべく多くの医療サービスを保険診療でカバーすることに納得し，その分の負担増を受け入れるという考え方もあり得るでしょう。

　いずれにしても，給付と負担のアンバランスを税金で穴埋めし，果ては本来直接の利害関係者ではない将来世代にツケ回ししている現状は，決して好ましいものではありませんし，制度の持続可能性を大きく揺るがすことをわれわれは肝に銘じるべきです。

2.3　介護保険

　社会保障の3本柱の中で最も新しいのが介護保険制度であり，2000年4月にスタートしました。制度の概要を簡単に整理しておきましょう。保険者は市町村であり，社会保険の中で唯一職業とは無関係です。きめ細かなサービス供給が求められる介護の場合，身近な自治体が保険者であることは適切ですが，保険財政の安定化の観点からは問題が生じることもあります。そのため，都道府県ごとに資金を融通し合う財政安定化基金が設けられています。

　財源はサービス利用者自己負担1割を除き，公費と保険料から半々ずつ調達されており，やはり賦課方式的な財政構造となっています。また，2005年10月から，施設利用時の居住費と食費も自己負担となりました。

　被保険者は年金や医療と異なり，第1号被保険者（65歳〜）と第2号被保険者（40歳〜64歳）に区分されます。特に，第1号の保険料は，要介護認定率の違いなどを反映して，かなりの地域差が生じて問題となっています。

　介護サービスを受けられる人の多くは，65歳以上の高齢者で，介護の必要が生じた人です（医療保険と異なり，認定されないと使えません）。要介護度の認定は，介護認定審査会によって8段階（非該当（自立），要支援1と2，要介護1〜5）で行われます。要介護度に応じたケアプランに基づきサービスが給付されますが，施設サービス，居宅サービス，地域密着型サービス，介護予防サービスなどがあります。

　制度発足から20年が経過しましたが，厚生労働省の予想を上回るペースで要介護者が増加し介護保険が利用されてきたといえます。今や介護保険制度は，特に高齢期の生活保障という観点で，不可欠な存在といえるでしょう。要介護（要支援含む）認定者数（各年4月末時点）は2000年の218万人から2018年の644万人へと約3倍に急増しています。介護の総費用も2000年度の3.6兆円から2018年度（予算）の11兆円へと，やはり顕著な増加をみせています（厚生労働省［2019］，および厚生労働省ホームページ）。

　制度の定着は良いことですが，実質的に賦課方式で運営されていることを考えると，他の社会保障分野と同じく，制度の持続可能性が大変気にかかり

ます。制度の骨格を維持する場合，現行40歳以上となっている被保険者範囲の拡大は不可避かもしれません。財政問題については，年金や医療と合わせて最後の節でまとめて考えたいと思います。

制度発足以来，さまざまな問題が顕在化し，制度的対応を迫られてきました。なかでも，厳しい財政制約下で，要介護者や要介護度の重い人をいかに減らすかが根本的に重要です。この要介護リスクを軽減するには，居住する地域社会を単位としたきめ細かな（予防的）取り組みが欠かせません。この取り組みに際して，医療の介護への健全な介入が求められるでしょう。新時代の高齢者医療・介護サービスの統合システムでは，しばしば話題となる**総合診療家庭医**を中心に据えるべきです。家庭医およびそのサポート・スタッフが，医療から介護への流れに積極的，明示的に関わることで，統合システムの効率化を図り，いわゆる**社会的入院**の非効率性の解消を目指すべきです。

3 / 将来に向けた制度改革の方向性

社会保障制度の持続可能性への危機感は，最近の政治的対応に端的に表れています。自・公政権下での「**社会保障国民会議**」（2008年）に始まり，民主党政権下での自・公との3党合意による「**社会保障と税の一体改革**」（2012年）では，社会保障財源としてひとまず消費税を2段階で増税することが決まりました（5→8→10%）。一方，中身の改革の本格的議論は「**社会保障制度改革国民会議**」（2012〜13年）に委ねられました。最終報告は主に医療・介護の供給体制の改革を強調していますが，財政問題に関しては現行のしくみを今後も維持するものと読み取れます。また最近では「全世代型社会保障検討会議」（2019年〜）が開催されていますが，これまでの議論の内容からは，抜本的な制度改革は難しいように思えます。

しかし，**世代会計**に基づく受益と負担の世代間格差の状況や根本的な財源不足から，現行の賦課方式がもはや限界に来ていることは明白です。そこで，人口動態に中立な積立方式への転換を社会全体で早急に検討・合意すべきで

すが，厚生労働省は二重の負担問題など，転換の困難性を強調するでしょうから，完全な積立方式への移行は非常に難しいといわざるを得ません。本章を終えるにあたって，政治的にも落としどころが見いだせそうな，実現可能性のある改革案を提示したいと思います。

　まず優先すべきは，弱者が多数含まれる高齢者医療や介護，そして国保をどう立て直すかです。もはや税方式の導入もやむを得ない状況でしょう。目的税としての**社会連帯税**（詳しくは佐藤［2013］，細谷他［2018］を参照のこと）で高齢者等の生活基盤を構築し，基礎年金部分や基礎的な医療や介護をカバーすることへの抵抗は比較的少ないでしょう。いわば新しい公助の領域です。

　次に，今後の人口動態を冷静に見極めると，賦課方式依存は改めるべきです。代替案の**積立方式**には，個人ベースの**個人勘定積立**（自助）と同世代でリスク分散を行う**世代勘定積立**（共助）とがあります。個人勘定積立は，とりわけ老後資金の自己管理の経済的インセンティブを付与するもので，これからの時代に意義のある枠組みと思われます。世代勘定積立は，税方式部分以外では，社会保険の中核をなす部分です。同世代でも，たとえば長命の人とそうでない人，健康な人とそうでない人，要介護状態になる人とならない人が混在しますから，比較的境遇の似た世代内でリスク分散することには，一定の合理性があると考えられます。こうした積立方式は若い世代の同意も得られやすいのではないでしょうか。

　個人勘定と世代勘定の積立方式が税によるセーフティ・ネットの上にのり，社会保障全般をカバーするイメージです。社会連帯税，世代勘定積立で基礎的な社会保障支出を賄い，本人が望む先進医療などには個人勘定積立を充当します。これにより社会保険料負担は軽くなりますが，高齢社会では税方式の公助部分に賦課方式的構造が色濃く反映されることはやむを得ません。

　いずれにしても，財政方式の大転換を視野に入れ，早急に社会的な議論を活発化させ，社会的合意形成を図る必要があります。そのためには，政治システムや政治プロセスへの国民的理解が不可欠です。

1. 国立社会保障・人口問題研究所のホームページでは，2115 年までの超長期の将来推計人口（参考推計）を公開しています。図表 12 － 1 や 12 － 2 を参考にして，1920 ～ 2115 年までの総人口の推移を描いてみましょう。

2. 最近は，年金積立金の運用を担う GPIF（年金積立金管理運用独立行政法人）に関する話題が，国会論議のなかやマスコミ報道でもしばしば登場します。GPIF や厚生労働省ホームページの情報を参考にして，運用の意義やしくみ，そして運用状況について調べてみましょう。

3. 年金制度改革の議論にしばしば登場する，「二重の負担問題」について調べてみましょう。

1. 少子化対策として有効性が高いと考えられる施策を具体的に議論してみましょう。

2. 少子高齢化による労働力不足を補うため，日本でも移民の受け入れが話題にのぼることが多くなってきました。移民を受け入れることによる影響を議論してみましょう。

▶▶▶▶さらに学びたい人のために ─

●鈴木亘 [2009]『だまされないための年金・医療・介護入門』東洋経済新報社。
●椋野美智子・田中耕太郎 [2019]『はじめての社会保障（第 16 版）』有斐閣。

参考文献

●小塩隆士 [2013]『社会保障の経済学（第 4 版）』日本評論社。
●厚生労働統計協会 [2015]『保険と年金の動向 2015/2016』第 62 巻第 14 号。
●厚生労働省 [2015]『厚生労働白書（平成 27 年度版)』。
●佐藤主光 [2013]「社会保険料を社会連帯税へ」『週刊エコノミスト（5 月 28 日号)』毎日新聞社，52-53 頁。
●田近栄治 [2014]「医療保険制度と改革」小塩隆士・田近栄治・府川哲夫編『日本の社会保障政策 課題と改革』東京大学出版会，101-117 頁。
●林行成 [2014]「社会保障の現在と未来」『広島国際大学医療経営論叢』第 7 号，45-58 頁。
●細谷圭・増原宏明・林行成 [2018]『医療経済学 15 講』新世社。

第Ⅱ部●日本経済を考える

国際経済の中の日本経済

▶国際収支の概念と，比較優位理論を使った国際貿易のメリットについて学びます。

▶先進国との貿易摩擦の実態と海外直接投資の増加について学びます。

▶地域間貿易協定とはどのようなものかを理解し，その1つである環太平洋戦略的経済連携協定(TPP)の概要とそれに続く日米FTAについて述べます。

▶アジア経済の成長に伴う，日本の貿易パターンの変化について学びます。

比較優位　貿易摩擦　海外直接投資　Brexit　M&A　地域間貿易協定　環太平洋戦略的経済連携協定（TPP）　日米貿易協定　産業内貿易

1 / 日本の国際収支と貿易構造の変化

　第3章でもみたように，1国の**経常収支**は，1国全体の貯蓄と投資の差額で決まると考えられています。すなわち，

$$経常収支 ＝ 貯蓄 － 投資 \qquad (1)$$

となります。

　(1) 式は，1国全体の貯蓄額が投資額を上回っていれば，経常収支が黒字になることを示しています。つまり貯蓄額が多いということは，国内で生産された製品が国内で消費されないで，輸出に回されることを意味します。このため経常収支が黒字になるのです。

　日本は第2次世界大戦後長い期間にわたって，財やサービスの輸出が輸入

上回り，経常収支が黒字の状態が長く続きました（**図表13－1**）。これは，戦後しばらくは，日本では若い労働者の比率が高く，彼らが，将来の生活のために所得のかなりの割合を貯蓄に振り向けたために，投資率を上回る貯蓄率となったためです。しかし20世紀の終わりから急速に高齢化が進むと，人口の多くの割合を占める高齢者は，貯蓄を取り崩して消費をするようになります。このため，2010年代に入ってからは輸入が輸出を上回るようになっています。もちろん，輸入が輸出を上回る直接のきっかけは，2008年の世界金融危機による輸出の急減や2011年の東日本大震災による福島第一原子力発電所の事故により，全国の原子力発電所が稼働を停止し，電力供給の大半を化石燃料に依存せざるを得ず，このためエネルギー資源の輸入が急増したためですが，こうした事件がなくても，長期的に日本の貯蓄率は低下し，それとともに経常収支が悪化していくことは避けられないのです。

　加えて2020年に起きた新型コロナウイルスの感染拡大により，貿易額は大きな影響を受けています。2020年9月の輸出額は，前年同期比4.9％のマ

図表13－1 ▶▶▶**日本の輸出入額の推移**

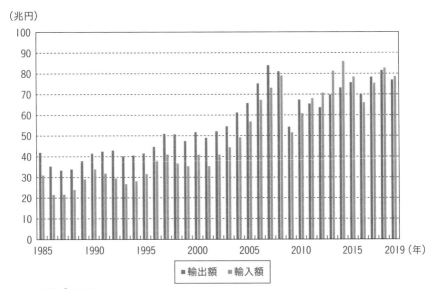

（兆円）

出所：財務省『貿易統計』。

イナスで輸入額は 17.2％のマイナスと大きなマイナスとなっています。これは，世界各国で実施された移動制限によって，経済活動が抑制されていることから急速な貿易の収縮が起きていることを示しています。

　ただ，貯蓄が投資を上回るからといって，何でも輸出できるというわけではありません。国際経済学の基本的な考え方に，「**比較優位**」というものがあります。「比較優位」という考え方は，2つの国が，2つの財について貿易をした際に，それぞれの国が，労働生産性の比較的高い財を相手国に輸出することによって，2つの財の生産も増え，両国の労働者の賃金水準が向上さるというものです。

　日本は，天然資源に恵まれていません。このため工業化をする過程で，日本は石油や鉄鉱石などを輸入し，それを製品化して外国に輸出するという「加工貿易」を長らく続けてきました。「比較優位」の考え方に従えば，日本は，自国で天然資源を採掘する場合の生産性よりも工業製品を生産する際の生産性が相対的に高かったために，「加工貿易」を選択したといえます。
図表 13－2 は，日本の商品別の輸出構成比を示しています。これをみると，日本の輸出のほとんどが工業製品であることがわかります。1960 年代は，鉄鋼や化学製品などの工業原材料の輸出が大きな割合を占めていましたが，

図表 13 － 2 ▶ ▶ ▶ 日本の財別輸出構成比

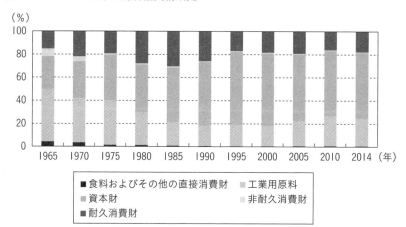

出所：財務省『貿易統計』。

図表13－3 ▶▶▶地域別輸出構成比

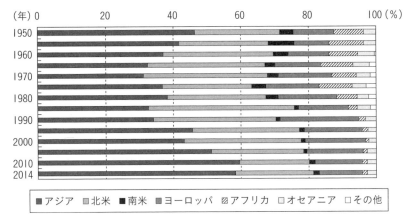

出所：財務省『貿易統計』。

70年代に入って石油危機が起きると，こうした製品を生産する産業はエネルギー多消費型産業であるため，国際競争力を失い，代わって，自動車や電気製品などの耐久消費財の比率が増加していきます。しかし，後で述べるように，こうした耐久消費財の輸出の急増は貿易摩擦を引き起こしたため，1980年代後半から海外直接投資による現地生産が主流となっていきます。このため，1990年代からは海外で完成品を生産する工場に部品を輸出する傾向が強まります。**図表13－2**では資本財のシェアの増加がこれに相当します。

　それでは，日本はどのような国と貿易をしてきたのでしょうか。**図表13－3**をみると，長らく日本の最大の輸出相手国は米国で，2000年代前半までは全輸出額の20％強を占めていました。それに次ぐ貿易相手地域は，**EU**や**ASEAN**（東南アジア諸国連合）諸国でしたが，2000年代後半からは，中国が日本からの最大の輸出国になりました。アジア地域の成長を反映して，ASEAN諸国への輸出割合は変化していませんが，米国やEUなどの先進国への輸出割合は減少しつつあります。

2 貿易摩擦を経て企業の海外進出へ

　1980年代に入ると，石油危機を省エネルギー投資や合理化投資などで乗り越え，国際競争力をつけた日本の製造業が，ドル高が続いていた米国へ積極的に輸出するようになります。前節でも述べたように，貯蓄が投資を上回る日本から貯蓄より投資が盛んな米国へ，財やサービスが輸出されるのは，必然的なことですが，この現象は政治的には受け入れられず，日米間の間に10年以上にわたる**貿易摩擦**が生じることになります。

　図表13－4にあるように，貿易摩擦の最初は自動車からでした。公害や石油危機により，日本の自動車会社はクリーンで燃費の良い乗用車の開発を行ってきました。こうした技術開発の努力が，第2次石油危機後の米国の消費者に受け入れられ，米国への輸出が急増しました。米国の自動車産業が，日本と同様の技術開発を怠ったとはいえ，自動車産業は，米国でも中心的な産業であり多くの雇用者を抱えていました。このため，日本からの輸出の急増は単なる経済的な問題ではなく，政治的・社会的問題として捉えられました。日本としては，米国が輸入制限という強硬手段をとることを回避するため，1981年から3年間自動車の対米輸出の自主規制を行いました。

　しかし，1980年代前半は米国がドル高を維持し続けたため，自動車以外の電気製品，医療機器などの製品についても，日米間で摩擦が生じました。特に半導体については，1985年に米国政府は**通商法301条**に基づく提訴を行いました。米国通商法301条というのは，貿易相手国の不公正な商取引や取引慣行について，当該国と協議したり，当該国に対して制裁を行えることを定めた条文です。半導体については，日本の閉鎖的な取引慣行が301条に該当するとされました。1988年に米国は，市場が閉鎖的な国に対し，協議対象をより包括的にし，制裁措置をより強化した**スーパー301条**を成立させ，日本からの数々の貿易品目にこれを適用しました。スーパー301条は，当初2年間の時限立法でしたが，1990年代に入ってたびたび復活しています。

　ただし，すでにみたように，日米間の貿易不均衡の本当の要因は，両国間

図表 13 - 4 ▶▶▶日米貿易摩擦の経緯

Ⓐ 1980 年代

1981 年		日本，対米自動車自主輸出規制実施（81.4 ～ 84.3）
1985 年		**中曽根・レーガン合意，MOSS 協議（市場志向型分野別協議）開始** （エレクトロニクス，電気通信，医薬品・医療機器，林産物，輸送機器の各分野） 米半導体工業界，日本の半導体市場の閉鎖性等を理由に 301 条提訴
	9 月	プラザ合意
1986 年		MOSS 協議（エレクトロニクス，電気通信，医薬品・医療機器，林産物の分野）決着 GATT・ウルグアイ・ラウンド交渉開始
	9 月	日米半導体取極締結
1987 年		日本，工作機械の対米輸出自主規制実施（1987 年～ 1993 年 10 月）
1988 年		牛肉・オレンジ交渉最終決着（輸入割当撤廃へ）
1989 年	6 月	移動電話交渉決着 **日米構造協議（SII）開始** 日本側： 　　貯蓄投資パターン，土地利用，流通機構，価格メカニズム，系列，排他的取引慣行 米　側： 　　貯蓄投資パターン，企業の投資活動と生産力，政府規制，輸出振興 USTR，日本の建設市場（301 条），電気通信（88 年包括通商法 1371 ～ 1382 条），人工衛星 政府調達（スーパー 301 条），スパコン政府調達（スーパー 301 条），木材の輸入に関する 技術障壁（スーパー 301 条）を標的に（建設，電気通信は最終的に 1994 年，その他は 1989 ～ 1990 年にかけて合意決着）

Ⓑ 1990 年代

1990 年		SII 最終報告
1991 年	6 月	新たな日米半導体取極締結（期限 1996 年 7 月末）
1992 年		日米工作機械交渉最終決着
1993 年		**宮沢・クリントン間で日米包括経済協議開始につき合意** 1994 年 　　8 月，知的所有権分野決着 　　10 月，政府調達，保険分野決着 　　12 月，板ガラス分野決着（1999 年末で措置終了） 1995 年 　　1 月，金融サービス分野決着 　　6 月，投資・企業間関係分野および自動車・同部品協議決着（2000 年 6 月で措置終了） 1996 年 　　12 月，保険問題最終決着
1994 年	3 月	移動電話（1989 年合意違反）決着
	4 月	GATT・ウルグアイ・ラウンド妥結
1995 年	1 月	WTO 設立
1996 年	8 月	半導体問題決着

出所：外務省『日米経済関係年表』より筆者作成。

の貯蓄・投資バランスの違いにあります。日米貿易摩擦で交渉を続けているうちに両国ともこの点を認識し始め，両国の経済構造を変えていかない限り，日米間の貿易不均衡は修正できないとの認識が広まり，1989 年には両国の貯蓄・投資パターンの是正も含めた日米構造協議が始まりました。

　一方，日本の輸出企業は，貿易摩擦を回避し，相手国の雇用確保に貢献していることをアピールするために 1980 年代後半から積極的に海外に生産拠点を移す海外直接投資を行うようになります。この頃から 90 年代半ばまでは，北米や欧州などに向けての貿易摩擦回避型の直接投資が主流でした（ただし，**図表 13 － 5** で使われた統計では，現地で資金調達をして生産設備を増やした金額は含まれていません）。しかし 1990 年代半ばからは，成長著しいアジア向けの直接投資が増え始め，2000 年代に入ってからは，このアジア向け直接投資が，日本の海外直接投資の主流になります。この結果，現在では日本の製造業の海外生産比率は 35％ にものぼっています（国際協力銀行，海外直接投資アンケートによる 2013 年度の比率）。ただ，2010 年代半

図表 13 － 5 ▶▶▶海外直接投資の推移

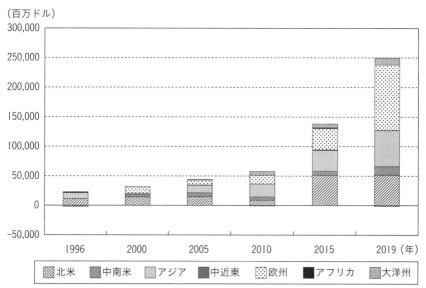

出所：財務省『対外及び対内直接投資状況』，『国際収支状況』。

ばからは欧米向けの直接投資も再び増えています（**図表13−5**）。これは，①アベノミクスによる大胆な金融緩和により，企業の手元資金が増加し，これを海外への出資に利用したこと，② AI（人工知能）などの最先端技術にキャッチアップするため，③英国の EU からの離脱（Brexit，2020年1月31日離脱）に伴い，ヨーロッパでの生産・営業拠点を再編成するためなどの理由が考えられます。特に①に関しては，同時期から日本企業の海外企業に対する M&A が増加しています。

　逆に海外の企業が日本国内で投資を行う，対日直接投資をみてみましょう。**図表13−6**は，この対日直接投資の推移を描いています。この図と**図表13−5**を比較すると，海外直接投資に比べて対日直接投資の規模が異常に少ないことに気付くと思います。また**図表13−6**では，対日直接投資がマイナスになっている部分があります。これは外資系企業が，日本企業に会社を売却して，日本市場から撤退する場合に起きます。たとえば，2006年はイギリスの携帯電話会社である Vodafone 社が，日本での事業をソフトバン

図表13−6 ▶▶▶対内直接投資の推移

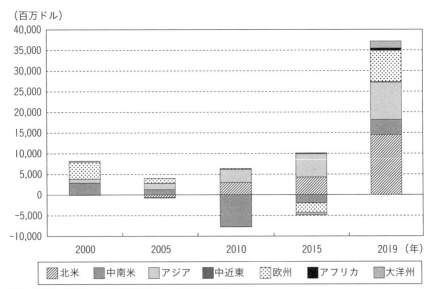

出所：財務省『対外及び対内直接投資状況』，『国際収支状況』。

ク社に譲渡したためにマイナス幅が大きくなっています。対日直接投資額が最も多い 2019 年でも 4.1 兆円程度で，2019 年の海外直接投資額の 15％程度に過ぎません。こうしたことからわかるように，世界でも日本は経済規模に比して対日直接投資が最も低い国の 1 つです。欧米諸国より低いのは当然ですが，中国や韓国よりも低くなっています。一般に直接投資の効果は 2 つあると考えられます。1 つは，国内の設備投資需要や増やし，雇用を創出する効果を持っていること，もう 1 つは，海外から国内へ新しい技術が移転され，国内の技術力の向上に寄与するという点です。このため，日本政府もバブル崩壊後の経済低迷を打開する方策の 1 つとして，たびたび対日直接投資の促進策を打ち出してきましたが，必ずしも効果が上がっているとはいえません。日本での対日直接投資が思うように増えない理由としては，法人税の税率が世界で最も高い国の 1 つであること，日本でも会社設立に関してさまざまな規制や業務上の仕切りが多いこと，英語を使ってビジネスがしにくいことなどがあげられています。これに加えて，2020 年 1 月から安全保障に関わりのある企業については，海外からの出資比率が 1％以上になる場合は届け出制としました。これは事実上対内直接投資を促進する方針を転換した政策と考えられますが，同時に日本企業が株主からの要望により効率化する機会が少なくなったことも意味します。

3 地域間貿易協定の進展と日本の農業・医療問題

　最初にみたように，貿易はどちらか一方が不利になるというようなことはなく，双方にとって利益を生みます。このため自由貿易を世界的に促進するために，1948 年に発足した**貿易と関税に関する一般協定**（General Agreement on Tariffs and Trade, 略して **GATT**）が設立されました。GATT は，主に財の貿易について各国の関税率を低め，自由貿易を広めていこうという目的を持っていましたが，世界経済が発展するにつれ，財だけでなく，特許権やライセンスなどの国際取引や国際間の金融取引，通信業務の国際利用な

どのサービス取引も大きな割合を占めるようになってきました。このため従来 GATT が対象にしていた貿易取引に加えてサービス取引に関する取り決めを行うために 1995 年に設立されたのが**世界貿易機構**（World Trade Organization, 略して **WTO**）です。

GATT も WTO も多国間の貿易取引に関する取り決めを通して，自由貿易のルールづくりを目指していますが，各国の合意を得るには多くの時間がかかります。このため 1990 年代に入ると，米国のように自由貿易の利益を早く享受するためには，二国間や少数の国々の間で，関税の引き下げについて合意していくほうが近道であるとの議論が支配的になります。

1994 年に米国，カナダ，メキシコの間で締結された**北米自由貿易協定**（North American Free Trade Agreement, 略して **NAFTA**）は，そのさきがけです。西ヨーロッパでは，すでに 1960 年代から関税同盟が締結されていました。これが発展して 1993 年には政治面・経済面の統合を目指す欧州連合（EU）が成立し，1999 年には共通通貨ユーロが導入されるようになりました。ヨーロッパのように政治面・経済面の全面的な統合を目指す動きは稀ですが，貿易面での地域的自由化を進める協定は，地域間貿易協定と呼ばれ，アジアや中南米でも広がりをみせています。

日本は，長らく GATT や WTO を中心とした多国間貿易協定に軸足を置いてきたため，こうした地域間協定の流れには後れをとり，近年に至るまで主要貿易相手国との自由貿易協定はほとんどありませんでした。

ただ，こうした流れにも転機が訪れています。2010 年代における日本の貿易面での最大のトピックは，**環太平洋戦略的経済連携協定**（Trans Pacific Partnership, 略して **TPP**）です。**図表 13－7**にあるように，もともと TPP は，シンガポール，ブルネイ，チリ，ニュージーランドの間で検討されていた自由貿易協定でしたが，2010 年 3 月に新たに米国，オーストラリア，ベトナム，ペルーが交渉に参加したことから注目が大きくなります。同年にマレーシア，翌年には日本，カナダ，メキシコも交渉参加の意向を表明し，現在は 12 カ国で交渉が行われています。日本としては，米国という主要貿易国との初めての自由貿易協定（または**経済連携協定**（Economic Partner-

2010 年	3 月にシンガポール，ニュージーランド，チリ，ブルネイの「P4」に米国，オーストラリア，ペルー，ベトナムが加わり，8 か国で，TPP 交渉が開始される。同年 10 月にマレーシアも参加。
2011 年	日本，カナダ，メキシコも交渉参加の意向を表明。
2012 年	メキシコ，カナダが交渉参加。
2013 年	4 月に日米間で自動車分野などで 2 カ国間交渉を実施することで合意し，12 月に日本は交渉に参加する。
2015 年	米国議会が，大統領に貿易交渉の権限を認める（TPA：Trade Promotion Authority）を認める。
2016 年	TPP，日本で批准。
2017 年	トランプ米国大統領が TPP を破棄。ただし残りの 11 カ国に関しては 11 月に大筋合意。
2018 年	TPP11 が発効。
2020 年	日米貿易協定が発効。

ship Agreement，略して **EPA**）） であり，双方に利害が対立する場面があり，交渉に長い時間を要しています。2013 年に日米間で自動車に関して 2 カ国間の交渉を開始することを取り決め，日本は本格的に交渉に参加しています。一方，米国でも，2015 年に米国議会が，大統領に包括的な貿易交渉の権限を認める Trade Promotion Authority を成立させたため，交渉妥結への期待が高まり，2016 年 11 月には，日本で批准されましたが，2017 年から米国大統領に就任したドナルド・トランプ氏の意向から，米国は TPP から離脱をしました。このため残りの 11 カ国で協議を進め，2018 年 3 月にすべての国が署名をし，同年 12 月 30 日に発効に至りました。

　一方米国とはあらためて 2 カ国間で自由貿易協定を結ぶ交渉が進められました。交渉の焦点は日本の農産物市場の開放と日本から米国へ輸出する自動車・自動車部品の完全撤廃でした。結局コメについては無関税輸入枠を設けなかったものの，畜産品については関税率の引き下げあるいは撤廃ということで合意しました。一方自動車・自動車部品については追加関税は避けられたものの，撤廃に関してはさらに交渉を継続することで落ち着きました。この日米貿易協定は，2020 年 1 月 1 日に発効しています。

　TPP や日米貿易協定の過程で明らかになったのは，日本の産業に関する

構造問題です。特に日本の農業の将来を懸念する声が高まりました。日本の農業は，戦後縮小を続け，現在では全生産額の1%程度に過ぎません。一方就業者数は，全体の4%を占めています。全労働者の4%の人が，全体の生産額の1%しか担っていないということは，他の産業に比べて農業の生産性が低いということがわかります。日本は戦後農地改革によって，それまでの地主が小作人を雇って農業を営むという形式から，多数の小規模自営農業者が農業の担い手となる方向へと転換しました。このため**図表13－8**にあるように，1農家当たりの耕作面積は，他の先進国と比べて非常に狭く，このことが日本の農業の低生産性の要因の1つとなっています。

　農産物については，海外でも保護の対象となっており，これまでも多くの助成金が投入され，TPP交渉の最初の段階でも，関税の即時撤廃とはならず，10年ないし12年の期間を経て撤廃する段階的撤廃の対象品目となっています。日本の農業の場合は，このTPPの交渉が開始される以前から，市場開放の要求が強く，日米貿易摩擦やGATTのウルグアイ・ラウンドの場でもしばしば議論となってきました。特にコメについて，日本は関税化を拒み，

図表13－8 ▶▶▶各国の1農家当たり平均農地面積

調査年	国名	農地面積 （ヘクタール）
1997	中国	0.67
1995	日本	1.2
1995－97	インド	1.41
1990	スイス	11.65
1995	イスラエル	12.35
1999－2000	ベルギー	23.12
1999－2000	ドイツ	40.47
1999－2000	フランス	45.04
1999－2000	イギリス	70.86
2002	アメリカ	178.35
2002	ニュージーランド	222.64
2001	カナダ	273.4

出所：Eastwood, Lipton and Newell［2010］.

一定量のコメの輸入を許可するミニマム・アクセスをとってきましたが，1999年4月についに関税化に踏み切りました。しかし**図表13－9**にあるように，コメの関税率は，価格換算した場合に778％と非常に高率です。TPP交渉では，このコメの他に麦，乳製品，牛肉，砂糖などの関税をどのくらいの期間をかけて引き下げていくかが議論となりました。

　ただ，どれくらい調整期間があっても，**図表13－8**のような国内農業の低生産性を克服しなければ，日本の農業は国際的に太刀打ちできませんし，国内的にも農業に従事しようとする人は少なくなるばかりです。日本は長年農業保護を行ってきましたが，食料自給率は低下し続けています。農産物の市場開放をしながら，日本の農業を存続させようとすれば，日本の農業を生産性の高い魅力ある産業へと転換させなくてはなりません。こうしたことから第2次安倍内閣は，農業経営に大きな影響を与えている農協の改革を実施しようとしています。具体的には，地域の農業協同組合の上部組織である全国農業協同組合中央会が，地域農協に有していた監督・指導権を廃止し，地域の農協の経営の自由度を増すとともに，民間企業の農業への参入を促そう

図表13－9 ▶▶▶**高関税率農産品リスト**

	関税率	従価税換算（％）
米	341円/kg	778%
小麦	55円/kg	252%
大麦	39円/kg	256%
脱脂粉乳	396円/kg +21.3%	218%
バター	29.8% +985円/kg	360%
砂糖	103.10円/kg	379%
でん粉	119円/kg	583%
こんにゃく	2,796円/kg	990%
落花生	617円/kg	500%
牛肉	38.5%	38.5%
豚肉	差額関税制度 （基準輸入価格547円）	120-380%

注：乳製品とバターの生産額，生産戸数は「酪農」のものを用いている。
　　生産額等の経営データは2009年（一部推計），ただし，関税率は現在も同じ。
出所：農林水産省，清水他［2012］，本間［2012］。

としています。また耕作放棄地に対する税制上の減免措置についても見直して，より競争力のある農業への改革を目指しています。日本の農業の課題と改革の方向性については，伊藤・本間［2015］「競争こそ強い農業への道」（日本経済新聞1月23日朝刊）を参照してください。

　農業と並んで，TPP参加による医療への影響も大きいといわれていました。しかし，農業と比べ，TPPと医療の関係についての論点が共有されているとはいい難いので，ここで具体的に考察してみましょう。農業同様，参加には賛否両論あるのですが，漠然とした議論や常識的に考えて極端と思われる主張が散見されます。たとえば，「TPPは国民皆保険を破壊する」といったスローガンめいた言説はその典型であり，冷静な分析が必要です。

　まず，主要な先行研究に依拠して，論点整理を試みたいと思います（二木［2012］；八代［2013］）。これまでの経緯などを踏まえると，自由貿易の流れが医療に影響する場合，大別して次の3つの動きが考えられます。まず，①医薬品や医療機器の価格規制の緩和・撤廃です。良くも悪くも定着してきた規制のヴェールが取り払われた場合，影響の広がりという点では下記②，③以上の変化が起こると予想されます。次に，②株式会社による病院経営への参入の可能性も指摘されています。ビジネスとして成立させる必要から，富裕層を主たるターゲットにせざるを得ず，その影響は局所的と考えられます。さらに，③**混合診療**の解禁を通じた**国民皆保険制度**の変容も重要な論点の1つです。すでに最高裁が混合診療の禁止を合法と判断しており（2011年10月），過去の経緯や周辺状況から考えて，一足飛びに全面解禁となることは想像し難い状況です。

　上で指摘した論点の中でも，多くの人が最も高い関心を寄せると思われる国民皆保険制度への影響をここでは考えてみましょう。TPPによって，国民皆保険の何が変わる可能性があるのでしょう。皆保険が崩れるとの指摘がありますが，本当でしょうか。十分に定着した皆保険制度を根底から覆すことは，いくらTPPといえども不可能と考えるのが合理的です。変化が生じるとすればあくまで部分的なものでしょう。直接，間接の「外圧」が，混合診療解禁への扉を開く可能性はあります。その方向に進めば，現行の公的保

険制度は一定の影響を受けるでしょう。混合診療とは，保険診療と保険外診療（この部分は全額患者負担）を組み合わせることを指しますが，例外措置（保険外併用療養費制度）があるものの，わが国では原則禁止されています。つまり，保険外診療を一連の治療に取り入れると，本来は保険適用可能な部分もすべて自己負担しなければなりません。このため，国内的には，患者とりわけ難病患者の選択肢が拡大する，質の高い医療を志向するインセンティブが従前以上に強化されるなど，混合診療解禁のメリットは小さくないと考えられますが，比較的公平・平等であった医療へのアクセスに格差が生じてしまうのではないかといったデメリットを強調する意見も聞かれます。他国からみると，保険外診療も一般的になった場合，そこに参入する余地が生まれることがTPPの積極的意義ということになるでしょう（外国の私的保険を提供する保険会社，医療機関，医師等）。

　話は複雑にも難解にもできますが，患者目線に立ってシンプルに考えてみます。先述したように，医療保険制度の基本骨格を変えることは，おそらく非常に困難で，しかもほぼ誰も望んでいないことです（財政方式はまた別の問題として）。この現状を踏まえ，健康の回復・維持に不可欠な基礎的医療や医薬品の処方を公的保険内でカバーすることを政府が約束し（逆にこの担保がなければ，国民的理解を得ることは困難でしょう），その上で混合診療の（おそらく部分的な）解禁を行えば，制度改定によるメリットを患者（被保険者）自身が享受できるのではないでしょうか。巷間にあふれる言説の中には，実質的に「患者の厚生」が置き去りにされているものが散見されますが，大事なのはこの点です（技術に自信のない開業医の立場からは，混合診療の解禁は迷惑千万でしょう）。ただし，解禁に際してクリアすべき重要な問題があります。それは，基礎的な医療の具体像について，専門家のみならず国民を巻き込んだ議論と合意形成が不可欠だということです。そのためには，DPC方式（第12章参照）で得られた知見やデータをフル活用することが求められます。

　いずれにしても，保険適用の範囲を再検討することは間違いなく時代の要請でもあります。TPP問題を契機として，この課題に真正面から取り組む

ことは，医療保険制度の持続可能性を確保する上で非常に重要です。

4 アジア経済の拡大と貿易パターンの変化

　第2次世界大戦後，日本はアジアの中でいち早く復興を果たすとともに，15年間にわたる高度成長を実現しアジア諸国の中では唯一先進国の仲間入りをしました。しかし，1980年代に入ると，アジア諸国またはアジア経済圏の中で急成長を遂げ，日本や欧米の先進国と比べても遜色のない水準にまで豊かになる新興国が現れ始めました。この中で急成長を遂げた韓国，台湾，シンガポール，香港は，four tigers と呼ばれました。

　しかし1990年代に入ると，これらの国々の経済成長率にも陰りがみえ，一部の国では貿易収支が赤字になり始めました。これらの国々は海外から短期的な資金を借りて，国内で長期の投資を行っていたことから，新興国の先行きを心配した海外投資家が，急激に引き上げる事態が生じました。これが1997年の**アジア通貨危機**です。アジア通貨危機は，最初タイで起き，その後韓国，インドネシアへと波及しました。これらの新興国では海外投資家が急速に資金を引き揚げたため，国際的に通用する通貨（米ドル）が不足し，海外から輸入代金を支払うことができなくなりました。新興国の通貨は，信用がないため，国際的には支払い手段として通用しないのです。1997年にアジアの新興国が陥った経済危機を通貨危機というのはこのためです。新興国は，**国際通貨基金**（International Monetary Fund，略して**IMF**）からの経済改革案を受け入れる見返りとして，資金を借り入れ，経済危機を乗り切っていきます。IMFは，厳しい財政および金融の引き締めと構造改革を実施したため，韓国では一時的に失業率が7％にも上昇し，インドネシアでは1998年に暴動が起き，当時のスハルト大統領が失脚するほどでした。

　ただこうした経済危機を乗り越え，2000年代に入ってアジア諸国は再び成長軌道に乗ります。そして2000年代に入ると中国の存在感が大きくなります。中国は，1978年に鄧小平氏が，「改革開放」路線を採用して以来，社

会主義的な政治体制の下で市場経済を導入する政策に転換しました。このため1980年代から10%前後の急成長を2010年代まで続けました（**図表13－10**）。この結果，1990年には日本のわずか1.3％の規模であったGDPが，2012年には3.3倍にまで膨れ上がりました。1990年以降，日本経済は低成長が続く長期停滞に陥っていたため，他のアジア諸国との経済的なギャップも縮小しています。なお購買力平価とは，異なる通貨単位（たとえば円と人民元）を現実の為替レートでみるのではなく，両国の人々の生活に必要な財・サービスの価格が等しくなるような為替レートのことです。

　こうしたアジア諸国の台頭により貿易パターンも変化してきました。第1節で説明した「比較優位」の原則では，貿易当事者が，お互いに相対的に生産性の高い品目を交易し合うことで，利益が得られるということを説明しました。しかし，日本以外のアジア諸国の経済成長も日本と同様，工業製品の輸出によるところが大きかったので，日本の企業が優位性を保てる分野は徐々に限られてきました。第2節で説明したように，日本企業は生産コストの競争力を維持するために，1990年代から徐々に生産コストの低いアジア

図表13－10 ▶▶▶アジア諸国の経済成長率（1990-2012年）

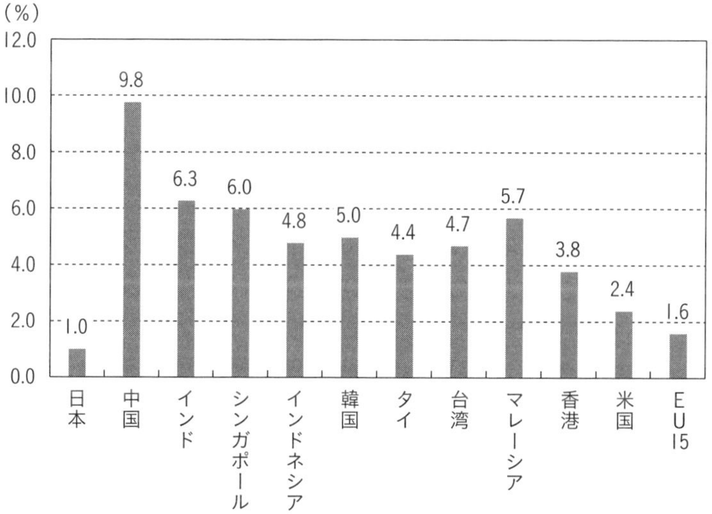

出所：Asian Productivity Organization［2014］*APO Productivity Databook 2014.*

諸国へ生産拠点を移し，そこで生産を行うようになります。具体的には，日本から部品を輸出して，アジアの生産拠点で完成品を作り，それを日本に再輸入するまたは現地で販売するようになります。自動車産業の中には，完成した乗用車だけでなく自動車部品も含まれますので，同一の産業内で輸出入が行われるようになります。こうした貿易パターンを**垂直的産業内貿易**と呼んでいます。これに対して**水平的産業内貿易**とは，同種の製品の輸出入が同時に行われる状況を指します。たとえば，図表13－11をみると，1996年から2000年にかけて，東アジア域内の貿易パターンは，一方向の貿易から垂直的貿易パターンへと移行していることがわかります。一方，EUでは，輸送機械などで水平的な産業内貿易の割合が一定量あることが示されています。つまりEU内では，フランス，ドイツ，イタリアそれぞれの国が完成車を生産しており，少しずつ製品の特性が違うため，EU内の消費者は，自分の好みに合った車を選ぶ結果，完成車が同時に輸出もされ輸入もされるということが起きます。こうした製品の特性の違いを製品差別化と呼んでいます。

2000年代に入ると，貿易パターンはさらに複雑化します。単に国境を越えて，部品と完成品をやりとりするのではなく，複数の生産工程を分割し，その工程に適した場所で生産を行う方法が始まりました。たとえば，皆さん

図表13－11 ▶▶▶垂直的産業内貿易と水平的産業内貿易（『通商白書』2004年）

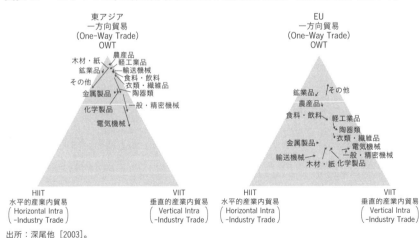

出所：深尾他［2003］。

が使われている iPod や iPhone を販売している Apple は，米国内では生産設備を持たず，部品の製造から完成品に至るまで，日本，韓国，台湾，中国などの海外に生産の発注（これを**オフショア・アウトソーシング**といいます。アウトソーシングとは外注の意味です）をしています。こうした従来の垂直的な生産体制が国境を越えて展開する状況をフラグメンテーションと呼んでいます。フラグメンテーションが盛んになると，国境を越えて部品の受け渡しが起きるようになりますから，中間財（部品）貿易の規模が膨らむようになります。ここで注意したいのは，こうした貿易構造にもかかわらず，Apple の製品の売り上げによる利益の多くが，こうした外注先ではなく，米国の Apple に帰属しているということです。このことは，利益の源泉が，単なる部品や完成品の製造以外の部分にあることを意味しています。日本の輸出は長らく，「ものづくり」を基盤とした製品の販売が支えてきました。しかしアジア経済の台頭や貿易パターンの変化に，どのように対応していけばよいかが，今後の日本経済の課題の1つとなっています。

Working

調 べ て み よ う

1. 日本以外の地域間貿易協定について取り上げ，その内容について調べてみましょう。
2. 日本で生産された製品を輸出する場合と，海外直接投資によって海外で生産を行う場合とは，どのような点で違いがあるでしょうか。
3. 私たちの身の回りの品物で海外から輸入しているものはどれだけあるか，調べてみましょう。

Discussion

議 論 し よ う

1. TPP や日米自由貿易協定が成立すれば，私たちの生活にはどのようなメリットとデメリットがあるでしょうか，議論してみましょう。
2. 2013 年にアベノミクスが始まってから，急激に円安が進みました。通常円安になると，日本からの輸出品は安くなるため，輸出に有利といわれましたが，期待したほど輸出は増加しませんでした。これはなぜでしょうか。

● 日本のグローバル化が抱える諸問題を包括的に議論した論文集としては，藤田昌久・若杉隆平編［2011］『グローバル化と国際経済戦略』日本評論社が，日本が今後成長するためには，一層グローバル化が必要だという観点から書かれた書籍としては，戸堂康之［2010］『途上国化する日本』日本経済新聞出版社があげられます。また海外直接投資の概念と，日本における海外直接投資および対日直接投資の実態について，より詳しく知りたい方には，清田耕造［2015］『拡大する直接投資と日本企業』NTT 出版が，アウトソーシングの経済的効果について，詳しく知りたい方には，冨浦英一［2014］『アウトソーシングの国際経済学』日本評論社がお勧めです。

参考文献

● 国際経済学の教科書として：石川城太・椋寛・菊池徹［2013］『国際経済学をつかむ　第2版』有斐閣。
● 現在の貿易状況を知る上で：『通商白書』各年。
● 二木立［2012］『TPP と医療の産業化』勁草書房。
● 八代尚宏［2013］『日本経済論・入門』有斐閣。
● 清水徹朗・藤野信之・平澤明彦・一瀬裕一郎［2012］「貿易自由化と日本農業の重要品目」『農林金融』20-43 頁。
● 深尾京司・石戸光・伊藤恵子・吉池喜政［2003］『東アジアにおける垂直的産業内貿易と直接投資』経済産業研究所。
● 本間正義［2012］「TTP 問題と日本農業の再生」日本記者クラブ会見 6 月 30 日。
● Eastwood, R., Lipton, M. and Newell,［2010］*Handbook of Agricultural Economics*, Burlington: Academic Press.

第14章 平成経済から令和経済へ

先衰国日本の行方

Learning Points

▶平成時代の日本経済を総括します。

▶平成期後半の重要な経済政策であるアベノミクスの内容とその経緯について学びます。

▶平成期から令和期にかけて経済社会全体を揺るがした危機とその対応が日本経済に与えた影響について学びます。

Key Words

1人当たりGDP　アベノミクス　新型コロナウイルス　成長戦略
三本の矢　量的・質的金融緩和政策　マイナス金利　働き方改革
ハルツ改革　規制緩和　長期停滞

1 / 平成経済の総括

2019年5月1日に元号があらたまり，平成から令和へと改元されました。改元で経済が一気に変わるわけではないのですが，この改元を機に30年余り続いた平成時代の日本経済を振り返っておきましょう。

平成時代の最初の10年間に起きたバブル崩壊や金融危機，そして2000年代の金融危機に至るまでの金融政策については，第3章，第8章，第9章で詳しく述べました。したがって本章では，平成の最初の時期から30年の間に，日本経済がどのように変化したかを主要な指標で見ていきたいと思います。

まずGDPですが，**図表14－1**にあるように，平成に改元される前の1988年の実質GDPは369兆円でした。それから30年後令和へ改元される前の2018年の実質GDPは533兆円です。結構増加したのではないかと思

図表 14 − 1 ▶▶▶ 平成年間の主要経済指標の推移

	1988 年 (昭和63年)	2012 年 (平成24年)	2018 年 (平成30年)	データ出所
実質 GDP（兆円）	345.6	498.8	532.6	内閣府「国民経済計算」
完全失業率（％）	2.5	4.3	2.4	総務省「労働力調査」
就業者数（万人）	6,010	6,279	6,664	総務省「労働力調査」
消費者物価指数(2015年＝100)	86.5	96.2	101.3	総務省「消費者物価指数統計」
平均所得（万円 / 年）	315.0	389.8	413.2	内閣府「国民経済計算」
為替レート（円 / ドル）	128.2	80.0	110.4	IMF
日経平均株価（円）	30,159	10,395	20,015	日本経済新聞社

いがちですが，これを 1 年間の成長率（年率）にすると 1.23％です。この 1.23％という経済成長率をどのように評価すればよいでしょうか。

すでに**図表 13 − 10** で確認していますが，この成長率はアジア諸国の成長率と比べると格段に低いということです。特に中国は 10％近い経済成長を続けたため，世界金融危機を契機に日本の GDP を抜き，世界第 2 位の経済大国に躍り出ています。

しかしアジア諸国は日本よりも後から，成長ステージに入ったため日本の高度成長期とよく似た段階にあり，日本と比較するには無理があるという意見もあるでしょう。確かにその通りですが，実は日本は同じ先進国の米国と比べても，半分の成長率でしかありません。米国は平成年間で GDP が 2 倍になったのですが，日本は 1.4 倍にすぎません。

そのほかの経済指標の変化をみていくと，株式市場の指標を除きほとんどの経済指標で昭和の最後の年と平成の最後の年に変化がないことがわかるでしょう。**完全失業率**は，1988 年が 2.5％に対し 2018 年は 2.4％です。**消費者物価指数**は，1988 年の 86.5 から 2018 年は 101.3 に上昇していますが，これは年率にするとわずか 0.5％の物価上昇率です。米国では 2.5％程度の物価上昇が続き物価も 30 年間で倍になっているので，驚くべき物価安定と言えましょう。日本の物価が上昇しない要因の 1 つに，吉川立正大学教授のように，賃金が上昇しない点をあげる学者もいます。確かに 1 人当たり雇用者報酬は，この 30 年間平均で毎年 0.9％ずつしか上昇していません。

なぜ労働者の所得が上がっていないのでしょう。いま生産物（＝付加価

値）が，労働だけで作られていると考えましょう。そうすると生産物の価値
（＝生産物価格×生産量）はすべて労働者の人件費（1人当たり賃金×労働
者数）に配分されます。すなわち，

　　生産量×生産物価格（＝物価）＝1人当たりの賃金×労働者数

です。これを変形して1人当たりの賃金を左辺に持ってくると，

　　1人当たり賃金＝生産物価格×生産量／労働者数

になります。この式の1人当たりの賃金は，1人当たりの雇用者報酬と，生
産物価格は消費者物価と，生産量／労働者数は**労働生産性**とほぼ同じと考え
ることができます。そうすると，1人当たり雇用者報酬の伸びが0.9％，物
価上昇率が0.5％ですから，残りの0.4％分が労働生産性の伸びということ
になります。つまり所得の伸びの低い理由の半分は労働生産性が低いからな
のです。

　図表14－2では，米国，英国などの欧米主要国と日本の労働生産性指標
の比較をしています。よく使われているのは，その時点での為替レートで評
価した**1人当たりGDP**です。これをみると，日本は1995年の3位から
2017年の20位へと大きく順位を落としています。また異なる国の生活水準
を均等化する購買力平価でGDPを計算した上で1人当たりのGDPの順位
をみても，やはり9位から17位へと順位を落としています。しかし，これ
らの指標は国民全体を分母としているので，その中の労働者の比率さらには
労働時間の違いなどが十分反映されていません。この労働者1人当たりや労
働時間当たりの労働生産性をみると，日本は1990年代から労働生産性が低
かったことがわかります。逆にフランスやドイツなどの大陸ヨーロッパ諸国
は，労働者1人当たりや労働時間当たりの生産性の方が高い順位になります。
これは，日本では1990年代には長時間労働がまだ残っており，それが徐々
に解消されてきても今度は付加価値の部分が伸びなくているために順位が

図表 14 − 2 ▶ ▶ ▶ 労働生産性指標の国際比較

		日本	米国	英国	フランス	ドイツ
1995	1人当たり GDP（名目為替レート評価）	3 位	10 位	15 位	12 位	6 位
	1人当たり GDP（購買力平価による評価）	9 位	3 位	17 位	15 位	10 位
	就業者 1 人当たり労働生産性	19 位	3 位	17 位	6 位	10 位
	労働時間当たりの労働生産性	21 位	5 位	17 位	7 位	5 位
2017	1人当たり GDP（名目為替レート評価）	20 位	6 位	15 位	19 位	18 位
	1人当たり GDP（購買力平価による評価）	17 位	5 位	16 位	20 位	10 位
	就業者 1 人当たり労働生産性	21 位	3 位	19 位	8 位	13 位
	労働時間当たりの労働生産性	20 位	6 位	19 位	10 位	7 位

注：順位は OECD 加盟国の中での順位。
出所：日本生産性本部「労働生産性の国際比較 2018」。

低いままになっていると考えられます。一方，大陸ヨーロッパ諸国では，比較的短い労働時間が維持されてきたため，日本よりも高い労働生産性を達成しています。

　上記の説明は労働市場の需要側（企業サイド）の要因によるものですが，労働供給側の要因も影響しています。**図表 14 − 1** の就業者数をみると，平成時代に一貫して増加をしています。しかもアベノミクスが始まる 20 年余りの期間に増加した就業者数が 270 万人に対して，アベノミクスが始まった 2013 年以降の 6 年間では約 400 万人就業者が増加しています。平成期には少子化で生産年齢人口（15 歳から 65 歳までの人口）が減少に転じたにもかかわらず，働く人が増加した背景には，女性と 65 歳以上の高齢者が新たな働き手となったことがあります。特に 65 歳以上の高齢者は，2012 年平均の就業者数が 596 万人に対し，2018 年は 862 万人と 250 万人以上増加をしています。こうした労働供給の増加は，賃金の上昇を抑制する方向に作用するのです。

　再び**図表 14 − 1** に戻って為替レートをみると，1988 年は 1 ドル 128.2 円でしたが，2018 年には 110.4 円です。これは 1 年間で 0.6 円ずつ円高で推移したことを示しています。長期でみると為替レートは緩やかに円がドルに対して価値を高めていったようにみえますが，株価はそうではありません。1988 年末の**日経平均株価**は，バブル期の真っただ中ということもあり，

30,159円を付けていましたが，その1年後の1989年末に最高値38,915円を付けた後大暴落し，30年後の2018年末でも20,015円にとどまっています。これは30年前の3分の2の価格です。一方，米国の日経平均株価に相当するダウ・ジョーンズ指数では，1988年末が2,169ドルに対し，2018年末は23,327ドルと10倍以上に上昇しています。これはこの間の日米の企業パフォーマンスの差を如実に表しています。

2 / アベノミクスの時代

　平成時代の最初の20年間における経済問題は，別の章で詳しく説明しています。そこで本節では，平成最後の10年間に焦点を当てたいと思います。この最後の10年間で欠かすことができないのは，2012年12月に再び首相について7年8カ月政権を担当した安倍晋三氏が，自らの経済政策について名付けた「**アベノミクス**」です。**新型コロナウイルス**の感染拡大による緊急事態宣言により，日本経済がほとんど停止状態になっており，2020年4－6月期のGDPは東日本大震災直後の2011年4－6月期とほぼ同じ水準となりました。また安倍氏自身が2020年9月に辞任したことから2012年から始まった「アベノミクス」は，新型コロナウイルスの出現によって実質的な終了を迎えたとみてよいでしょう。

　アベノミクスを取り上げる理由はいくつかあります。1つは，安倍首相自身が歴代の首相の中で最長の在職日数を記録し，その首相の経済政策である「アベノミクス」が一時代を画すほどの経済政策として認識されるようになったからです。2つ目に，「アベノミクス」は，いろいろな面において政策目標を明示しながら大胆な政策を実施してきたことです。特に政策目標を掲げることは重要です。たとえ政策目標が達成できなかったとしても，その政策手段の有効性を評価できるからです。

　図表14－3は，アベノミクスの政策内容をまとめたものです。アベノミクスは，当初①大胆な金融政策，②機動的な財政政策，③**成長戦略**の「**三本**

図表 14 − 3 ▶▶▶アベノミクスの経緯

年月	経済政策全般	金融政策	財政政策 （含む財政再建策）	成長戦略 （構造改革）
2012 年 12 月	アベノミクス開始：①大胆な金融政策，②機動的な財政政策，③成長戦略			
2013 年 1 月		日本銀行，政府との共同声明を発表し，金融政策の目標として物価上昇率 2％を導入	2012 年度補正予算，2013 年度予算と合わせて総額 100 兆円を超える財政出動を決定。	
2013 年 3 月		日本銀行総裁，副総裁（2 名）に黒田氏，岩田氏，中曾氏が就任		
2013 年 4 月		日本銀行異次元金融緩和を開始：①2％の物価上昇率を 2 年程度で達成する目標を定める，②マネタリーベースを 2 倍にする，③国債購入を年間 50 兆円増加，④長期国債を購入対象とする，⑤ ETF, J-REIT などのリスク資産の買い入れ額を増加。		
2013 年 6 月				日本再興戦略を策定。規制緩和，新陳代謝の促進，設備投資の増加目標等を掲げる。
2013 年 8 月			中期財政計画を策定。基礎的財政収支を，2020 年度に黒字化する目標を維持。	
2014 年 3 月				東京，関西圏，福岡，沖縄等 6 地域を国家戦略特区とする。
2014 年 4 月	消費税率を 5％から 8％へ引き上げ。			
2014 年 6 月				日本再興戦略の改訂版を策定。
2014 年 8 月				日本企業のコーポレート・ガバナンス改革と収益率向上を促す「伊藤レポート」が公表される。
2014 年 10 月		日本銀行が追加緩和を決定。国債購入を年 80 兆円まで増加。更に長期国債の購入を進めるとともに，リスク資産の購入も増加させる。		
2014 年 11 月	消費税率の再引き上げ延期を決定。			

年月	経済政策全般	金融政策	財政政策 （含む財政再建策）	成長戦略 （構造改革）
2015 年 1 月				農協改革。全国農業協同組合中央会の監督・指導権を廃止し，民間法人の農業への参入を促す。
2015 年 6 月			経済財政運営の基本方針，成長戦略，規制改革実施計画を決定。2020 年度のプライマリー・バランス黒字化目標は維持。	東京証券取引所より「コーポレート・ガバナンス・コード」が発表される。
2015 年 7 月			内閣府は，試算で経済が大きく再生したケースでも 2020 年度もプライマリー・バランスが赤字になる見通しを発表。	
2015 年 9 月	新三本の矢を発表：GDP600兆円（2020 年頃），出生率 1.8，介護離職 0 を新たな政策目標として掲げる。			
2015 年 10 月				環太平洋経済連携協定(TPP) 交渉が妥結。
2015 年 12 月	法人税率を 2016 年度に 20％台にすることを決める。	米国連邦準備理事会が 9 年半ぶりに政策金利の利上げを決定。		
2016 年 1 月		日本銀行，マイナス金利政策を導入。		
2016 年 4 月				電気料金自由化により，家計での電力の購入先が自由に選択できるようになる。
2016 年 6 月	消費税率の引き上げについて再度延期を決定。			日本再興戦略 2016 を策定。AI，ロボット産業振興に力点を置く。
2016 年 9 月		日本銀行がこれまでの金融政策を総括的に検証。短期金利だけでなく長期金利の誘導も含めた金利を通した政策に重心を置く。		
2016 年 11 月				米国大統領選において，ドナルド・トランプ氏が選ばれたことにより，米国は TPP を断念する見込み。
2016 年 12 月				政府は，「同一労働同一賃金」のガイドライン案をまとめる。
2017 年 1 月	ドナルド・トランプ氏が第 45 代米国大統領に就任。			
2017 年 3 月				「働き方改革」の実行計画を策定。

年月	経済政策全般	金融政策	財政政策 （含む財政再建策）	成長戦略 （構造改革）
2017 年 6 月			「骨太の方針」で，プライマリー・バランスを 2020 年に黒字化する目標を実質延期。新たに，債務残高 GDP 比の低下も財政健全化指標に加える。	
2017 年 11 月				TPP11 が大筋合意。
2017 年 12 月				2018 年度予算編成に際し，政府は，「生産性革命・人づくり革命」のための政策を決定。
2018 年 3 月		日本銀行総裁は黒田氏が続投。副総裁には，雨宮氏と若田部氏が就任。		
2018 年 6 月				「骨太の方針」で，外国人労働者の在留資格を緩和する方向を示す。「働き方改革法案」が成立。
2018 年 7 月		日本銀行が金融政策を若干修正。長期金利の変動幅の拡大を容認。		
2018 年 12 月				外国人材に対する新たな受け入れ方針を決定。専門性や技能を有する外国人の在留資格を新たに創設。
2019 年 5 月	改元され新元号令和となる。			
2019 年 10 月			消費税率を8%から10%に引き上げ。	
2019 年 12 月				外国為替管理法が改正され，安全保障上重要な企業への外国資本の持ち株について1%以上は届出制となる。
2020 年 1 月	中国武漢より新型コロナウイルスの感染が広まる。		日米FTA が発効する。	
2020 年 3 月	世界保健機構（WHO）が，新型コロナウイルスに関し，パンデミックを宣言。東京オリンピックの開催1年延期。			
2020 年 4 月	安倍首相は，緊急事態宣言を発出。	日本銀行は，緊急事態宣言に伴い，無制限の金融緩和を実施。	緊急事態宣言による行動制限から，1人10万円支給などを軸とする補正予算を策定。	

出所：日本経済新聞の記事等より筆者まとめ。

図表 14－4 ▶ ▶ ▶ アベノミクスの考え方

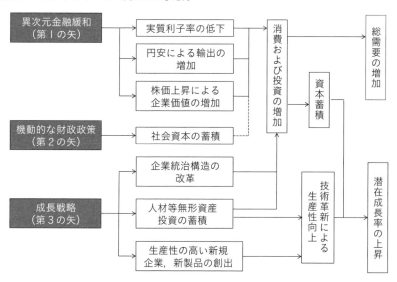

の矢」で始まりました。このうち①，②は，経済の需要側を刺激する短期的
な政策，③は経済の供給側を引き上げる長期的な政策ということができます。
したがって，アベノミクスは経済を需要，供給両面から押し上げていこうと
する包括的な政策パッケージと言えます。**図表 14－4** では，アベノミクス
がうまく機能した場合，どのような経路を経て経済全体の需要や供給を増加
させるかを示しています。

このうち日本銀行が実施する金融政策については，2013 年 4 月の**量的・
質的金融緩和政策**を実施する際に「2 年で消費者物価上昇率を 2％にする」
と宣言したために最も注目を集めました。この金融政策については，第 9 章
で詳しく解説されているために，ここでは，物価目標の達成についてだけ述
べます。消費者物価指数をみると，2014 年には，金融政策の効果に加え，
消費税率の上昇や原油価格の上昇からエネルギー価格が上昇して比較的高い
物価上昇率になりましたが，原油価格が低下するとともに，上昇率も低くな
り結果的に量的・質的緩和政策を開始してから 2 年で 2％という約束を果た
すことはできませんでした。その後も物価が顕著に上昇することはなく，結

果的にアベノミクス直前の 2012 年から平成最後の 2018 年までの物価上昇率は，年率 0.9％にとどまりました（**図表 14 − 1**）。

　しかし，量的・質的金融緩和によって為替レートは大幅な円安になりました。アベノミクス直前の 2012 年の円・ドルレートは，1 ドル 80.0 円でしたが，2015 年には一時 120 円を超える円安になりました。2018 年には 110.4 円と多少円高方向に進みましたが，それでもアベノミクス初期の状況に比べれば，大きく円安になっています。この円安によって，円で評価した企業収益は大幅に増加しました。すでに多くの日本企業は海外で事業活動をしています。その事業から得られる収益が年間 1 億ドルだとしましょう。もし為替レートが 1 ドル 80.0 円だと円に換算した収益額は 80 億円ですが，1 ドル 120 円であれば 120 億円と 1.5 倍の利益になるのです。こうした為替レートの変動による企業収益の増加によって，企業の株価は上昇しました。アベノミクスが始まる前の 2012 年に 1 万円台だった日経平均株価は，2015 年には 2 万円を超えるようになり，それは平成時代の最後まで続いています。

　最も顕著な改善をみせたのは，労働市場です。すでに述べたように，アベノミクス開始から平成最後の年に至るまで，就業者数は女性や高齢者を中心に 384 万人増加しています。それとともに世界金融危機で一時は 5％にまで達した**失業率**も徐々に低下し，2018 年には 2.4％にまで低下しました。そして**有効求人倍率**は 2018 年には 1.61 倍にまで達しています。

3 ／ アベノミクスの変質

3.1 成長戦略の不在

　ここで，読者は不思議に思われるかもしれません。アベノミクスは 3 本の矢で構成されていたのではなかったか？　一体第 2 の矢の財政政策，第 3 の矢である成長戦略はどうしたのだと。実は財政政策は，今回の安倍首相の就任当初は，補正予算と本予算を組み合わせた 15 カ月予算や東日本大震災の

復興関連予算などで，かなり経済成長に貢献していました。これに比べて影が薄かったのが，第3の矢の成長戦略です。第3の矢の不在は，アベノミクス開始当初からささやかれていました。しかし成長戦略に並べられた項目は，実現に時間がかかります。例えば，成長戦略は毎年5，6月頃に具体的内容が明らかにされますが，それが予算として具体化されるのはその年の秋からで，遅い場合には実施が翌年というケースもあります。**TPP**のように成立直前までこぎ着けながらも，結局発効しなかったケースもあります。したがって，当初は成長戦略の行方についてもあまり注目されていませんでしたが，以下の2つの理由により，就任後2年半を経たころから，供給サイドにも配慮する政策を打ち出し始めました。

1つは，金融政策偏重の政策姿勢に限界がみられてきたことです。金融政策の限界は，**マネタリー・ベース**の量的な拡大が不可能になりつつあるという見方から来ています。日本銀行は，毎年80億円の国債を購入すると宣言していました。しかし，毎年度の国の予算は約100兆円で，そのうち50兆円は税収で賄われますから，残りの約50兆円が国債の新規発行額ということになります。これは日本銀行が購入した国債購入額を下回ります。日本銀行はこれまで金融機関が保有している国債を購入してきましたが，そうした国債も少なくなり，実質的には政府が発行した国債を，金融機関が購入すると同時に日本銀行が買い上げるという状態になっています。政府が発行する国債を日本銀行のような通貨を発行する中央銀行が直接購入することは財政上の規律を歪めることになるため，先進国ではこうした政策を控えてきましたが，現在の金融政策は，実質的にこの政策に近くなりつつあると言えます。2016年1月に日本銀行が量的拡大ではなく，**マイナス金利**を導入した際には，政策の幅を広げたという見方よりも，量的拡大政策の限界によるものではないかと言われました。

2つ目は，最初の消費税率引き上げから2年の間に，消費税率の再引き上げを2度にわたって延期したことにより，巨額の政府債務を解消していく手段として経済成長に伴う税収増に頼らざるを得なくなったからです。このため安倍首相は，自身が自民党総裁に再選された2015年9月にあらためてア

ベノミクス version 2 を打ち出しました。このとき新三本の矢として，2020年頃までに GDP を 600 兆円にまで引き上げ，出生率の上昇や介護離職ゼロが表明されました。新三本の矢の 2 本目，3 本目は社会政策の色合いが強く，実質的には 1 番目の政策が注目されますが，2016 年の参議院選挙が終わった後の政策をみるとさらなる財政拡大策が志向されているようにみえます。実際，安倍政権は，当初 2020 年頃には**プライマリー・バランス**を黒字化するとの目標を立てていましたが，その後これを目標にすることを実質的にやめています。

　また歴史的にみても財政支出の拡大は，日本の潜在成長力の引き上げにはつながりません。1990 年代初めにバブルが崩壊した際に，日本政府は巨額の財政支出によって，1980 年代のような成長率を取り戻そうとしましたが，結局日本の潜在成長力が 80 年代に戻ることはありませんでした。アベノミクスにおける財政支出の拡大は，それ以上の問題を日本経済に与える可能性があります。1 つは，1990 年代初めは，その前のバブル経済のおかげで，財政収支が黒字だった時期もあることです。2 つ目に，まだ高齢化の影響が大きくありませんでした。しかし，現在では余分に財政支出を拡大しなくても，高齢化に伴い毎年 3 兆円程度，社会保障費が増加していきます。さらに，すでに国の借金である国債は，日本銀行が実質的に直接引き受けざるを得なくなります。

　しかし日本銀行が発行する通貨というのは実は借金の証文のようなもので，日本政府や日本銀行の健全な政策が信用されて流通しているものなのです。しかし国全体の借金が膨らむにつれその信用が低下していくことは，2009年に発生したギリシャ危機をみれば明らかです。ギリシャと同じ道をたどらないかもしれませんが，限度を超えた膨大な国の借金は，長期的には国民の負担によってでしか解消できないということは歴史が教えています。

3.2　労働市場改革を中心とした成長戦略

　それでは本来の成長戦略とはどのようなものなのでしょうか。**図表 14 －**

3 にみられるように，アベノミクスではその当初から継続的に成長戦略を実施しています。しかしこうした成長戦略の多くが，特定の産業の狭い市場を対象にしたものにとどまっていることが，成長戦略が経済全体に波及しない要因であると考えられます。例えば，2015 年 1 月に発表された農業改革は，農業にとっては大きな改革ですが，残念ながら日本における農業のシェアは 5 % にも満たないのです。これに対して小泉首相時代に金融担当大臣に就任した竹中平蔵氏が，不良債権の解消を目的に行った**金融再生プログラム**は，あらゆる産業および企業が金融機関から資金を調達しているため，経済全体に与える影響は大きいものでした。このプログラムは，確かに「痛みを伴う」改革でしたが，この改革を通して，金融機関の健全性は回復し，世界金融危機の際には日本の金融機関への影響は軽微で済みました。

アベノミクスでこうした資金市場の改革に匹敵する改革を行うとすれば，それは労働市場改革にほかなりません。なぜならば労働力はあらゆる企業にとって不可欠な生産要素ですから経済全体に与える影響も大きくなります。もちろん政府でも労働市場改革の重要性は認識しており，2016 年に入って「**働き方改革**」という名のもとにさまざまな政策が打ち出されています。しかしながらこうした改革も，「**同一労働同一賃金**」の推進や女性役員比率の数値目標の設定といった，経済成長の推進に関わる政策よりも，むしろ社会政策的な色彩が強いものになっています。もしアベノミクス version2 に掲げられた成長目標を本気で達成しようとするならば，労働市場の流動化策は欠かせません。日本の労働市場は，**長期雇用**や**年功序列賃金**が適用される**正規社員**と**非正規社員**に分かれていますが，こうした状況は，労働者の適性に応じた就業を妨げ，「同一労働同一賃金」の実現にとっても障害になっています。このため労働市場，とりわけ正規社員の流動化によって，労働者の適性に応じた就労と報酬を実現していく必要があります。

労働市場の流動化策に対しては，雇用の不安定化を促すのではないかといった意見も少なくありません。しかし 1991 年に東西ドイツが統合した後，旧東ドイツの労働者を中心に高率の失業率に苦しみ，1990 年代を通して経済が低迷していたドイツは，2000 年代初めに**ハルツ改革**と呼ばれる労働市

場改革を実施します。ハルツ改革では，硬直化していた失業保険期間の短縮等による失業手当の実質的削減を行うと同時に，早期の就業促進のために職業紹介機能を強化しました。また労働市場の流動化のために解雇制限の適用除外となる対象事業所の緩和を行い，起業支援，自営業者の失業保険任意加入の制度なども実施しています。こうした労働市場改革の結果，2005年時点で11％だったドイツの失業率は，2015年には4％台にまで低下しています。

このハルツ改革を行ったのはシュレーダー首相の時期でしたが，当時のドイツ政府は，年金給付水準の引き下げや年金財源の多角化などによる年金改革，患者自己負担の引き上げ，公的医療保険の給付水準対象見直し，診療報酬制度の改革などの医療制度改革を行っており，こうした社会保障面での改革も含めて**シュレーダー改革**と呼ぶこともあります。以上の一連の労働市場，社会保障改革によって，2010年代に入ってドイツは，ヨーロッパで最も経済的に安定した国へと変貌しました。

ドイツも米国や英国に比べて労働市場規制が強い国ですが，日本も硬直的な労働慣行が長く続いており，一気に労働市場の流動化を実現することは困難です。このため，宮川・徳井［1995］や柳川東京大学教授は，正規社員としての雇用を40歳くらいまでとし，その年代における労働者の移動を流動化する案を提案しています（**40歳定年説**とも呼ばれます）。日本の長期雇用制度は，当初は60歳くらいまでの雇用を想定していました。これは，当時は平均寿命が80歳を超えておらず，退職後長期にわたって生活することを想定していない状況では合理的な制度と言えました。これが平均寿命が80歳を超えるようになると，60歳前後で退職した場合，さらに10年程度働くことが可能です。ただ定年時に第2の就職をして別の職場で新たな技能を修得するには遅すぎるでしょう。このため，現在の長期雇用が想定しているよりも若い時点で，第2の長期雇用を考える場を設けようというのが，40歳定年説の考え方です。ただしこの考え方を実現するためには，転職の際のリスクも考慮して，従来の年功賃金制度を改革して30歳代の賃金をより手厚くしなくてはいけません。ただ30歳代の労働者の生産性は，最も高いと言われているので，こうした賃金制度の改革も理にかなっています。

4 アベノミクスの評価

　それでは，この長期にわたるアベノミクスをどのように評価すればよいでしょうか。**図表14−5**は，アベノミクスの期間と過去2回の景気回復期の変化率を比較したものです。最初の景気回復期はほぼ小泉政権，2回目の景気回復期は民主党政権に相当します。これをみると，アベノミクスが始まってからのGDPの伸びは0.9％にしかすぎず，過去の2つの景気回復期よりも低くなっています。GDPの構成項目のうち60％占める民間消費は，アベノミクスの期間はほとんど伸びていません。これがGDPの伸び率の足を

図表14−5 ▶▶▶景気回復期のGDPと構成項目の伸び

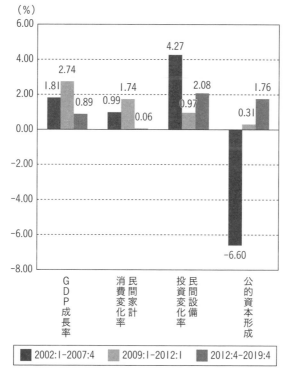

出所：内閣府『国民経済計算』。

第**14**章●平成経済から令和経済へ

引っ張っていると考えられます。もっとも，この値は 2019 年 10 月の消費税率引き上げの直後の影響をかなり受けており，GDP 成長率もそれがなければ平均して 1% 台になります。ただ長期にわたって消費が低迷していたことは間違いありません。

　その意味で，アベノミクスを支えていたのは消費よりも投資だと言えるでしょう。このうち民間投資の方が公的な投資よりも伸びが高いのですが，これは主に過去から積みあがった設備の更新分によって増えています。したがって，アベノミクスを支えていたのは，第 2 の矢である機動的財政政策による公的資本形成の増加だったということがわかります。

　金融政策は，物価上昇をもたらし実質金利を低めることで消費や新規投資を活性化させるというシナリオまでは描けていませんが，円安をもたらしたことで，企業収益を上昇させ結果的に雇用の増加をもたらしたことは評価されるべきでしょう。2008 年から始まった世界金融危機と 2011 年の東日本大震災の時期に，日本は 1 ドル 100 円を大きく下回る円高によって株価も一時は日経平均株価が 1 万円を下回るほどの低迷を記録していました。このため失業率も 4% から 5% の高水準で推移していました。こうした悪化した経済パフォーマンスを立て直し，株価を除いて平成初期の水準にまで戻したことはアベノミクスの成果として評価できるでしょう。

　問題は第 3 の矢である成長戦略ですが，これは第 3 節でみたように，安倍政権は労働市場改革には熱心でしたが，IT 化など技術革新を促す政策については，実効性のある対応をとりませんでした。この面での不作為の対応の影響は，次節で詳しく説明します。

5 / 日本の危機対応と長期停滞

　平成から令和にかけての日本を特徴づけるもう 1 つの特徴は，日本の経済社会全体の大きな影響を与えた危機が幾度も起きたことでした。1990 年のバブル崩壊に端を発する 1997 年の金融危機，2008 年の世界金融危機に続い

て起きた 2011 年の東日本大震災，そしてこの原稿を書いている現在進行中の新型コロナウイルスによる感染拡大です。勿論，この他にも 1995 年の阪神淡路大震災や地下鉄サリン事件など社会を震撼させる災害や事故，事件は多くありましたが，上記の 3 つは，日本の経済社会のネットワークを麻痺させるほどの大きなインパクトを与えました。

そしてこれらの危機は，一時的な経済的損失だけでなく，長期にわたる経済停滞をもたらしています。新型コロナウイルスの感染拡大による被害は現在進行中ですが，先の 2 つと異なり，感染拡大が世界的に広がっていること，2020 年に開催される予定だった東京オリンピックが延期されたこと，海外からの観光客を呼び込むことで，安倍政権の下で順調な拡大を続けてきた観光業が壊滅的な打撃を受けたことなどから，経済的被害がより甚大になり，かつ長期化することは間違いないと思われます。

バブルの崩壊に伴う不良債権の累積により，多くの日本企業は国際的な競争力を失い，その後の長期停滞をもたらしました。また世界金融危機に伴う景気後退と東日本大震災を契機に，日本は GDP で測った経済規模で中国に追い抜かれ世界 3 位となりました。その後中国との経済規模の差は広がるばかりです。今回の新型コロナウイルスの感染拡大においても，欧米よりもむしろ台湾，韓国といったアジアの先進国との差が目立っています。感染が終息した後の回復の仕方にもよりますが，回復後はアジアの先進国ではなく，最も早く衰退の道を歩む先衰国に位置付けられている可能性もあります。

2000 年代の初頭の小泉政権時代やアベノミクスの時代に経済が回復したようにみえながら，なぜ日本経済は危機のたびに停滞の度合いを深めていくのでしょうか。1 つの理由として，平成に入ってからの危機に対する日本政府の対応に共通の欠陥を見出すことができます。**図表 14－6** は，ここで取り上げた 3 つの危機に際して日本政府がとった対応策に関する問題点を整理しています。この中で最も重要なのは，1 番目に掲げた情報の開示や可能な限りの正確なデータの取得です。これが遅れることは，危機の現状判断を遅らせかつ適切な政策的対応を難しくしますが，日本政府はどの危機についても，初期の時点で致命的と言えるほどのミスを犯しています。

バブル崩壊時にはすでに土地や株式の評価損により，金融機関の構造対策が必要な状況でしたが，政府は財政政策による経済成長の中で不良債権を解消しようとしましたが，かえって不良債権の累増を招き傷口を広げています。今回のコロナウイルス感染拡大でも政府がPCR検査を受けられる基準を狭く設定したため，感染に関する十分なデータが収集できない状態が続きました。これは医療資源を守るという側面からはやむをえないことでしたが，社会全体に対して行動制限や出口戦略を提示するには圧倒的なデータ不足と言えます。例えば日本銀行短期経済観測（2020年3月）で収集される企業の設備投資額（土地を除く）は36兆円に上ります。これは内閣府が推計する経済全体の設備投資額の約4割になります。経済学者やエコノミストはこうしたデータから経済全体の行方を判断しているわけです。この考え方を今回の新型コロナウイルスのPCR検査にあてはめた際に，感染発覚から半年たった時点でも，国民の4割が検査を受けたわけではないので，いかにデータが貧弱かが理解できると思います。これでは専門家といえども自信を持って正確な判断や数値目標は出せません。いきおい，最悪の事態を想定して厳

図表14－6 ▶▶▶日本の危機対応とその問題点

	金融危機	東日本大震災	新型コロナウイルスによる危機
危機になったネットワーク	金融システム	電力ネットワーク	人間を介した取引システム
日本政府の対策の問題点（1）：情報開示の制限	当初は，不良債権の定義を狭くし，かつ対象金融機関の範囲も限定的	福島第一原子力発電所の事故を過小評価。炉心溶融を認めたのは，実際に起きてから1カ月後	PCR検査の対象を限定したため，全体の感染者数が把握できず。このため行動制限やその解除についても説得的な数値目標を提示できない。
日本政府の対策の問題点（2）：国内資源の活用で解決しようとする		福島原子力発電所の事故の際に当初米軍の助力の申し出を断る	海外製のPCR検査キットを利用せず
日本政府の対策の問題点（3）：適切でない回復策	金融業の構造改革を行うべきところを財政支出の増加で乗り切ろうとした	将来のエネルギー構想を示すことができない	経済社会のさまざまな側面におけるIT化の遅れ

しめの対応策を打ち出さざるをえないことになります。

　危機に際して日本が同じような間違いを犯しているということは，日本政府が過去の危機から何も学ばず，過去と同じような対応を続けていることを示しています。特にIT技術の活用と規制による弊害に関しては，今回の新型コロナウイルスの感染拡大による対策の中で日本政府の問題が顕在化しています。IT化の進展と**規制緩和**は，アベノミクスにおける成長戦略の中心課題だったはずですが，結局労働市場改革に注力し，この2点の政策課題に対して真剣に取り組んできませんでした。例えばIT担当大臣には，IT技術とは無縁の人を任命していました。このような人事を行うことは，政府全体に対してはIT化に対して真剣に取り組まないというメッセージとなり，実際政府関係の業務や書類は非常に煩雑で労働集約的になったままです。

　医療関係の規制緩和については，安倍内閣時代に遠隔診療や薬のインターネット販売が議論されています。しかしながら，結果的にはこれらは非常に制限的にしか認められていません。今回の感染拡大に際して，政府は国民に「新たな生活様式」を提案していますが，テレワークなどIT技術を使った国民の行動様式を変える要請をするならば，当然医療部門でもそれに合わせた一時的でない改革がなされるべきでしょう。今回の危機では，医療崩壊が問題になりましたが，むしろ成長戦略の課題を積み残しにしたまま，PCR検査とクラスターの追跡を人海戦術で達成せざるをえない保健所をみると，むしろ政府崩壊と呼べなくもない状態です。この2つの課題を積み残しにしたために，医療資源と人命を守るために，日本経済は他のアジア諸国よりも経済面で過大な負荷を負うことになったと考えられます。

　実は政府崩壊とも言える現象は，東日本大震災の際にも起きました。その意味で，日本政府は過去の危機から学び次の危機に備えるということを怠っていると評価されても仕方ありません。ただ，これは日本だけの問題ではありません。2008年に起きた世界金融危機や2009年からのヨーロッパの債務危機後，先進国の多くは，利潤率の低迷に苦しんでいます。こうした状況をサマーズハーバード大学教授は，「**長期停滞**（secular stagnation）」と名付けています。「長期停滞」は，1929年の大恐慌後にもみられました。

それでは危機のたびに経済はいつも長期停滞に陥るのかというとそうでもありません。昭和の時代にも石油危機や円高ショックなどがありました。しかし，当時の日本はこうした危機をバネに一段と飛躍をしてきました。例えば石油危機によって，日本の自動車会社はより燃費のよいエンジンを開発しました。また電気機械産業は，省エネルギー，省力化のために半導体をはじめとする先端的な電子部品の開発・量産を行いました。こうした危機をバネにした積極的な対応が，1980年代における日本経済における躍進の原動力になったのです。これは日本だけではありません，韓国も1997年に通貨危機に見舞われ，一時はIMFの管理下に置かれましたが，電機産業の技術革新によって復活を遂げました。さらに2000年代に入ってからは，SARS（重症急性呼吸器症候群）やMERS（中東呼吸器症候群）の感染拡大危機を繰り返さぬよう，今回の新型コロナウイルスの危機に際してIT技術を駆使した対応策を取ったのです。

平成から令和にかけての経済社会を揺るがす危機と各国の対応は，大規模な危機による短期的な経済的損失を克服できるかどうかは，危機時の対応の問題点を，理性的に把握し，次回の危機の際に同じ過ちを繰り返さぬよう，最新の技術を駆使して備えに当たるかどうかに依存するということを教えています。新型コロナウイルスの感染拡大が終息した後の日本経済が，平成時代と同様に転落を続け先衰国と呼ばれるようになるか，それとも平成時代の下降トレンドに底をうち，持ち直すことができるかどうかは，今回の危機の問題点を直視し，将来の危機にも対応できる新たな技術革新に支えられた社会構造を構築できるかどうかにかかっています。

　2020 年 1 月に国内で新型コロナウイルスの感染が確認されて以降，この感染症の拡大は日本経済に深刻な影響を及ぼしており，本書を執筆している 2020 年時点では，世界規模で収束することはまだ期待できない状況です。そこで，この感染症が日本経済に及ぼす影響を，経済の総供給・総需要の両面で見てみましょう。

　まず，この感染症は世界的に広がったパンデミックであり，世界中のさまざまな国で都市封鎖（ロックダウン）などの措置が取られたため，中国をはじめとして世界中に**供給網**（**サプライ・チェーン**：原材料・部品の調達，製造，在庫管理，配送，販売などのネットワーク）を張り巡らしていた日本企業は，特に部品の調達難等に直面しました。例えば，中国の武漢市における自動車部品工場が閉鎖された結果，武漢からの自動車部品の供給が途絶え，中国，日本，その他のアジア諸国における自動車組み立て工場の操業に大きな影響が出ました。こうしたサプライ・チェーンの途絶は総供給の減少をもたらしました。ただし，総供給面での影響は，ロックダウンの解除や企業によるサプライ・チェーンの分散化が進めば，比較的短期に収まるものと予想されます。

　次に，総需要の面では，海外におけるロックダウンによる景気の低迷が，日本の輸出を減少させました。さらに，感染防止のため，人々は外出を控えたため，外食，旅行などのサービスを中心に，消費が減少しました（2020 年 4 − 6 月期（季節調節済）の実質輸出と実質民間消費支出は，それぞれ前期比− 18.5%，− 8.3%）。新規陽性者数と外出自粛率の推移をみると，特に 2 月から 6 月にかけての第一波では，新規陽性者数が増加し感染が拡大すると，外出自粛率も高まる傾向にあったことがわかります。

　これらの結果，2020 年 4 − 6 月期（季節調節済）の実質 GDP は前期比年率− 28.1% と大幅に下落しました。これに伴い，失業率（季節調整済）は 1 月の 2.4% から 9 月には 3.0% に上昇，消費者物価指数（総合）の対前年同月比は，1 月の 0.7% から 9 月には 0.0% に低下しました。さらに，景気の落ち込みに伴う税収の減少と，失業した個人や休業した企業に対する給付金の増加などにより財政赤字が増大しました。国と地方を合わせたプライマリー・バランス(税収等の収入から，金利払いを除く支出を引いた額)の対 GDP 比は，2019 年度の− 2.6% から 2020 年度には− 12.8% と大幅に赤字幅が拡大すると見込まれています（内閣府「中長期の経済財政に関する試算」（2020 年 7 月 31 日））。

1. 平成に入ってから，日本経済は世界の中でも経済のパフォーマンスが悪い国だと考えられますが，その中でもよい指標があるかどうか探してみましょう。

2. 新型コロナウイルスの感染拡大に関して，政府はどのようなデータを出し，そのデータはどのような場面で役に立ったか考えてみましょう。

3. 自分の生活の中で，政府や自治体に文書を出したり登録をしたりする関係で，もっと効率的に仕事ができるのではないかと感じたことをあげてみましょう。

1. 図表14－3をみてアベノミクスの良かった点，悪かった点を評価し，学生同士で議論してみましょう。

2. 成長戦略の中には，高いスキルを有する外国人の招聘という政策があります。しかし，実際にはこの政策目標は十分な成果をあげていません。逆に青色発光ダイオードを発明しノーベル賞を受賞した中村修二氏のような人材が米国の大学へ移ってしまうということが起きています。このように政策の意図が十分に達成されないのは何が原因なのでしょうか。

3. 令和時代に，日本が再び世界で存在感のある国になるためにはどのようにすればよいでしょうか。考えてみましょう。

▶▶▶さらに学びたい人のために

- 岩田一政・日本経済研究センター編［2014］『量的・質的金融緩和』日本経済新聞出版社。

- 日本経済新聞社編［2014］『日本再生　改革の論点』日本経済新聞出版社。

- 原田泰・齊藤誠編著［2014］『徹底分析　アベノミクス』中央経済社。

- 福田慎一［2015］『「失われた20年」を超えて』NTT出版。

- 福田慎一［2018］『21世紀の長期停滞論』平凡社。

- 星岳雄・アニル・K.カシャップ［2013］『何が日本の経済成長を止めたのか』日本経済新聞出版社。

- 八代尚宏［2015］『日本的雇用慣行を打ち破れ』日本経済新聞出版社。

- 鶴光太郎［2016］『人材覚醒経済』日本経済新聞出版社。

- 山田久［2012］『市場主義　3.0』東洋経済新報社。

- ヨゼフ・シュンペーター著，中山伊知郎・東畑精一訳［1962］『資本主義・社会主義・民主主義』東洋経済新報社。

- ヨゼフ・シュンペーター著，清成忠男編訳［1998］『企業家とは何か』東洋経済新報社。

参考文献

- 橋本陽子［2014］「ハルツ改革後のドイツの雇用政策」『日本労働研究雑誌』6月号。
- 早川英男［2016］『金融政策の「誤解」』慶應義塾大学出版会。
- 水野和夫［2016］『国貧論』太田出版。
- 宮川努・徳井丞次［1995］『円高の経済学』東洋経済新報社。
- 吉川洋［2013］『デフレーション』日本経済新聞出版社。
- ブリニョルフソン・マカフィー著，村井章子訳［2016］『ザ・セカンド・マシン・エージ』日経BP社。

索　引

英数

あ

か

さ

た

な

は

▶著者紹介

宮川 努 （みやがわ つとむ）　　第1, 2, 6, 11, 13, 14章

学習院大学経済学部教授。博士（経済学，一橋大学）。

東京大学経済学部卒業。日本開発銀行設備投資研究所主任研究員，一橋大学経済研究所助教授等を経て現職。専門はマクロ経済学，日本経済論。

主著に *Intangibles, Market Failure, and Innovation Performance,* （A. Bounfour 教授との共編，2015 年，Springer），『生産性の経済学』（2018 年，ちくま新書）等がある。

細野 薫 （ほその かおる）　　第3, 8, 9, 10, 14章

学習院大学経済学部教授。博士（経済学，一橋大学）。

京都大学経済学部卒業。ノースウェスタン大学経済学修士号取得。専門はマクロ経済学，金融論。

主著に『金融危機のミクロ経済分析』（2010 年，東京大学出版会，第 53 回日経・経済図書文化賞受賞），『インタンジブルズ・エコノミー』（共編，2016 年，東京大学出版会）等がある。https://sites.google.com/site/hosonokaoruj/home

細谷 圭 （ほそや けい）　　第7, 12, 13章

國學院大學経済学部教授。博士（経済学，一橋大学）。

一橋大学大学院経済学研究科博士後期課程修了。日本学術振興会特別研究員，東北学院大学経済学部准教授等を経て現職。専門はマクロ経済学，公共経済学。

主著に『医療経済学 15 講』（共著，2018 年，新世社），"Importance of a Victim-oriented Recovery Policy after Major Disasters," *Economic Modelling,* Vol. 78, pp. 1-10, 2019, 等がある。

川上 淳之 （かわかみ あつし）　　第4, 5章

東洋大学経済学部教授。博士（経済学，学習院大学）。

学習院大学経済学研究科博士後期課程単位取得退学，帝京大学経済学部准教授を経て現職。専門は労働経済学，産業組織論。

主著に「誰が副業を持っているのか？―インターネット調査を用いた副業保有の実証分析」『日本労働研究雑誌』No. 680，102-119 頁（第 18 回労働関係論文優秀賞受賞）等がある。

日本経済論（第2版）

2017年 4 月10日	第 1 版第 1 刷発行
2020年10月20日	第 1 版第 9 刷発行
2021年 3 月 1 日	第 2 版第 1 刷発行
2024年 1 月25日	第 2 版第 9 刷発行

	宮	川	努
著　者	細	野	薫
	細	谷	圭
	川	上	淳 之

発行者　山　本　　継

発行所　㈱中 央 経 済 社

発売元　㈱中央経済グループ
　　　　　パブリッシング

〒101-0051　東京都千代田区神田神保町1-35
電　話　03 (3293) 3371 (編集代表)
　　　　　03 (3293) 3381 (営業代表)
https://www.chuokeizai.co.jp
印刷／三英グラフィック・アーツ㈱
製本／誠　製　本　　　㈱

© 2021
Printed in Japan

＊頁の「欠落」や「順序違い」などがありましたらお取り替えいた
しますので発売元までご送付ください。（送料小社負担）

ISBN978-4-502-37481-4　C3033